JAN MOHNHAUPT

Von Spinnen und Menschen

EINE VERWOBENE BEZIEHUNG

Hanser

1. Auflage 2024

ISBN 978-3-446-28132-5

Umschlag: Anzinger & Rasp, München
Illustration: © Marion Blomeyer
Satz: Greiner & Reichel, Köln
Druck und Bindung: GGP Media GmbH, Pößneck
Printed in Germany

FSC
www.fsc.org
MIX
Papier | Fördert gute Waldnutzung
FSC® C014496

INHALT

1 NÄHE

2 WERK

3 LEIB

4 SPRACHE

5 ANGST

6 HEIM

7 LUST

8 MUTTER

1
NÄHE

ALPHAS ENDE

»Das Unerlangbare an Tieren: wie *sie* einen sehen.«
Elias Canetti

An einem Tag im Sommer 2021 ist mein Kindheitstraum erfroren. Sie war zusehends schwächer geworden. Seit Wochen hatte sie nichts mehr gefressen, ihr Leib war eingefallen. Ihre einst gespannte Haltung – stets zum Sprung bereit – war einem Lungern gewichen. Ihre Beine glichen Gebälk, das allmählich unter der eigenen Last nachgibt. Schlaff saß sie da – nur manchmal zuckte eines ihrer Beine, bewegte sich langsam auf und ab, ein zweites tat es ihm gleich. Tattrig trat sie so auf der Stelle, bis alle Bewegung wieder in Schwäche erstarrte. Ob sie litt, lässt sich schwer sagen. Tiere wie sie, die in der Lage sind, verlorene Gliedmaßen zu ersetzen und ganze Organe zu erneuern, nehmen Schmerzen wohl anders wahr als Warmblüter wie wir. Sie würde sterben, das war klar. Aber es konnte noch eine ganze Weile dauern, wenn ich nichts unternahm. Doch ich tat nichts, sah nur zu. Ich scheute mich, ihr Leben zu beenden.

Fast ein Vierteljahrhundert lebte sie schon bei mir, so lange wie kein anderes Wesen. Als ich sie bekommen habe, war ich noch keine vierzehn Jahre und sie erst wenige Wochen alt. Sie war ein Überbleibsel auf einer Börse, wo Menschen wie ich Tiere wie sie kaufen können. Kurz vor Toresschluss hielt mir eine Frau eine Plastikdose hin, wie wir sie von der Fleischtheke im Supermarkt oder vom Olivenstand am Wochenmarkt kennen. Anstatt Weinblättern oder Wurstsalat befand sich darin eine dünne Schicht Erde. Und darauf saß sie, eine junge Vogelspinne der Art *Aphonopelma seemanni*. Sie war gerade mal so groß wie der Kopf einer Reißzwecke und strahlte in hellem Blau.

Mit jeder Häutung wurde ihr Körper grauer, ihre Beine wurden dunkler, nur auf ihren Knien und Unterschenkeln zeichneten sich weiße Streifen ab. Sie wuchs langsam, aber stetig, bis sie nach mehreren Jahren die Spannweite eines Bierdeckels erreicht hatte.

Je älter und größer sie wurde, desto weniger ließ sie sich auch gefallen. Anfangs lief sie noch davon, wenn ich sie vorsichtig mit einem Finger berührte, doch das änderte sich mit der Zeit. Fühlte sie sich dann in die Enge getrieben, bäumte sie sich drohend auf und schlug mit dem vordersten ihrer vier Beinpaare. Als ich sie vor rund zehn Jahren wieder einmal mit einer Plastikdose einfangen wollte, um sie in ein größeres Terrarium zu setzen, schlug sie so plötzlich und heftig nach dem Deckel, dass dieser in meiner Hand vibrierte. Den Schlag hatte ich nicht einmal kommen sehen.

Vor einigen Jahren musste ich sie erneut umsetzen. Wieder schlug sie zu, nur widerwillig ließ sie sich mithilfe eines Pinsels aus der Dose ins Terrarium drängen. Dort verharrte sie aufrecht drohend. Es dauerte mehrere Stunden, bis sie wieder ihre gewohnte hockende Haltung einnahm.

Hocken beschreibt es jedoch nur im Ansatz. Denn das menschliche Hocken hat nichts mit dem ihrigen zu tun. Es ähnelt vielmehr dem Lauern eines Sprinters im Startblock. Mit dem Unterschied, dass sie stundenlang innehalten konnte, ohne zu erlahmen. Die meiste Zeit hockte sie reglos in einer Ecke und wartete. Ihre Beute ließ sie stets so nah herankommen, bis diese sie beinah berührte. Und manchmal, wenn ich schon dachte, sie sei satt, drehte sie sich blitzschnell in Richtung des Insekts, packte es mit ihren Beinen und schlug ihre Chelizeren, zwei sichelförmige Beißklauen, ins Fleisch.

Ungezählte Grillen und Heuschrecken hat sie so überwältigt. Sie war eine Meisterin der Effizienz, machte keine Bewegung zu viel und verfehlte ihr Ziel fast nie. Ihr Gift war vergleichbar mit dem der Bienen und Wespen; sie brauchte es vor allem zum Verdauen. Für die Jagd war es nicht entscheidend. Seit Jahrmillionen töten ihre Artgenossinnen allein mit der Kraft ihrer Klauen.

Trotz der langen Zeit, die sie bei mir lebte, war unsere Beziehung nie besonders innig, geschweige denn gegenseitig. Von einem Austausch wie mit anderen Heimtieren – ob Hunden, Katzen, Vögeln oder auch Fischen – kann keine Rede sein. Trotz ihrer acht Augen konnte sie nur schlecht sehen, bestenfalls Umrisse erkennen, und auch nur dann, wenn die Lichtverhältnisse günstig waren. Dennoch bemerkte sie mich. Spürte jeden Luftzug meiner Stimme und jede Erschütterung durch meine Schritte.

Sie nach all den Jahren so schwach zu sehen tat mir leid. Zu ahnen, dass sie nach all der Zeit verschwinden würde, machte mich traurig. Ausgerechnet sie, die so langsam gewachsen war, weil ich sie bei Zimmertemperatur hielt und nur mäßig fütterte. Je wärmer man sie hält und je mehr man sie füttert, desto schneller wachsen sie und desto schneller altern sie auch. Weibchen ihrer Art werden in der Regel rund 15 Jahre alt – sie war bereits 24. Doch bald würde auch sie ihre Beine unter den Körper ziehen, wie es Tiere wie sie meistens tun, wenn sie sterben. Ähnlich einer altersschwachen Menschenhand, der jede Kraft fehlt, sich noch zur Faust zu ballen.

Es kommt mir makaber vor, über ihr Sterben zu schreiben. Denn sie war nicht bloß irgendein Tier. Nicht für mich. Seit ich ein Kind war, wollte ich eine wie sie haben. Ich mochte auch ihre Verwandten in der Hecke im Garten und in den Kellerecken. Diese ästhetischen Jägerinnen, die sich so elegant auf ihren acht Beinen durch ihre Netze und Gespinste bewegten und darin den Insekten nachstellten, zogen mich magisch an: Ich lauschte dem Summen der Stubenfliegen, wenn sie sich im Fadengewirr verfingen, schaute zu, wie die Jägerinnen ohne Hektik herbeikamen, die Beute mit ihren Beinen packten und drehend einsponnen, um sie dann mit einem Biss zu töten. Jäh erstarb das Summen und bald darauf auch das letzte Zucken der Fliegenbeine. Gespannt sah ich ihnen beim Fressen zu; es hatte nichts Gieriges, sondern etwas geradezu Gesittetes. Sie ließen sich Zeit, wickelten alles in feinste, glänzende Seide und schienen bedächtig zu kauen. Es war eine andere Welt, so nah und doch so fremd. Es gebe »keine Brücken von ihrer Gesellschaft zur unsrigen«, schrieb der Journalist Horst Stern 1975 in seinem Buch *Leben am seidenen Faden*:

> »Weder kann der Mensch Spinnen vermenschlichen, wie er es oft mit höher organisierten Tieren tut, noch kann, umgekehrt, eine Spinne den Menschen vertierlichen, ihn zum sozialen Kumpan machen, wie dies bei vielen Säugetieren im Umgang mit uns zu beobachten ist. Spinnen sind exklusiv, von uraltem erdgeschichtlichen Adel.«[1]

Dies vollkommen Andere und Fremde war es wohl, das mich von Beginn an begeisterte. Alles an ihnen schien ungewöhnlich, ihr Körper, ihre Bewegungen, ihr Verhalten, ihr Leben. Keine Tiere zum Anfassen, sondern bloß zum Bewundern. Schon bald hatten sie mich in ihren Bann gezogen. Ich fing einige von ihnen, setzte sie in durchsichtige Plastikkästen, in die ich Sand gefüllt und Zweige oder Pflanzenbüschel gesteckt hatte, damit sie dazwischen ihre Netze spinnen konnten, und fütterte sie mit

Fliegen. In einer dieser Behausungen baute eine Hauswinkelspinne *(Tegenaria domestica)* einen erbsengroßen Kokon, aus dem schließlich Dutzende winziger Spinnen schlüpften, die ich wieder ins Freie entließ.

SECHS JAHRE WARTEN

Mit meiner Begeisterung bin ich nicht alleine. Die schottische Schriftstellerin Esther Woolfson schreibt, sie habe schon immer eine »freundschaftliche Beziehung zu Spinnen« gehabt …

> »[…] wenn denn ›Beziehung‹ das richtige Wort ist. Ich akzeptiere voll und ganz, dass es einseitig ist, dass ihre einzige Anforderung darin besteht, dass ich mich so weit wie möglich von ihnen fernhalte, aber ich mag und bewundere sie, so wie ich alles bewundern würde, was als ›klein auf der Welt, aber überaus weise‹ beschrieben wird. […] Ich denke, dass man leichter auf der Welt leben kann, wenn man Spinnen mag.«[2]

Die kleinen, heimischen Arten im Garten und Keller genügten mir bald nicht mehr. Seit ich acht Jahre alt war, wollte ich eine Vogelspinne haben. Als ich meiner Mutter davon erzählte, schaute sie nicht einmal auf, sondern antwortete nur: »Wenn du vierzehn bist und immer noch eine haben willst, dann kriegst du eine.« Klare Ansage. Keine Diskussion. So wartete ich. Sechs lange Jahre.

An einem Tag im Sommer 1997 wurde mein Kindheitstraum wahr. Ich nannte sie ›Alpha‹, weil sie die Erste war. Und weil es zum wissenschaftlichen Namen ihrer Gattung passte: *Aphonopelma* – was übersetzt *auf leisen Sohlen* bedeutet. Der Name passte zu ihr, denn kurz nachdem ich sie bekommen hatte, war sie auch schon verschwunden. Ich hatte sie in ein Einweckglas gesetzt, das ich zuvor zur Hälfte mit Erde befüllt hatte. Sooft ich es auch drehte, ich konnte sie darin nirgends finden. Das war's mit meiner ersten Vogelspinne, dachte ich. Erst Wochen später entdeckte ein Schulfreund sie am Grund des Glases. Sie hatte eine senkrechte Röhre gegraben und an deren Ende eine Höhle angelegt, ganz so wie es ihre Artgenossinnen auf den sonnenbeschienenen Weiden ihrer mittelamerikanischen Heimat seit Menschengedenken und noch viel länger tun. Sie war weder verschwunden noch tot, sie hatte sich bestens eingelebt.

Die Gesellschaft von Tieren ermöglicht es einem, ihr Leben vom Anfang bis zum Ende miterleben zu können. Die wenigsten Heimtiere – abgesehen von Papageien oder Schildkröten – haben eine Lebensdauer, die an unsere heranreicht. Hunde und Katzen werden kaum 20 Jahre alt. Weibliche Vogelspinnen hingegen können 30 Jahre und älter werden. Wer sich für sie entscheidet, lässt sich auf eine einseitige, aber lange dauernde Beziehung ein.

Wie alle Spinnentiere zählen Vogelspinnen zu den sogenannten ›Wirbellosen‹, früher auch als ›Niedere Tiere‹ bezeichnet. Der Name Wirbellose bezieht sich auf ihr fehlendes Innenskelett und verrät zugleich, welchen Stellenwert wir ihnen beimessen. Wirbellos, das meint auch: ohne Rückgrat, charakterlos. Es ist nicht bloß eine biologische Beschreibung ihres Körperbaus, es ist eine moralische Bewertung ihres Wesens.

Dabei sind Spinnen unsere häufigsten Haustiere; keine Wohnung ist vor ihnen sicher, ob wir wollen oder nicht. Dort errichten sie ihre Netze vor unseren Fenstern, hinter unseren Schränken und in den Ecken unserer Zimmer. So schaffen sie sich mit ihrer besonderen Architektur ihre ganz eigenen »tierlichen Orte« inmitten unserer menschengemachten Räume.[3]

Genau genommen leben nicht sie bei uns, sondern wir bei ihnen. Sie waren lange vor uns da, lebten bereits in den Höhlen, die unsere Urahnen einst aufsuchten, um sich vor Kälte und Nässe, vor Frost und Feinden zu schützen. Später bauten wir unsere Häuser, Dörfer und Städte in ihre Welt. Und sie haben uns hingenommen, sich sogar an uns angepasst. Nur die Frage, inwieweit sie uns persönlich wahrnehmen, bleibt offen. Vermutlich sind wir, wie Horst Stern schrieb, nicht mehr als ein »Schatten auf ihrem Weg«.[4] Ein Schatten, der vorübergeht und wieder verschwindet.

Von den heimischen Achtbeinerinnen, die unter und über mir leben, nehme ich Notiz, von ihren Netzen und Kokons in den Zimmerecken, von ihren abgestreiften Häuten hinterm Schrank und von ihren winzigen Kotspritzern auf der Fensterbank. Sie kommen und gehen. Alpha aber war im wahrsten Sinne des Wortes ein Heimtier: Ihr Leben lang saß sie neben meinem Schreibtisch. Achtmal zog sie um. Viermal in eine andere Stadt, was sie kaum zu stören schien, und viermal in ein größeres Terrarium, wogegen sie sich stets sträubte. Solange sie in ihrem gewohnten Raum blieb, blieb sie ruhig. Im Herbst 2019 häutete sie sich zum letzten Mal. In den Jahren danach ließ ihr Jagdtrieb nach, ihre Farben verblassten zusehends.

Ich hatte nicht erwartet, dass sie so alt werden würde. Und vielleicht machte dies den Abschied umso schwerer. Zehn Tage lang rang ich mit mir und drückte mich vor dem Entschluss. Ich hatte Skrupel, sie, die schon so lange bei mir lebte, zu töten. Doch ihr Verfall schritt voran. Zuletzt konnte sie sich kaum noch auf den Beinen halten.

Da sich ihr Kreislauf stets der Temperatur ihrer Umgebung anpasst, war es das Schonendste, sie einzufrieren. Je kälter es würde, desto träger würde auch sie. Als ich ihr Terrarium öffnete, versuchte sie noch einmal, mir zu drohen. Aber sie war schon zu schwach, fiel zur Seite und blieb rücklings liegen. Wie in Zeitlupe bewegten sich ihre Glieder auf und ab, als suchten sie Halt. Behutsam schob ich den Deckel unter sie, schloss die Dose darüber und trug sie zum Eisfach.

24 Jahre, einen Monat, drei Wochen und sechs Tage lebte Alpha bei mir, ohne dass wir uns wirklich kannten. Sie ging, wie sie gelebt hatte. Auf leisen Sohlen. Lautlos schwand sie dahin. Sie erfror, ohne es zu merken.

VERNACHLÄSSIGTE BEZIEHUNGEN

Alphas Ende steht am Anfang dieses Buches, denn sie war im Grunde auch sein Auftakt, lange bevor ich ahnte, dass ich es schreiben würde. Es handelt von den Beziehungsgeschichten, die Spinnen und Menschen verbinden. Und es ist dadurch zwangsläufig ein einseitiges Buch. Denn es kann ernsthaft nur aus menschlicher Sicht geschrieben sein. Wie sollte ich wissen, was es heißt, eine Spinne zu sein? Und falls ich es wüsste, welche genau? Welche der mehr als 50 000 bekannten Arten soll gemeint sein, wenn von der einen Spinne die Rede ist?

Mit der ›Spinne‹ verhält es sich ähnlich wie mit dem ›Tier‹. Wen meinen wir, wenn wir vom ›Tier‹ sprechen – Menschenaffen, Bärtierchen, alle beide oder am Ende gar uns selbst? Die zoologische Vielfalt ist riesig und die menschliche Einfalt enorm. Oder um es mit dem französischen Philosophen Jacques Derrida zu sagen:

> »Jedesmal wenn ›man‹ ›*Das* Tier‹ sagt, […] im Singular und ohne mehr zu sagen, und dabei behauptet, auf diese Weise alles Lebende zu bezeichnen, das nicht der

Mensch wäre, [...] sagt [...] dieses ›man‹, dieses ›ich‹, eine Dummheit.«[5]

Im französischen Original ist Derridas Gedanke noch treffender, da sich das französische Wort für »Dummheit« – *bêtise* – vom Wort *bête* für »Tier« oder »Bestie« ableitet. Indem sich der ›Mensch‹ also vom ›Tier‹ abgrenzt, entlarvt er sich als ebensolches. Die fortschreitenden Erkenntnisse der Zoologie und Verhaltensforschung zeigen, dass die selbst ernannte ›Krone der Schöpfung‹ in keiner zoologischen Monarchie lebt. Das jedenfalls besagt der *Animalismus*, dem zufolge wir Menschen Teil der tierlichen* Welt, also selbst Tiere sind. Obwohl diese Theorie in ihren Anfängen schon auf Aristoteles zurückgeht, fand sie danach in der Philosophie vor allem mächtige Gegner wie Platon, René Descartes oder Immanuel Kant. Sie gingen davon aus, dass Tiere nicht in der Lage seien zu denken, geschweige denn Vernunft oder Moral zu kennen. Wir wissen jedoch heute, dass eine ganze Reihe nicht-menschlicher Tiere denken kann – Menschenaffen, Ratten, Papageien, Rabenvögel, aber auch Kraken und – wie wir noch sehen werden – wohl auch manche Spinnen (siehe Kapitel Leib).[6] Und es kommen immer weitere Arten hinzu. Je mehr Erkenntnisse Zologinnen und Verhaltensforscher über die Fähigkeiten von Tieren gewinnen, desto mehr bewahrheitet sich die Aussage des Literaturhistorikers Roland Borgards: »Was immer die Menschen können, das kann auch irgendein Tier. [...] Was immer die Menschen können, ist Teil ihrer tierlichen Existenz.«[7] Auch wir sind bloß Tiere. Dennoch gibt es Unterschiede. Sie offenbaren sich aber selten dort, wo wir es erwarten.

* Ich verwende hier und im Folgenden den Begriff »tierlich« statt »tierisch«, da Zweiterer eine Abwertung im Gegensatz zum Bereich des »menschlichen« darstellt.

Derrida zufolge hat ein Mensch mit einem Gorilla mehr gemein als ein Gorilla mit einer Spinne.[8] Aber eine beinah blinde Vogelspinne, die tief in der Erde lebt, oder eine Seidenspinne in ihrem Radnetz, das einer Parabolantenne gleicht, nehmen ihre Umwelt anders wahr als eine Springspinne, deren Sehkraft sogar die mancher Vögel übertrifft. Die Welt der ersten beiden besteht vor allem aus Schwingungen und Erschütterungen, die der letzten aus Bildern und Formen. Was die Wahrnehmung betrifft, so hat eine Springspinne womöglich mehr mit einer Katze gemein als mit den meisten anderen Spinnen – und damit auch mit uns.

Eine Geschichte der Beziehung(en) von Spinnen und Menschen ist daher immer anmaßend. Denn es stellt sich allein schon die Frage, würden Spinnen – wenn sie eine menschliche Perspektive einnehmen könnten – ein erzählerisches Sachbuch wie dieses hier wählen? Würden sie sich überhaupt einigen können? Oder würde jede Spinne(nart) ein anderes Format bevorzugen? Eine Vogelspinne könnte mit einem Video nichts anfangen, im Gegensatz zu einer Springspinne. Das mag absurd klingen und ist es in gewisser Weise auch, weil unser Wissen über die Wahrnehmungen der Spinnen so gering ist. Wir können nur mutmaßen und deuten, aber es bleibt ein Schattenspiel. Das Licht, das es erzeugt, können wir nicht ergründen. Das ureigene Empfinden der Spinnen bleibt uns verborgen. Wenn wir annehmen, sie hätten keine Persönlichkeit und fühlten keine Schmerzen, dann nur deshalb, weil wir all das nicht bemessen können. Die vermeintlichen Grenzen ihres Seins sind in Wahrheit die Schranken unserer Wahrnehmung.

Wahrscheinlich wäre ihre Wahl der Geschichtsschreibung so unterschiedlich wie die Form ihrer Netze und Behausungen oder die Strategien ihrer Jagd. Wir Menschen im Allgemeinen – und damit auch ich im Speziellen – können nur aus unserer Sicht über sie schreiben. Aber wir können achtsam sein für ihre Sinne, können versuchen, die Grundzüge ihrer Welt in unsere Wahrnehmung aufzunehmen und in unsere Sprache zu übersetzen. Es gilt, ihr Verhalten in unsere schriftliche Welt zu holen. So wie die Historikerin Sandra Swart eine Geschichte vonseiten der Pferde vorschlägt, die nicht bloß eine Geschichte ihrer Reiter sei, so soll dieses Buch zumindest in Teilen eine Beziehungsgeschichte vonseiten der Spinnen sein.[9]

Schließlich begleiten sie uns seit langer Zeit auf unserem Weg auf der Erde; sie sind uns gefolgt, ohne sich nach uns zu richten. Und wir haben sie wenig beachtet, dafür umso mehr benutzt: Mal diente die ›Spinne‹ uns als Chiffre, mal als Platzhalterin, mal als Gimmick und oft genug bloß als abschreckendes Beispiel. Doch im Sinne einer wirkmächtigen Akteurin, die die Geschichte der Menschen mitbeeinflusst, blieb sie bislang weitgehend unbemerkt.

Spinnen hausen seit ungezählten Generationen unter, über und bei uns. Sie sind stets Wildtiere geblieben – ohne jedes Anzeichen der Domestikation. Damit zählen sie zu jener Gruppe von Tieren, die die kanadische Schriftstellerin Sue Donaldson und der kanadische Philosoph Will Kymlicka als *liminal animals* bezeichnen, im Deutschen etwas sperrig ›Schwellenbereichstiere‹ genannt. Dabei handelt es sich um Wildtiere, die die menschengemachte Umgebung als ihren Lebensraum nutzen. Aber auch Donaldson und Kymlicka erwähnen in ihrer Auflistung nicht die sichtbarsten Vertreterinnen dieser Gruppe – und das sind neben Insekten wie Fliegen und Mücken nun mal die Spinnen.[10]

So paradox es auch klingt, vermutlich hat gerade ihre allgegenwärtige Präsenz uns sie so lange übersehen lassen. Damit sind sie nicht alleine. Der bereits erwähnte Literaturhistoriker

Borgards sieht in den – ebenfalls oft übersehenen – Flöhen im Werke Franz Kafkas …

> »[…] eine Metapher für die seltsame Mischung aus Sichtbarkeit und Unsichtbarkeit, Präsenz und Absenz, Dringlichkeit und Verdrängung […], die in unserer abendländischen Tradition mit den Tieren verbunden war und in vielen Belangen noch immer verbunden ist: Die Tiere sind überall, und doch bedarf es einer eigenen Anstrengung, auf diese Allgegenwart angemessen zu reagieren.«[11]

Diese Beobachtung lässt sich auf unsere Sicht auf die Spinnen übertragen. Je weiter wir uns von der Natur entfernt und diese verformt haben, desto fremder sind uns auch die Spinnen geworden. Wir haben uns von ihnen immer weiter entfernt – und damit vielleicht auch von uns selbst. Um sie zu verstehen, braucht es mehr als bloßes Wissen. Es braucht Empathie für sie. Und Geduld mit uns selbst. Einen ersten Schritt in diese Richtung möchte ich mit diesem Buch machen. Begeben wir uns auf die Spuren der Spinnen. Folgen wir ihren Fäden.

2
WERK

DIE LEHRE VON DEN LUFTSCHLÖSSERN

»Welche feine Elastizität hat der Faden einer Spinne!
Und die Künstlerin zog ihn aus sich selbst,
zum offenbaren Erweise,
daß sie auch in ihren Trieben und Kunstwerken
eine wahre Künstlerin sei, eine kleine Weltseele.«

Johann Gottfried Herder

Die Fäden der Spinnen sind dünn und lang. Wo sie beginnen, wo sie enden, können wir kaum ermessen. Sie spannen sich über alle Zeiten und Orte der Menschen hinweg; sie reichen vom Altertum bis ins All. Mindestens.

Es gibt verschiedene Weisen, sich der Spinnenseide und den daraus geschaffenen Werken zu nähern: über ihre Form und ihren Zweck, ihre Bestandteile und Bedingungen, ihre Entstehung und Bedeutung. Spinnennetze lieferten den Menschen seit jeher Anleitungen für ihr eigenes Bauen und Denken. Sie dienten ihnen als Sinnbild feingliedriger Systeme – sei es jenes der menschlichen Nerven oder der kosmischen Galaxien. Spinnennetze, wohin wir auch schauen.[1]

Doch sie ziehen auch Unmut auf sich. Zum einen, weil sie oft an den falschen Orten hängen. So gelten Spinnen auch als Zeichen der Unreinheit – Spinnweben weisen auf Stillstand und Nichtstun hin, nicht der Spinnen, sondern der Menschen. Wo die einen nicht hinlangen, nutzen die anderen bald den Raum, ob hinter dem Schrank, vor dem Fenster, an der Decke oder unter der Treppe. Ihr ›Fleiß‹ ist Beweis unseres Müßiggangs.

Und zum anderen, weil Menschen seit Langem versuchen, es aber bislang nicht geschafft haben, die Netze und die Seide der Spinnen für ihre Zwecke zu nutzen, so wie sie es seit langer Zeit mit den Werken von Bienen und Faltern wie den Seidenspinnern tun. Die Spinnen haben viele ihrer Geheimnisse für sich behalten, auch das ihrer Seide. Sie führen uns dadurch vor Augen, dass wir mit unserem Hang zur Ordnung nie weit kommen und unsere Erkenntnis stets beschränkt bleibt.

Dabei sind viele Eigenschaften dieses Stoffes, aus dem Träume wie Räume gemacht sind, längst bekannt. Etwa, dass es sich dabei um einen wahrlich uralten Stoff handelt. Schon die ›Urspinne‹ *Attercopus fimbriunguis* – eine Vorfahrin der heutigen Spinnen – konnte Seide spinnen. Sie lebte vor rund 400 Millionen Jahren im Devon, jenem Erdzeitalter, in dem sich das Leben erstmals an Land wagte. Seide herzustellen war vermutlich eine Anpassung an die neuen Lebensbedingungen außerhalb des Wassers. Die uns bekannten Webspinnen begannen sich vor rund 250 Millionen Jahren zu entwickeln. Vor 130 bis 120 Millionen Jahren fingen sie an, Radnetze zu weben, wie wir sie von den heimischen Kreuzspinnen oder den tropischen Seidenspinnen kennen. Vorausgegangen war dem wohl ein prähistorisches Wettrüsten. Als der Boden vor lauter Achtbeinerinnen den Sechsbeinern zu unsicher wurde, erhob sich ein Teil von ihnen in die Lüfte. Die Spinnen hatten vorerst das Nachsehen. Sie mussten reagieren und taten es. So fingen viele von ihnen an, Fallstricke zu legen und Netze zu spannen. Allerdings blieb das Radnetz eher die Ausnahme. Nur rund 15 Prozent aller Webspinnen bauen eines. In ihrer Gestalt sind Spinnennetze weitaus vielfältiger und andere Formen deutlich häufiger.[2]

Nicht alle Spinnen bauen Netze, aber alle Spinnen spinnen. Deshalb heißen sie auch, wie sie heißen: *Araneae*, Webspinnen.

Ob Kreuzspinnen oder Schwarze Witwen, Vogelspinnen, Wolfsspinnen oder Springspinnen. Sie alle eint, dass sie körpereigene Seide herstellen und nutzen, etwa zum Bau ihres Unterschlupfes oder zum Einwickeln ihrer Beute. Zur Jagd wählen sie jedoch verschiedene Strategien. Die einen, wie die Vogelspinnen, verlassen sich auf ihre Schnelligkeit und Stärke; andere, wie die Springspinnen, setzen auf Sprungkraft, Sehvermögen und Schläue, aber dazu später mehr (siehe Kapitel Leib). Andere wiederum haben das Talent entwickelt, mit größter Akribie und in mannigfaltiger Form Netze zu weben. Um diese Netzbauerinnen und Fallenstellerinnen geht es in diesem Kapitel.

NEID UND NÄHTE

In Jahrmillionen haben sie die unterschiedlichsten Formen von Seide entwickelt. Seide zum Abseilen und Sich-treiben-Lassen, zum Brückenschlagen, Fesseln und zum Schutz der eigenen Brut.[3]

Der Faden einer Spinne ist 50 bis 100 Mal dünner als ein menschliches Haar, aber viel elastischer; er ließe sich auf eine Länge von 80 Kilometern dehnen, bevor er unter seinem eigenen Gewicht reißt. Ein Faden von einem Zentimeter Dicke könnte bis zu acht Tonnen Last tragen. Wie reißfest Spinnenseide konkret ist, wollte 2010 das Team der ARD-Wissenssendung *Kopfball* herausfinden. Behilflich waren dabei Forscherinnen und Forscher der Universität Oxford, vor allem aber australische Seidenspinnen der Art *Trichonephila edulis*. Die Spinnen lieferten 28 000 einzelne Fäden, die jeweils nur einen Durchmesser von 0,005 Millimetern hatten und anschließend zu einem Seil verdreht wurden. Dieses war stabil genug, um eine 70 Kilogramm schwere Reporterin aus dem Becken eines Schwimmbades zu heben. Es gibt zwar natürliche und künstliche Stoffe, die die Spinnenseide in einzelnen Eigenschaften überbieten – Gummi ist viel elastischer, Stahl oder die Kunstfaser Kevlar sind um einiges reißfester. Doch im Gegensatz zu diesen Stoffen ist Spinnenseide äußerst vielseitig, da sie verschiedenen Ansprüchen genügt. Sie ist leicht, dehnbar und reißfest. Das US-Militär und andere Armeen versuchen daher seit Langem, schusssichere Westen aus künstlicher Spinnenseide herzustellen – bislang ohne Erfolg.[4]

Hinzu kommen ihre chemischen Vorzüge: Obwohl sie weitgehend aus Eiweiß besteht, ist sie antibakteriell und schimmelt nicht. Das liegt daran, dass der Faden einen leicht sauren pH-Wert von vier besitzt. Zudem wird sie vom menschlichen Körper nicht abgestoßen. All das hat sie zu einem begehrten Stoff gemacht. Biotech-Konzerne erforschen, wie sich Gene aus der Seide isolieren und in Bakterien einsetzen lassen, um so unabhängig von den Spinnen große Mengen Seide zu erhalten. Eines Tages könnten sich daraus künstliche Herzklappen, Sehnen und Bänder sowie Verbände für schwere Verbrennungen herstellen lassen.

Die Medizinerin Anna Bartz von der Universitätsklinik Bonn hat in ihrer Doktorarbeit erforscht, ob sich Spinnenseide als »Trägerstruktur zur Behandlung von Knochendefekten« einsetzen lässt. Als Grundlage diente dabei ein Gerüst aus Seidenfäden. Darauf siedelte Bartz Stammzellen an, aus denen Knochenzellen entstehen sollten. Die benötigte Seide lieferten ihr weibliche Seidenspinnen der Gattung *Nephila* aus dem Tierpark Bochum sowie dem Aquazoo Düsseldorf. Bartz' Forschungen ergaben, dass sich die Seide bestens eignet, um darauf menschliche Knochenzellen zu züchten. Denn die Spinnenseide fördert die Knochenneubildung und wird selbst mit der Zeit vom Körper abgebaut. Doch die Forschung ist erst der Anfang. Bis die Methode bei Operationen zum Einsatz kommen kann, dürften laut Bartz noch 15 bis 20 Jahre vergehen.[5]

Die medizinische Nutzung von Spinnenseide ist noch längst nicht etabliert – oder eher, sie ist es nicht mehr. Denn ihre Arzneigeschichte reicht weit zurück. Schon in der Antike wurde das Spinnennetz, das *tela araneae*, wie es auf Latein hieß, zur Wundheilung, gegen Fieber und Malaria verwendet.[6] Auch die Heilkundlerin und Universalgelehrte Hildegard von Bingen erwähnte seine lindernde Wirkung bei Geschwüren, hielt es ansonsten aber für nutzlos, was wohl ganz dem Wissensstand des 12. Jahrhunderts entsprach.

Die medizinische Verwendung des Netzes verlor in Europa im Laufe der Frühen Neuzeit weiter an Bedeutung, auch wenn der Aberglaube sich in der Heilkunde als hartnäckig erwies: Der Naturmaler Eleazar Albin behauptete noch 1736: »Ihr Netz mit der Zugabe von Froschlaich ist ein ausgezeichnetes blutstillendes Mittel für Nasenbluten oder jede andere leichte Wunde am Körper.«[7]

Dabei war der Wissensstand zu dieser Zeit eigentlich schon ein anderer. Bereits ein Jahrhundert zuvor hatte der englische Arzt und Philosoph Thomas Browne in seinem Werk *Pseudodoxia Epidemica* viele solcher Mythen anhand von Experimenten überprüft und als Irrtümer entlarvt. Doch das erlangte Wissen setzte sich nur langsam durch. So hatte auch Browne feststellen müssen, dass die größten Feinde der Erkenntnis der Aberglaube und das starre Festhalten an antiken Lehrmeinungen waren. So paradox es auch klingen mag: Ansichten wie jene Albins waren auch im 18. Jahrhundert schon nicht mehr auf dem neuesten Stand, aber oft noch das Maß aller Dinge.[8]

Darüber hinaus versuchten Menschen in Europa zunehmend, die Spinnenseide auch als Webstoff für sich zu nutzen. In anderen Teilen der Welt hatte dies bereits eine lange Tradition: Im westlichen Afrika wurden Spinnenkokons als Membranen für Instrumente benutzt, um damit Tierstimmen zu imitieren. Auf dem Vanuatu-Archipel im Pazifik webten die Menschen aus Radnetzen von Seidenspinnen der Gattung *Nephila* Hauben und Umhänge für ihre Initiationsriten. Und in Papua-Neuguinea setzen Menschen seit Generationen die metergroßen Netze zum Fischfang ein.[9]

Solch große Exemplare von Spinnen, die gleichermaßen ausladende Netze spinnen, gibt es in Europa nicht. Wohl auch deshalb blieb hier die textile Nutzung von Spinnenseide vorerst nur ein Traum. Erste Berichte über ihre Verwendung finden sich zwar seit dem 17. Jahrhundert, doch die Menschen wussten das Werk der Spinnen nicht dauerhaft zu nutzen. Es gelang ihnen einfach nicht, ihnen ihr Geheimnis zu entlocken. Deshalb schimpften sie sie ein eigensinniges Tier, das sie nicht an seinen Fertigkeiten teilhaben ließ. Ganz anders als die Biene, die den Menschen Honig und Wachs lieferte. Die Spinnen betrieben im Gegensatz dazu ein »eigennütziges« Handwerk. Davon zeugen zahlreiche Gedichte, Märchen und Fabeln, in denen Spinnen als »unnütze Weberinnen« herhalten mussten.[10]

Als an der Schwelle vom 17. zum 18. Jahrhundert ein Gelehrtenstreit darüber entbrannte, inwieweit die Antike noch als Vorbild für die Künste der Gegenwart tauge, griff der irische Schriftsteller Jonathan Swift dies in seinem Werk *Battle of the Books* auf. Zur Illustration des Disputs bediente er sich der ›Biene‹ und der ›Spinne‹. Während das Honig und Wachs produzierende Insekt für das »materiell-gemeinschaftliche« Altertum stand, verglich er die aufstrebenden Naturwissenschaften der

Moderne mit der »flüchtige[n] wie egomanische[n] Befestigungsarchitektur« des Spinnennetzes.[11]

Neben den Bienen wurden oft auch die Seidenraupen den Spinnen gegenübergestellt und wegen ihres selbstlosen Tuns gelobt. Zur Wahrheit gehört aber auch, dass die Seidenraupen dies stets mit dem Leben bezahlen, da sich der Faden ihres Kokons erst beim Kochen löst. Die Puppen werden bei lebendigem Leibe gesiedet. In Johann Christoph Friedrich Haugs Gedicht *Der Seidenwurm und die Spinne* aus dem frühen 19. Jahrhundert beschwert sich eine Spinne beim Seidenwurm, dass die Menschen, »die dich verschonen, mich befehden!«. Dieser antwortet darauf: »[D]ein Geweb' ist zart und auserlesen, ja künstlerisch, doch nutzlos; meines nützt.«[12] Diese materialistische Sicht war nicht auf den europäischen Raum beschränkt: In einem arabischen Märchen sagt die Seidenraupe zur Spinne: »Mein Gewebe wird das Gewand der Könige und das deinige ist für die Mücken.«[13]

Doch der Seidenbau, der in China seit mindestens 5000 Jahren existiert und im Mittelmeerraum seit der Antike bekannt ist, blieb in Europa ein aufwendiges und anfälliges Unterfangen; Krankheiten warfen die Zucht der Raupen zudem häufig zurück.

All das bewog den französischen Beamten François Xavier Bon am Beginn des 18. Jahrhunderts, Textilien aus Spinnseide herzustellen, um so eine Alternative zur Seidenraupenzucht zu schaffen. Er ging dabei so vor, wie es schon seit Jahrtausenden mit den verpuppten Larven des Seidenspinners gehandhabt wurde: Er ließ Eikokons von Spinnen sammeln, bis er rund 350 bis 400 Gramm Seide beisammenhatte. Diese klopfte er mit einem Stock aus und wusch sie in warmem Wasser, bis das Wasser klar wurde. Anschließend legte er die Seide in einen großen Topf mit Seife, Salpeter und einigen Stücken Gummi Arabicum und ließ das Ganze zwei bis drei Stunden lang auf kleiner Flamme köcheln. Anschließend wusch er die Seide erneut und trocknete sie mehrere Tage, bevor sie kardiert wurde. So entstand ein aschgrauer Faden, der dünner, aber fester als jener der Seidenraupen war.

Der Aufwand war immens, der Ertrag gering. Immerhin ließen sich daraus mehrere Paare Handschuhe und Strümpfe fertigen, die Bon 1709 der Französischen Akademie der Wissenschaften vorlegte. Im Jahr darauf veröffentlichte er seine Erkenntnisse in einer Abhandlung, die mehrfach übersetzt wurde: Bon hob darin vor allem die Fruchtbarkeit und Effizienz der Spinnen hervor. Im Vergleich zu Seidenspinnern brächten sie deutlich mehr Nachkommen hervor. Die Schmetterlingsraupen seien zudem anfällig für alle möglichen Krankheiten und müssten stets gepflegt werden, wohingegen die Spinnen im Spätsommer von ganz alleine aus ihren Eiern schlüpften. Und während von den 700 bis 800 Jungspinnen aus dem Kokon einer Gartenkreuzspinne nur wenige starben, schafften es von hundert Seidenraupen keine 40, sich zu verpuppen. Bons Ziel war es daher, Spinnen in Zukunft ebenfalls in Räumen zu züchten. Als weiteren Vorteil der Spinnenseide erwähnte er auch deren medizinische Wirkung. Sie wirke wie ein Balsam, der kleine Wunden vor der Luft schütze und heile.[14]

Die Akademie beauftragte daraufhin unter anderem den Naturforscher René-Antoine Ferchault de Réaumur – dem wir noch in einem späteren Kapitel (siehe Kapitel Heim) begegnen –, die Ergebnisse zu überprüfen. Réaumur fand vor allem ästhetische und wirtschaftliche Nachteile. Er kam zu dem Schluss, dass Spinnenseide unansehnlicher als Raupenseide und zudem unrentabel sei. Dies begründete er mit dem hohen

Bedarf an Spinnen: Während für 500 Gramm Seide rund 2500 Seidenraupen nötig seien, bräuchte es für die gleiche Menge mehr als 55 000 Spinnen. Zudem müssten diese Spinnen mit lebender Nahrung versorgt und zugleich davon abgehalten werden, sich gegenseitig zu fressen, was ihre Unterbringung wiederum aufwendig mache.[15] Die Bedenken blieben bestehen – und Stoffe aus Spinnfäden eine extravagante Rarität. 50 Jahre später unternahm der spanische Jesuit Abbé Ramon de Termeyer einen neuen Versuch. Obwohl er jahrelang experimentierte und eine Maschine zum Melken der Spinnen entwarf, konnte er nur ein paar Hundert Gramm Seide gewinnen. Auch ihm gelang es nicht, Spinnenseide in so großer Menge zu sammeln, dass sie eine Konkurrenz zum traditionellen Seidenbau hätte werden können.[16]

Es war vor allem ein Problem der Masse. Die Spinnennetze waren zu klein, die Spinnenhaltung zu aufwendig und die Techniken der Menschen zu unausgegoren, um die Fäden zu Gold zu spinnen. Es sollte noch ein Jahrhundert dauern, bis Meldungen von großen Spinnen, die in den Tropen hausen und riesige goldene Netze spinnen, übers Meer nach Europa gelangten.

Erneut war es ein Jesuit, der französische Pater und Arachnologe Paul Camboué, der sich der Sache annahm. 1882 hatte es ihn nach Madagaskar verschlagen, dort lernte er jene Tierart kennen, die die Einheimischen in ihrer Sprache Malagasy *Halabé* nennen – die Goldene Seidenspinne *(Trichonephila inaurata)*. Die Radnetze der Weibchen können einen Durchmesser von bis zu anderthalb Metern erreichen. Camboué sah die Gelegenheit, mit diesen Tieren die Seidengewinnung in industriellem Stil anzustoßen. Dazu gründete er eigens eine Fabrik in der Hauptstadt Antananarivo. Die Tiere bekam er aus der näheren Umgebung. Einheimische Sammlerinnen brachten täglich Hunderte weiblicher Seidenspinnen. Um die Seide zu gewinnen, nutzten Camboué und seine Gehilfen eine eigens dazu entwickelte Maschine; es handelte sich um ein Gestell aus Kork, in das sie die Spinnen einspannten. Um sie zum Spinnen anzuregen, hielten sie ihnen Fliegen vor. Der abgelassene Faden wurde mit einer Spindel aufgefangen. Dies geschah nicht einzeln, sondern gleichzeitig und in großer Zahl. Die fixierten Spinnen wurden in einer Art Setzkasten aufgereiht, von wo aus die Fäden auf einer Spule zusammenliefen.

Bei jedem Melken kamen bis zu 600 Meter Faden zusammen. Eine Spinne bekam den katholisch-kolonialen Eifer besonders zu spüren, innerhalb eines Monats sollen ihr ganze vier Kilometer Faden entzogen worden sein. Pro Monat mussten die Spinnen mehrmals ins Korkgestell. Wie oft, lässt sich kaum überprüfen. Die Informationen darüber gehen auseinander. Mal heißt es, die Spinnen seien fünf bis sechs Mal gemolken worden, bevor sie starben. Ein anderes Mal ist die Rede davon, sie hätten zwei bis drei »Abwicklungen« durchstehen müssen, bevor sie sich für einige Wochen wieder im Park erholen durften. Monatlich sollen so mehr als 36 Kilometer Faden zusammengekommen sein. Camboué ließ die gewonnene Seide zur Prüfung in ein Labor nach Lyon schicken. Auf der Weltausstellung in Paris 1900 wurde ein spinnseidener Baldachin aus seiner Fabrik präsentiert. Die Nachricht ging um die Welt. Beinah unglaublich muteten die Eigenschaften dieses wundersamen Garns an, das golden glänzte, um ein Vielfaches dünner, aber auch reißfester und leichter als herkömmliche Seide war. Das damals populäre US-amerikanische Wochenmagazin *The Literary Digest* sah bereits den neuen »Rivalen des Seidenwurms« gekommen und fragte: »Wird dies die Seide der Zukunft sein?«

Aber auch diesmal gelang es nicht, Spinnseide zum Massenprodukt zu machen. Das Labor in Lyon war zwar beeindruckt von der Qualität, sah aber keine Möglichkeit, die Spinnen im gemäßigten Klima Europas zu züchten. Es hätte enormen Aufwand bedeutet, die Spinnen einzeln zu pflegen und zu füttern. Anders als Seidenraupen lassen sie sich nicht auf engem Raum in Massen halten, da sie sonst übereinander herfallen. »In den Tropen wäre bei billigen Arbeitskräften noch am ehesten an so etwas zu denken«, schrieb der deutsche Naturwissenschaftler Kurt Floericke ganz im Geiste des Kolonialismus.[17]

Es sollten noch einmal hundert Jahre vergehen, bis die Versuche Bons, Termeyers und Camboués fortgesetzt wurden: 2004 stellten der britische Textilexperte Simon Peers und der US-amerikanische Designer Nicholas Godley einen Schal und ein Cape aus goldener *Nephila*-Seide vor, die sie nach Camboués Vorlagen angefertigt hatten. Geholfen hatten ihnen dabei ein Team aus 80 Personen und mehr als eine Million weiblicher Seidenspinnen. Jeder wurden ungefähr 400 Meter Seidenfaden per Spule abgenommen. Bis alle Tiere gefangen, gemolken und wieder in die Freiheit entlassen, bis die einzelnen Spinnfäden versponnen und zu den Textilien verwoben waren, vergingen drei Jahre. 350 000 Euro flossen in das Projekt. Die beiden Werke befinden sich heute im *Victoria and Albert Museum* für Kunstgewerbe in London.[18]

Zu jener Zeit, als Termeyer noch versuchte, den kleinen Kreuzspinnen im großen Stil Seide zu entlocken, kam die Idee zu einer anderweitigen Verwendung der Spinnenseide auf. Für diese bedurfte es auch keiner rauen Mengen, sondern bloß eines einzelnen Fadens: 1755 schlug der italienische Naturwissenschaftler Felice Fontana vor, für die Fadenkreuze von Fernrohren und Mikroskopen Fäden von Kreuzspinnen anstatt derer von Seidenraupen zu verwenden. Diesem Beispiel folgten weitere Wissenschaftler, allen voran Astronomen. Diese Methode etablierte sich im Laufe des 19. Jahrhunderts weiter und hielt sich bis weit ins 20. Jahrhundert.[19] Wohin anfangs nur ihre Blicke reichten, sollten eines Tages die Menschen selbst reisen. Und mit ihnen auch Spinnen. Aber dazu später mehr.

Eine andere Nutzung hat vor einigen Jahren der japanische Chemiker Shigeyoshi Osaki von der Medizinischen Universität Nara erforscht. Osaki befasste sich bereits seit mehreren Jahren mit Spinnenseide, diesmal erforschte er, wie sich aus den Seidenfäden Saiten für Violinen entwickeln ließen. Dazu nutzte er die sogenannte »dragline«-Seide, jene Fäden, die die Spinnen weben, um sich abzuseilen. Um diese in der benötigten Menge zu erhalten, wurde 300 südostasiatischen Seidenspinnen der Art *Nephila pilipes* Seide entnommen. Für jede Schnur ließ Osaki zwischen 3000 und 5000 einzelne Fäden zu einem Bündel zusammendrehen, drei von diesen wiederum ergaben eine Saite. Das Ergebnis ließ sich hören: Wegen der besonderen Struktur der Spinnenseide erzeugen diese Spinnensaiten eine hohe Tonqualität. Vermutlich liegt das an der Struktur der Fäden, die den Spinnen in Form ihres Netzes auch als eine Art Klangkörper dienen, an dessen Schwingungen sie spüren, wo sich ein Insekt im Netz verfangen hat.[20]

Trotz dieser langen Geschichte ist die Erforschung der Spinnenseide bis heute ein Nischenthema geblieben. Es ist schwierig, Fördergelder zu erhalten. Im deutschsprachigen Raum werde nur an wenigen Orten dazu geforscht, »vor allem von Frauen«, sagt Anna Bartz.[21]

ZWISCHEN KUNST- UND HANDWERK

Was ist das Spinnennetz – ist es ein Gegenstand, ein Gerüst oder schon ein Raum? Ist es Arbeit oder Kunst? Generationen von Gelehrten haben sich den Kopf darüber zerbrochen, ob Tiere Kunst hervorbringen können. Das kommt sicher auch auf die Definition von Kunst an, die je nach Epoche variierte. Ursprünglich war damit etwas »Gemachtes« gemeint, das im Gegensatz zum »Natürlichen« stehe, im Sinne einer bestimmten (menschlichen) Fertigkeit oder Kenntnis.[22]

Bereits der griechische Universalgelehrte Aristoteles nannte das Spinnennetz »kunstreich«.[23] Als ›kunstähnliche‹ Werke von Tieren galten zu seiner Zeit auch Schwalbennester sowie der Honig und die Waben der Bienen.[24] Damals herrschte die Ansicht vor, der Mensch habe sich die Kunst bei den Tieren abgeschaut. Nach dem griechischen Naturphilosophen Demokrit sind »wir Menschen in den wichtigsten Dingen Schüler der Tiere geworden, so der Spinnen beim Weben und Nähen [...] – indem wir sie nachahmten«.[25]

Der Arachne-Mythos, überliefert durch Ovids *Metamorphosen* aus dem ersten Jahrzehnt nach Christus, drehte diese Annahme. Die Weberin Arachne war eine Sterbliche, aber eine so talentierte Weberin, dass sie sogar die Göttin Pallas Athene in ihrer Kunst übertraf. Zur Strafe verwandelte diese sie in eine Spinne. Die menschliche Weberin war also der Sage nach vor der Spinne da. Um Arachne und andere »gefallene« Frauen wird es später noch (im Kapitel Lust) ausführlicher gehen. Zunächst verfolgen wir aber, wie sich der menschliche Blick auf das Werk der Spinnen entwickelte.

Nun, er blieb, wie das Image der Netzbauerinnen selbst,

ambivalent. Trotz aller Bewunderung für ihre geometrische Struktur galten Spinnweben seit der Antike meist als schlechtes Omen.[26] Das aufstrebende Christentum trug nicht gerade zur Ehrenrettung der Spinnen bei, im Gegenteil: Im Mittelalter und der Frühen Neuzeit musste das Netz als Symbol für allerlei menschliche Dinge herhalten: Mal wurde es als Wunderwerk der Schöpfung gelobt; mal galt es als Symbol für das Gesetz, das nur die Kleinen fange, die Großen aber verschone. Und es diente als Zeichen von Intrige und Macht, wie wir noch erfahren werden (im Kapitel Angst).[27]

Trotz aller Deutungen blieb die Frage, woher die Spinnen ihre Fähigkeiten haben, unbeantwortet. Geistliche wie der Franzose Guillaume d'Auvergne oder der Engländer Roger Bacon fragten sich schon im 13. Jahrhundert, ob und woher Spinnen zu spinnen wissen; ob sie nur zufällig ihre Netze aufspannen oder einem Plan folgen. Beide vermuteten dahinter einen ›Naturimpuls‹. Bacon sprach den Spinnen eine Vernunft im menschlichen Sinne zwar ab, gestand ihnen aber, wie anderen Tieren auch, das Talent ›natürlicher Kunst‹ zu. Er glaubte, je weiter ein Tier vom Menschen entfernt sei, desto stärker sei diese ausgeprägt.[28] Zudem seien Spinnen in der Lage, ihre Handlungen zu koordinieren und auf ein Ziel hinzuarbeiten. Den Beweis sah er in der Geometrie ihres Netzes.[29]

Rund drei Jahrhunderte später war die Frage noch immer nicht gelöst. So fragte sich auch der französische Philosoph Michel de Montaigne Ende des 16. Jahrhunderts noch:

> »Warum webte die Spinne ihr Netz hier dichter und dort lockerer, warum bediente sie sich bald dieser, bald jener Art von Knoten, wenn sie unfähig wäre, sich aufgrund folgerichtigen Denkens zu entscheiden?«

Montaigne schloss daraus, dass die Tiere uns in vielem überlegen seien, und stellte im Gegenzug die Hybris des Menschen als ›Krone der Schöpfung‹ infrage:

> »Warum schreiben wir ihre Werke, die alles übertreffen, was uns mit natürlichen oder künstlichen Mitteln möglich ist, ich weiß nicht welch angebornem blinden Trieb zu? [...] In allem, was der Befriedigung der Lebensbedürfnisse dient, überflügelt deren viehische Dummheit alles, was unsre ach so göttliche Intelligenz vermag!«[30]

Neue Methoden und Maschinen trieben in der zweiten Hälfte des 18. Jahrhunderts die industrielle Revolution mit voran: 1765 entstand mit der sogenannten »Spinning Jenny« die erste Spinnmaschine, 1785 folgte der »Power Loom«, der erste mechanische Webstuhl. War die Webkunst bis dahin meist Frauen vorbehalten gewesen, ersetzte sie nun die »männliche Fabrikation«. Die Spinnmaschine verdrängte das Spinnrad, an die Stelle der Spinnstube trat die Tuchfabrik.[31]

Der industrialisierte Blick auf die Welt machte auch vor den Tieren nicht halt. So schrieb Karl Marx 1867 in *Das Kapital*:

> »Wir unterstellen die Arbeit in einer Form, worin sie dem Menschen ausschließlich angehört. Eine Spinne verrichtet Operationen, die denen des Webers ähneln, und eine Biene beschämt durch den Bau ihrer Wachszellen manchen menschlichen Baumeister. Was aber von vorneherein den schlechtesten Baumeister vor der besten Biene auszeichnet, ist, daß er die Zelle in seinem Kopf gebaut hat, bevor er sie in Wachs baut. Am Ende des Arbeitsprozesses kommt ein Resultat heraus, das beim Beginn desselben schon in der Vorstellung des Arbeiters, also schon ideell vorhanden war.«[32]

Ohne dies wohl zu beabsichtigen, fegte Marx damit die uralte, christliche Verherrlichung der Bienen und Verteufelung der

Spinnen hinweg. Ob Bienen oder Spinnen – bei ihm waren sie alle gleich: gleich beschränkt und unbedeutend. Im Gegensatz zum werkschaffenden Menschen. Die Frage nach den tierlichen Talenten stellte sich ihm nicht. Im Laufe von zwei Jahrtausenden war somit aus einer »Kunst« etwas Geringeres als »Arbeit« geworden.

Je weniger wir wissen, desto mehr können wir auch behaupten. Marx ging anscheinend von einem sehr niederen Trieb aus, der Spinnen Netze und Bienen Waben bauen lässt. Dabei ist die Frage nach dem inneren Plan nicht eindeutig zu beantworten. Denn auch wenn sich etwa eine Kreuzspinne ihr Werk nicht vorher im »Kopf« ersonnen hat, so dürfte sie doch von einem inneren Plan erfüllt sein, der ihr die geometrische Form des Radnetzes vorgibt. Die Spinne, schrieb Jean-Henri Fabre, kenne die »logarithmische Spirale«. Der französische Naturforscher war überzeugt, dass sie den »virtuellen Bauplan« in sich trage, denn:

> »Nie konnte der Zufall, für wie reich an Überraschungen wir ihn auch halten mögen, die Spinne in höherer Geometrie unterrichten, in der sich unser Verstand ohne gründliche Vorbildungskraft bald verirrt. Wie viel abstruse Wissenschaft für ein Stückchen Faden! [...] ein Nichts, kurz gesagt, verlangt ein titanisches Gerüst [...]. Die Geometrie, das heißt die Harmonie im Raum, beherrscht alles.«

Deshalb, schlussfolgerte Fabre, finde sich diese Harmonie sowohl in der Struktur des Radnetzes als auch in der Umlaufbahn eines Planeten. Sie sei überall, »in der Welt der Atome ebenso wie in der Welt der unermesslichen Größen«.[33]

Ob nun Kunst, Arbeit oder natürliches Talent, all das sind nur unterschiedliche menschliche Sichtweisen auf eine tierliche

Leistung, die die Menschen zu allen Zeiten irritierte oder faszinierte. Und die sie immer wieder veranlasste, ihre eigene Unzulänglichkeit zu rechtfertigen.

MIT SPINNEN SPINNEN

Auch wenn die »Kunst« der Spinnen mit der Zeit in dem Maße an Wert verlor, wie der Mensch sich von der Natur entfernte, so inspirieren Spinnen dennoch bis heute die menschlichen Künste. Verschiedene Künstlerinnen und Künstler versuchen, die seit der Antike gezogene Grenze zwischen Menschen und anderen Tieren zu verwischen. Besonders radikal geht dabei der argentinische Architekt Tomás Saraceno vor. Ihn interessieren Spinnen nicht an sich, sondern ihre Werke, die ihn »an Architekturen und Skulpturen« erinnern.[34]

Inspiriert wurde Saraceno als Architekt von den futuristischen, geschwungenen Glasdächern des Münchener Olympiaparks aus der Feder Frei Ottos, die sich ebenfalls bereits an Spinnennetzen orientierten.[35] Saraceno versucht, die Welt der Spinnen den Menschen auf künstlerische Weise nahezubringen und beide miteinander zu verbinden. In der Düsseldorfer Kunsthalle *K21* ließ er ein riesiges Stahlseilnetz in 25 Meter Höhe aufspannen. Es mutet wie eine Mischung aus Spinnennetz und Hängematte an, Museumsgäste können es betreten, sich hineinlegen und die Schwingungen spüren, die die übrigen Netzbesucherinnen und -besucher verursachen.

Für die Kunst-Biennale in Venedig 2009 plante er das Projekt *18 Billions*. Die Idee war es, ein Spinnennetz stark vergrößert als 3-D-Modell nachzubauen, sodass es einen ganzen Pavillon füllte. So etwas hatte es vorher noch nicht gegeben. Dazu arbeitete er mit verschiedenen Forschungseinrichtungen und Universitäten zusammen. Zunächst musste er eine Spinnenart finden, die ein entsprechend raumgreifendes Netz bauen konnte. Die Wahl fiel schließlich auf die Südliche Schwarze Witwe *(Latrodectus mactans)*. Im Gegensatz zum zweidimensionalen Radnetz der Kreuzspinnen und Seidenspinnen bestehen die Netze der Witwen aus einem haubenförmigen Versteck, von dem eine netzartige Decke ausgeht. Von dort verlaufen senkrechte Fangfäden zum Boden, in denen sich die Beute verheddert. Was sonst eine einzige Spinne vollbringt, mussten nun 40 Menschen in Handarbeit übernehmen. Zwei Jahre arbeiteten sie daran und damit länger als geplant, sodass das Kunstwerk nicht rechtzeitig zur Biennale vollendet und erst später an anderer Stelle präsentiert wurde. Allein das Werk einer Spinne bloß nachzuahmen kostet die Menschen ein Vielfaches der Zeit, die eine Spinne selbst für das Original benötigt.[36]

Saraceno orientiert sich nicht nur an ihrem Können, sondern beteiligt sie auch an seiner Kunst. Als er 2018 seine Ausstellung im Pariser Palais de Tokyo plante, kartierte er mit einer Arachnologin des Pariser Naturkundemuseums all die Spinnen, die bereits im Museum lebten, und ließ sich von der Museumsleitung zusichern, dass ihre Netze nicht entfernt würden. So wie seine Werke den Raum erfüllen sollten, sollten sich auch die bereits anwesenden Spinnen im gesamten Gebäude bewegen dürfen. »Die Spinnen leben mit uns, wenn man sie leben lässt.«[37]

Spinnen, die Netze bauen, nehmen die Welt weniger über ihre Augen, sondern vor allem über die Vibration ihrer Netze wahr. Durch sie orientieren sie sich im Raum. Woher die Spinnen zu spinnen wissen, haben sie uns bislang nicht verraten. Doch wen man nicht überzeugen kann, den versucht man zu verwirren. Und so haben Menschen hin und wieder versucht, den Netzbau der Spinnen im Labor zu beeinflussen, um zu sehen, wie diese darauf reagieren. Dazu setzten sie sie teils ungewöhnlichen Bedingungen aus.

Der Pharmakologe Peter Witt und der Zoologe Hans Peters erforschten 1949 an der Universität Tübingen, wie Spinnen auf Drogen reagieren.[38] Ursprünglich war es im Zoologischen Institut nur darum gegangen, den Netzbau zu filmen. Da die meisten Spinnen ihre Netze nachts spinnen, waren die Wissenschaftlerinnen und Wissenschaftler es irgendwann leid, ständig im dunklen Labor zu sitzen, nur um am Ende wieder festzustellen, dass sie erneut kein brauchbares Filmmaterial beisammenhatten. Also fragten sie den Pharmakologen Witt, ob er nicht ein Mittel hätte, das die Spinnen dazu bringe, ihren Rhythmus umzustellen. Witt willigte ein, sah er darin doch eine Gelegenheit, die Wirkungen verschiedener Substanzen an jenem Tier auszutesten, das wie kein anderes – Menschen inbegriffen – Tag für Tag eine so detaillierte Aufzeichnung seines Verhaltens ablegt.[39]

Zunächst wurden einige ausgewachsene Weibchen der heimischen Sektorspinne *(Zygiella x-notata)* gefangen und in die Ecke eines Holzrahmens gesetzt. Dort begannen sie bald, jenes typische Radnetz zu spinnen, das ihnen ihren Namen gegeben hatte: In einem Bereich des Netzes lassen Sektorspinnen die Speichen und Radialfäden weg, sodass das Netz an eine angeschnittene Torte erinnert. Durch diesen freien Sektor läuft nur ein einziger Signalfaden, an dessen Ende sich der Unterschlupf der Spinne befindet.

Die Drogen bekamen die Spinnen anhand präparierter Fliegen verabreicht, die Zuckerwasser und die jeweilige Substanz enthielten. Die toten Fliegen wurden ins Netz gehängt. Da Spinnen lebende Beute bevorzugen, wurde eine Stimmgabel angeschlagen und ans Netz gehalten, um so das Brummen der Fliegen nachzustellen. Die Spinnen reagierten auf die Schwingungen und fielen über die Fliegen-Cocktails her. Innerhalb einer halben Stunde saugten sie zwei bis zehn Milligramm aus den Kadavern. Danach hieß es abwarten.

Auch wenn das eigentliche Ziel verfehlt wurde und die Spinnen weiterhin nachtaktiv blieben, so zeigten die Drogen doch Wirkung: Das Aufputschmittel Benzedrin ließ die Spiralen der Netze schlingern, ganz so, als liefen die Spinnen beim Weben zickzack. Unter dem Einfluss von Schlafmitteln wie Veronal oder Valium bauten die Spinnen sehr kleine Netze oder ließen den Netzbau gleich ganz sein. Unter Pervitin – jenem Stoff, mit dem sich die Soldaten der Wehrmacht im Zweiten Weltkrieg aufgeputscht hatten – schien der Tastsinn der Spinnen zu leiden; die Abstände der Radialfäden wurden unregelmäßig. Mit dem Halluzinogen LSD webten sie hingegen auffällig gleichmäßig und überaus ordentlich, während ihnen bei Koffein die Geometrie des Netzes völlig abhandenkam – die »logarithmische Spirale« geriet auf Abwege. Bis auf den freien Sektor im oberen Bereich erinnerte nichts mehr an das typische Radnetz einer Sektorspinne. Was wohl der Insektenforscher Fabre dazu gesagt hätte?

Inwieweit sich der Drogeneinfluss bei Spinnen mit dem bei Menschen vergleichen ließe, werde sich nie vollständig beantworten lassen, schrieb Witt in einem Artikel 1954, »da wir eine Spinne nicht befragen können, um herauszufinden, was sie fühlt und erlebt«. Dennoch sei die Forschung mit ihnen sinnvoll:

> »[Denn d]ie kleine Spinne liefert uns mit ihrem Netz jeden Tag einen objektiven und messbaren Bericht über den Zustand ihrer Gesundheit und Nerven. Wenn wir gelernt haben, es zu interpretieren, werden wir in der Lage sein, eine höchst interessante Geschichte in dieser präzisen und komplizierten Struktur zu lesen.«[40]

... INS ALL

Der Pharmakologe Witt blieb der Spinnenforschung treu und setzte sie auch nach seinem Umzug in die USA fort, wo er ab 1966 die Abteilung für psychische Gesundheit am Dorothea Dix Hospital in Raleigh, North Carolina, leitete. 25 Jahre nach den Drogentests wandte sich die NASA an Witt. Der Start der zweiten Besatzung zur neuen Raumstation Skylab stand kurz bevor. Außer den drei menschlichen Astronauten sollten auch zwei weibliche Gartenkreuzspinnen mitfliegen, Anita und Arabella. Eine weitere – Arachne genannt – diente im Kontrollzentrum als Vergleichstier. Das Ziel war es, herauszufinden, ob Spinnen auch in der Schwerelosigkeit Netze spinnen. Und falls ja, wie würden diese aussehen? Die Idee stammte allerdings weder von Witt noch von der NASA, sondern von Judith Miles. Die Highschool-Schülerin aus Massachusetts hatte sie im Zuge eines Schulwettbewerbs vorgeschlagen.[41]

Seit den Anfängen der Raumfahrt in den späten vierziger Jahren waren mehrfach Tiere ins All geschossen worden. Den Anfang machten die USA. 1948, in dem Jahr, als Witt noch in Tübingen den Spinnen LSD, Koffein und Co. einträufelte, schickte die NASA einen Rhesusaffen namens Albert I. hinauf. Es folgten Albert II. bis IV. sowie weitere Affen und mehrere Mäuse. Viele der Tiere starben während des Fluges oder beim Wiedereintritt in die Atmosphäre.

Die Sowjets zogen Anfang der fünfziger Jahre nach, setzten aber vor allem auf Hunde. Ganze neun von ihnen flogen innerhalb von zwei Jahren ins All. Der berühmteste war die Straßenhündin Laika, die 1957 nach wenigen Stunden in der Erdumlaufbahn kollabierte. Bis Ende der sechziger Jahre wuchs das extraterrestrische Bestiarium um weitere Affenarten, Nager und eine Katze an. Als die sowjetische Raumsonde *Sond 5* im September 1968 von Baikonur in der kasachischen Steppe aus startete, waren Schildkröten, Fruchtfliegen, Mehlwürmer sowie Bakterien an Bord. Sie sollten die ersten Erdlinge sein, die den Mond umrundeten.

Auch nachdem die USA im Juli 1969 den Wettlauf zum Mond gewonnen hatten, wurden weitere Versuchstiere der Schwerelosigkeit ausgesetzt. Doch weder Fische noch Quallen oder Amöben schafften es auf die Titelseiten. Das sollte sich erst im Juli 1973 ändern, als Anita und Arabella an Bord der *Skylab-3*-Mission gingen.[42]

Vor dem Flug bekam jede der Spinnen eine Stubenfliege zu fressen. Danach wurden sie in kleine Glaskapseln gesteckt, ausgestattet mit einem kleinen Stück Schwamm, damit sie nicht verdursteten. Mit an Bord waren außerdem zwei Elritzen, kleine lebhafte Schwarmfische, samt Eiern, sechs Taschenmäuse und mehr als 700 Fruchtfliegenpuppen, ebenfalls zu Testzwecken.

Acht Tage nach dem Start schließt Wissenschaftspilot Owen Garriott Arabellas Kapsel an den vorgesehenen Kasten an, in dem sie fortan Netze spinnen soll. Da sie sich auch nach einigen

Stunden noch weigert, ihr Refugium zu verlassen, schüttelt er sie kurzerhand heraus. Wie ein Astronaut im All eiert sie durch die Box, versucht, sich irgendwo festzukrallen, und wird doch nur von einer Ecke zur anderen geworfen. Erst nach einer Weile findet sie an einer der Seitenwände Halt. »Da sitzt sie und klammert sich ans Gitter«, schreibt Kommandant Alan Bean in sein Tagebuch. Hier im Orbit, der Schwerelosigkeit ausgeliefert, scheint sie den Männern näher als auf Erden.

Doch sie passt sich schneller als gedacht an die neuen Bedingungen an. Schon am nächsten Tag entdeckt die Crew, dass Arabella ein rudimentäres Netz in einer Ecke der Box gebaut hat. Es hat kaum Spannung und scheint keiner Ordnung oder Struktur zu folgen. Es sehe aus »wie ein abgetragenes Fischernetz, aus dem jedem Fisch die Flucht gelänge«, notiert Bean. Doch sie gewöhnt sich rasch an die neuen Bedingungen. Noch ein weiterer Tag vergeht, bis sie ihr erstes Radnetz webt. Sie scheint erkannt zu haben, dass die Seitenwände ihr Halt geben, und befestigt zwischen ihnen eine Brückenleine, die den Anfang jedes Radnetzes bildet. Statt sich von dort aus abzuseilen und so Speiche für Speiche zu ziehen, hangelt sie sich zwischen Wand und Faden hin und her.

Ursprünglich soll das Experiment nur wenige Tage dauern, was sich auch am gering bemessenen Proviant zeigt – zwei Stubenfliegen als Vorrat. Das Ziel ist es, drei Netze einer Spinne zu fotografieren, zu filmen und zu protokollieren. Danach sei das Experiment zu beenden, Arabella solle sterben. Anita ist ohnehin nur als ihr Ersatz vorgesehen, falls Arabella nicht so lange überlebt hätte.

Doch Wissenschaftspilot Garriott und seine beiden Kollegen sind auf den Geschmack gekommen. Sie haben Arabella – nach all dem Aufwand, den sie betrieben hat, um sich fern jeder Gravitation zurechtzufinden – lieb gewonnen. Bald werden sie von ihr nur noch als »unserer Freundin« sprechen. Sie funken zur Erde ihre Bitte, das Experiment fortsetzen zu dürfen, und werden erhört. Das Protokoll wird erweitert; Arabella darf weiterweben.

Nach acht Tagen entfernt Garriott die Hälfte ihres Netzes, woraufhin sie den Rest auffrisst und zunächst zögert, ein neues zu schaffen. Erst nachdem Garriott ihr zu trinken gegeben hat, beginnt sie wieder zu spinnen. Weitere acht Tage später – Arabella ist bereits seit drei Wochen im Einsatz – entfernt Garriott ihr gesamtes Netz. Diesmal macht sie sich umgehend daran, es neu zu weben. Die drei Astronauten werden es als ihr bislang schönstes bezeichnen.

Am 26. August, die Hälfte der Mission ist bereits vorüber, erfolgt die Ablösung. Arabella kommt zurück in ihre Transportkapsel. An ihrer Stelle darf Anita in den Kasten. Auch sie weigert sich zunächst, ihr Versteck zu verlassen. Doch kaum herausgeschüttelt, fängt sie umgehend an, ein Netz zu spinnen. Die verlängerte Ruhezeit von vier Wochen dürfte dazu beigetragen haben. Auch Arachne, die Spinne, die auf der Erde geblieben ist und als Vergleichstier zu den beiden Raumfahrerinnen dient, wurde Erschütterungen und der Enge der Transportkapsel ausgesetzt. Und auch sie brauchte einige Tage, bis sie wieder Netze baute, die so ebenmäßig wie eh und je waren.

Nach drei Wochen finden die Astronauten Anita tot in ihrem Kasten auf. Nach der Rückkehr zur Erde Ende September entdecken sie, dass auch Arabella in ihrer Kapsel gestorben ist. Beide Spinnen seien augenscheinlich vertrocknet, heißt es. Bei Spinnen äußert sich das an einem verschrumpelten Hinterleib und der typischen Haltung mit unter dem Körper zusammengezogenen Beinen.

Bei besserer Versorgung hätten sie es vermutlich länger ausgehalten und es womöglich lebend zurück auf die Erde geschafft. So wurden ihre Überreste in Alkohol eingelegt und dem Nationalen Raumfahrtmuseum überreicht, wo sie bis heute zu sehen sind.

Die Studie enthüllte viel über die Auswirkungen der Schwerelosigkeit auf die motorische Reaktion. Die Untersuchungen der Netzproben ergaben, dass die Fäden in der Schwerelosigkeit deutlich feiner waren als auf der Erde. Die Spinnen schienen gespürt zu haben, dass sie ohne Gravitation weniger Material benötigten.[43]

Es scheint also, als seien Spinnen die besseren Raumfahrerinnen. Versuche auf der Erde haben gezeigt, dass Spinnen das Fünffache der Fliehkräfte überleben, die auf einen Astronauten beim Raketenstart einwirken. Auch wenn das Gleichmaß ihrer Netze leidet – sie spinnen dennoch weiter. Die Mission von *Skylab 3* hat gezeigt, dass Spinnen dies auch in der Schwerelosigkeit tun. Was das gesammelte Film- und Fotomaterial nicht zeigte, war, ob und wie sich der Netzbau von jenem unter irdischen Bedingungen unterscheidet.

Es dauerte jedoch 35 Jahre bis zum November 2008, ehe die NASA erneut zwei Radnetzspinnen mit der Raumfähre *Endeavour* zur Internationalen Raumstation schickte. Die Wahl fiel auf ein ausgewachsenes Weibchen der Art *Metepeira labyrinthea*, das zuvor in Florida gefangen worden war, sowie eine halbwüchsige, im Labor gezüchtete Heckenkreuzspinne *(Larinioides patagiatus)*. Soweit bekannt, blieben sie namenlos.

Der Flug sollte 15 Tage dauern, und diesmal hatte die NASA vorgesorgt. Die Box für den Netzbau wurde täglich zwölf Stunden künstlich beleuchtet, um den Wechsel von Tag und Nacht zu simulieren. Alle fünf Minuten schoss eine Kamera Fotos.

Unter der Box befand sich zudem ein Behälter mit Fruchtfliegeneiern, der mit der »Spinnstube« direkt verbunden war. Den Spinnen sollte es an nichts fehlen. Die jüngere Heckenkreuzspinne war – wie schon Anita für Arabella – nur als Ersatz für ihre größere Verwandte vorgesehen. Doch irgendwie schaffte sie es während des Flugs, in die Box der größeren Mitreisenden zu gelangen. Obwohl viele Radnetzspinnen strikte Einzelgängerinnen sind, fielen sie nicht übereinander her. Es sollte nicht das einzige Missgeschick bei dieser Mission bleiben.

Da keine Namen von ihnen überliefert sind, nenne ich sie Spinne 1 und 2. Spinne 1 spann zunächst ungeordnete Seidenfäden. Am sechsten Tagen begann Spinne 2, ein Netz zu bauen. Eine Stunde später tat es ihr Spinne 1 gleich, wobei sie das Netz von Spinne 2 teils zerstörte. Beide bauten danach weitere Netze, die sie immer wieder auffraßen, um anschließend von Neuem zu beginnen. In den folgenden acht Tagen spannen sie zusammen sechs Netze, die immer unordentlicher gerieten. Zwei Wochen ging das so. Ob sie danach damit weitermachten, ist möglich, aber leider nicht belegt. Die Fruchtfliegen waren mittlerweile geschlüpft und breiteten sich ungehindert in der Box aus. Sie entwickelten sich so prächtig, dass nach zwei Wochen die Frontscheibe der Versuchsbox vollständig mit ihnen bedeckt war. So ließ sich wieder nicht erforschen, ob sich die gebauten Netze in der Schwerelosigkeit von denen auf der Erde unterschieden.[44]

Ein dritter Versuch sollte 2011 endlich die Antwort liefern. Dazu wurden auf dem Gelände von Cape Canaveral Kokons der Goldenen Seidenspinne *(Nephila clavipes)* gesammelt. Diese Art kommt in freier Natur von Florida bis Südamerika vor und eignet sich aufgrund ihrer Körpergröße sowie dem Aufbau ihrer Netze besonders gut für solche Versuche. Die Netze der

Goldenen Seidenspinne weisen eine auffallende Asymmetrie auf. Bei ausgewachsenen Tieren ist die Nabe des Netzes ein Stück nach oben verschoben. Denn aufgrund der Erdanziehung ist es für sie einfacher, von ihrem Ansitz im Zentrum zu einem Beutetier nach unten zu eilen, als nach oben zu klettern. Je mehr Raum sie also unter sich haben, desto schneller können sie jeden Winkel erreichen. In der Schwerelosigkeit müsse sich deshalb ein deutlicher Unterschied in der Struktur der Netze zeigen, vermuteten die Forscher.

Aus den ausgebrüteten Kokons wurden schließlich vier weibliche Tiere ausgewählt. Zwei blieben als Vergleichstiere im Space Center, die anderen beiden flogen im Mai 2011 zur ISS. Die Astronauten nannten sie Gladys und Esmeralda, wobei Gladys sich später als Männchen erwies. Abgesehen von der Schwerkraft waren die Bedingungen für alle vier gleich: Jede Spinne hatte ihre eigene Box. Die Kästen waren 17 Zentimeter breit, zwölf Zentimeter hoch und fünfeinhalb Zentimeter tief. Zwölf Stunden täglich sorgten LED-Leuchten für künstliches Licht. Die Temperatur lag bei konstanten 25 Grad Celsius, die Luftfeuchte bei 50 Prozent. Und die Fruchtfliegen gelangten diesmal nur dann in die Box, wenn ein Astronaut den Hebel betätigte.[45]

Zwei Monate blieben Gladys und Esmeralda im All, alle fünf Minuten wurden sie automatisch fotografiert und gefilmt.

Es stellte sich heraus, dass die meisten in der Schwerelosigkeit gebauten Netze fast kreisrund und zentriert ausgerichtet waren. Im Laufe der Zeit wurden sie jedoch zunehmend unregelmäßiger. Doch das lag offenbar nicht an der Schwerelosigkeit. Je länger das Experiment dauerte, desto unregelmäßiger webten auch die beiden Kontrollspinnen auf der Erde im Space Center ihre Netze. Vermutlich lag dies am Platzmangel.

Denn die Netze der Seidenspinnen können bis zu zwei Meter im Durchmesser erreichen. Im Experiment hatten alle jedoch gerade einmal 21 Zentimeter in der Diagonalen Platz, um sich zu entfalten. Wie Esmeralda ihr Netz baute, ist noch immer auf YouTube zu sehen.[46]

Dreimal flogen Spinnen und Menschen gemeinsam ins All. Und jedes Mal lernten alle etwas dazu. Die einzelnen Spinnen, weil sie nie zuvor in der Schwerelosigkeit gewesen waren; und die Menschen, weil sie jedes Mal neue Fehler begingen. Obwohl die Versuche aus Sicht der Menschen stets mehr oder weniger gescheitert sind, ergaben sich daraus dennoch überraschende Erkenntnisse über das Können der Spinnen. Sie schafften es, sich ohne vorheriges Training in völlig ungewohnter Umgebung zu orientieren und sogar die Menge der Seide auf die neue Situation abzustimmen. Es spricht viel dafür, dass der Netzbau mehr als ein Instinkt ist und nicht bloß automatisch abläuft, sondern von individuellen Erfahrungen beeinflusst wird. Es scheint, als habe die Spinne ein Gespür für ihr Gewicht in der Welt.

DIE ÄRA DER ARACHNAUTINNEN

Seit Menschen zu den Sternen blicken, haben Spinnen sie begleitet. Spinnen lieferten den Menschen Seide für die Fadenkreuze, sodass sie ihre Teleskope ausrichten konnten. Spinnen flogen mit ihnen ins All und lehrten sie, dass auch der Brückenfaden eines neuen Netzes ein Horizont sein kann. Spinnen gaben ihnen Orientierung und fanden auch ohne Erdanziehung Halt. Aus sich selbst.

Wir Menschen können Maschinen bauen, die uns und sie in die Umlaufbahn eines Planeten, in die Welt der unermesslichen

Größen katapultieren. Doch sobald wir Spinnenfäden zu entwirren versuchen, scheitern wir. Spinnen inspirieren uns und führen uns doch immer wieder unsere Makel vor Augen.

Die menschliche Nutzung der Spinnen hat im All eine ähnliche Entwicklung wie auf Erden genommen. So, wie für die ersten Versuche zur Seidengewinnung Gartenkreuzspinnen dienten, waren sie auch die ersten Arachnautinnen. Und so wie sich später die größeren Vertreterinnen der Gattung *Nephila* als geeigneter für die Forschung erwiesen, so lösten sie auch ihre kleineren Verwandten in den Raumkapseln ab. Was für die irdische Webkunst gilt, gilt also auch für den Weltraumflug.

Die ›Spinne‹ ist ebenso ein Tier der Wissenschaft wie der Kunst, des Labors wie des Ateliers, der Scheune wie der Stube. Ihre Netze – diese Antwort der Evolution auf die Flügel der Insekten – geben uns Menschen seit Jahrtausenden Rätsel auf. Dabei sind sie nur eine der vielen Antworten der Webspinnen, den Unbilden des Lebens zu trotzen.

Nach dieser Werkschau ist es im folgenden Kapitel an der Zeit, sich der artenreichsten Familie unter den Spinnen zu widmen. In einem Märchen aus dem Königreich Loango, das in vorkolonialer Zeit im heutigen Kongo bestand, heißt es über die Springspinne, sie habe zwar das Netz erfunden, es sich aber von den Menschen abschwatzen lassen. Seitdem müsse sie sich anderweitig behelfen.[47]

Und wie es ihr gelungen ist. Denn auch wenn diese Anekdote nur der Versuch von Menschen ist, sich das weitgehend netzlose Dasein der Springspinnen zu erklären, so steckt darin neben Bedauern auch Bewunderung. Mögen sie auf das am meisten bewunderte Utensil der Spinnen bei der Jagd auch verzichten, so ist das für sie kein Nachteil. Sie gleichen es mit ausgeprägtem Sehsinn und bewusstem situativen Handeln aus. Sie haben Fähigkeiten, die einem Hirn von der Größe eines Mohnkorns entspringen, aber selbst erfahrene Arachnologinnen und Arachnologen verblüffen. Auf diese Weise stellen sie das gängige Klischee infrage, was eine ›Spinne‹ ist und was sie ausmacht. Schauen wir sie uns also einmal genauer an. Sie tun das ganz gewiss auch mit uns. Womöglich gerade jetzt, in diesem Augenblick.

3
LEIB

300 MILLIONEN JAHRE ERFAHRUNG

»Auf die Gefahr hin, daß Sie das
Respektlos finden: Mir
Graut es nicht vor Ihnen. Ach, ich bin
Ein Kamerad der Schlangen, ein Vertrauter
Der Kellerasseln, Duzfreund und Bruderherz
Der feuchten Salamander, Clubgenosse
Der Totengräber, und dem Heiligen Pillendreher
Wahlverwandt – Kurzum: Habitué
Des niederen Lebens.«

Carl Zuckmayer, *Gespräch mit einer Spinne*

Sie hockt gleich am Eingang; knallblau, flauschig und so groß wie ein Ein-Personen-Zelt. Ihre lauernde gewölbte Haltung verrät sie sofort als Spinne. »Vedova blu«, die blaue Witwe, so hat sie ihr Schöpfer, der italienische Künstler Pino Pascali, genannt. Sie entstand 1968 als Teil seiner unvollendet gebliebenen Objektgruppe »Rekonstruktion der Natur«, in der er industrielle Materialien mit organischen Formen verband. Im Herbst 2022 weilt sie im *Mumok*, dem Museum Moderner Kunst in Wien, wo sie die Empfangsdame zur Ausstellung »Das Tier in Dir« mimt. So wie in Zoos oft Flamingos oder Papageien die Gäste begrüßen, ist es hier die Skulptur der zeltgroßen Spinne mit blauem Flor. »Ist es ein Monster oder ein Plüschtier? Oder ist es beides?«, heißt es fragend im Ausstellungstext. »Sie macht neugierig, genauso wie sie uns zu verunsichern vermag. Die gigantische blaue Spinne ist ein verfremdetes Abbild, unwirklich, absurd und märchenhaft.«[1]

Obwohl sie zum Sprung bereit scheint, wirkt sie auf mich kein bisschen bedrohlich. Aber auch mich irritiert sie. Denn das Erste, was mir an ihr auffällt, sind die Beine, die ihr fehlen. Sie hat nur sechs, wie ein Insekt, und nicht acht, wie alle Spinnentiere. Zudem besteht ihr Körper nur aus einem Teil, wie bei ihren nahen Verwandten, den Weberknechten und Milben, und nicht aus zweien, wie bei allen Webspinnen. Und dennoch erkenne ich sie sofort als das, was sie sein soll – als Spinne.

Auch eine sechsbeinige Spinne funktioniert also als Bild einer Spinne. Was macht den Kern der ›Spinne‹ aus – oder eines jeden anderen Tieres? Würden wir einen Hund ohne Ohren und Schwanz, einen Elefanten ohne Rüssel auch noch erkennen? Habe auch ich, der sich von klein auf mit Spinnen umgibt, ein so oberflächliches Bild von der ›Spinne‹, dass ich sie auch ohne ihre beiden wichtigsten Merkmale sofort als solche erkenne? Oder ist es Pascali gelungen, durch ihre Haltung, ihren Körperbau die Essenz des Spinnenhaften zu treffen, sodass ich sie auch dann erkannt hätte, wenn sie bloß vier Beine gehabt hätte?

EIN ZOOLOGISCHES OXYMORON

Spinnen haben bekanntlich acht Beine, nicht sechs, sonst wären sie Insekten, wie dennoch nimmermüde behauptet wird. Überhaupt ist das Wissen über Spinnen im Allgemeinen dürftig. Das liegt auch daran, dass die Entomologie, die Lehre von den Insekten, lange selbst eine Nischenwissenschaft war. Dass viele Insekten wichtige Bestäuber für Pflanzen und vom globalen Artensterben bedroht sind, mag uns heute selbstverständlich erscheinen. Lange stand vor allem das Wissen über »Nützlinge« wie Bienen und Schmetterlinge im Vordergrund sowie über »Schädlinge« wie Läuse und Flöhe. Spinnen hingegen wurden gerade in Europa kaum differenziert betrachtet.

Aristoteles, der bis heute gerühmte »Vater der Zoologie«, zählte sie im 4. Jahrhundert vor Christus zu den Insekten und unterschied gerade einmal zwei Sorten – gewöhnliche Spinnen und sogenannte Giftspinnen, Phalangien genannt. Rund 2000 Jahre lang war es üblich, das antike Wissen wiederzugeben. Erst im späten 17. Jahrhundert änderte sich dies allmählich, als mit dem englischen Arzt und Naturforscher Martin Lister der erste Arachnologe erschien, der nach wissenschaftlichen Maßstäben arbeitete. In seinem Werk *Historiae animalium Angliae tres tractatus* von 1678 listete er mehr als 30 Spinnenarten auf.[2] Dabei ging er weniger systematisch als beobachtend vor; er gab den Tieren keine exakten Namen, sondern beschrieb ihr Aussehen, die Farbe ihres Panzers, die Stellung ihrer Augen und ihr Verhalten. Während Lister als erster moderner Spinnenkundler gilt, dürfte Carl Alexander Clerck der erste Taxonom der Spinnen-Fauna gewesen sein. Was Lister im 17. Jahrhundert an Beobachtungen geleistet hatte, erweiterte der schwedische Naturforscher Mitte des 18. Jahrhunderts um eine genaue Benennung. In seinem Buch *Svenska Spindlar* beschrieb und zeichnete er 65 Arten von Spinnen. Dabei wandte er erstmals die ›binäre Nomenklatur‹ aus Gattungs- und Artnamen bei Spinnen an.[3]

Bis all diese Neuerungen zu wissenschaftlichen Standards wurden, sollte es noch eine Zeit dauern; vorerst zählten Spinnen weiterhin zu den Insekten. Erst zu Beginn des 19. Jahrhunderts gliederte der französische Botaniker und Zoologe Jean-Baptiste de Lamarck die Spinnentiere von den Insekten aus.[4]

Fast ebenso lange wie ihr Platz innerhalb der Systematik der Lebewesen blieb auch ihre Entstehung nebulös. Aristoteles war zwar überzeugt, dass Spinnen sich geschlechtlich fortpflanzten. Andere Tiere hingegen – wie Aale, Muscheln oder Würmer – entstanden seiner Meinung nach durch Urzeugung aus Moder und Schlamm. Das Mittelalter brachte nicht allzu viele neue Erkenntnisse in dieser Hinsicht hervor, im Gegenteil. Das Konzept der Urzeugung erfreute sich wachsender Beliebtheit. Das lag auch daran, dass ein Großteil der Gelehrten zudem Geistliche waren, die nicht anders konnten, als in Gottes Werk stets noch Teufels Beitrag hineinzudeuten. In der populärsten Enzyklopädie des 14. Jahrhunderts, dem *Buch der Natur*, schreibt der Theologe Konrad von Megenberg, dass die Spinnen aus verfaultem Material und menschlichem Auswurf wüchsen. Der berühmte Arzt Paracelsus behauptete rund 200 Jahre später sogar, dass die Spinnen teuflischen Ursprungs seien und aus der Periode der Frauen stammten (siehe Kapitel Lust). Und der anglikanische Geistliche Edward Topsell, der in seinen Schriften immerhin einen gewissen Sinn für Spinnen zeigte, hielt es für erwiesen, dass sie »aus einigen verfaulten Samen, Schmutz und Verderbnis gezüchtet werden«.[5]

Die Theorie von der Urzeugung hielt sich wider besseres Wissen in manchen Kreisen hartnäckig. Erst gegen Ende des 17. Jahrhunderts setzte sich die Erkenntnis durch, dass sowohl Insekten als auch Spinnentiere aus Eiern schlüpfen und keine Teufelei sind.[6]

Mit dazu beigetragen hatten vor allem die Kupferstecherin und Naturforscherin Maria Sibylla Merian, die sich intensiv mit der Zucht und Metamorphose der Schmetterlinge befasste. 1699 reiste sie mit der jüngeren ihrer beiden Töchter nach Surinam in Südamerika, wo sie mehrere Jahre blieb und Pflanzen sowie Tiere zeichnete, darunter auch Spinnen samt Kokon, aber dazu später mehr (im Kapitel Mutter).

Dennoch werden Spinnen bis heute häufig mit Insekten in einen Topf geworfen. Kulinarisch mag das kaum einen Unterschied machen, taxonomisch hingegen schon. Das gilt nicht nur für eilig geschriebene Zeitungsartikel, sondern auch für wissenschaftliche Werke, meistens kulturwissenschaftliche. Bei Simone de Beauvoir, der es eher ums Geschlecht als um die Klasse – im biologischen Sinne – ging, mag die Unterscheidung von ›Spinne‹ und ›Insekt‹ nebensächlich gewesen sein. Unfreiwillig komisch wird es, wenn ein Kunsthistoriker die fehlende »naturkundliche Exaktheit« von Mensch-Tier-Karikaturen bemängelt, im nächsten Absatz aber von der ›Spinne‹ als einem »kleinen widerlichen Insekt« schreibt. Geradezu absurd, wenn von ihr gar als »achtbeinige[m] Insekt« die Rede ist.[7] Die ›Spinne‹ – ein zoologisches Oxymoron.

Diese chronische Ignoranz den Spinnen gegenüber mutet seltsam an. Denn Insekten und Spinnentiere – zu denen neben den Webspinnen unter anderen noch die Skorpione und Milben zählen – sind zwei verschiedene Klassen in der Ordnung der Gliederfüßer *(Arthropoda)*. Sie stehen also in ähnlichem systematischem Verhältnis zueinander wie Amphibien, Reptilien, Fische, Säugetiere und Vögel bei den Wirbeltieren *(Vertebrata)*. Niemand könnte behaupten, eine Elster sei ein Säugetier, ein Elefant ein Fisch, ohne den Verdacht zu erwecken, nicht ganz bei Trost zu sein. Einst galten zwar auch Wale als Fische, aber diese Zeiten sind längst vorbei. Der Unterschied ist bekannt. Nicht so bei den Spinnen. Ihr Platz scheint noch immer vakant und *irgendwo* bei den Insekten zu sein.

ALS DIE SPINNEN DIE BÄUME VERLIESSEN *ODER* VOM WINDE VERWEHT

Wie lange es Spinnen schon auf der Erde gibt, ist nicht ganz klar. Von der sogenannten ›Urspinne‹, die vor 400 Millionen Jahren lebte, war im vorigen Kapitel ja bereits die Rede. Die Anfänge der Webspinnen liegen, je nach Schätzung, im Zeitalter des Devon oder Karbon. Die ältesten Fossilien sind weit mehr als 300 Millionen Jahre alt. Zu den archaischsten unter ihnen zählen die Gliederspinnen, die es heute noch gibt und die sich seitdem kaum verändert haben. Das älteste Fossil einer Gliederspinne auf dem heutigen Gebiet Deutschlands wurde im Sommer 2023 im Berliner Naturkundemuseum vorgestellt. *Arthrolycosa wolterbeeki* wurde in einem Steinbruch bei Osnabrück entdeckt und lebte vor mindestens 310 Millionen Jahren.[8] Webspinnen existierten also bereits rund 100 Millionen Jahre auf der Erde, bevor die ersten Dinosaurier auftauchten.

In der Forschung herrschte lange Zeit die Theorie vor, das Radnetz sei so etwas wie die »Krone der Spinnenschöpfung«. Doch jüngere Gen-Untersuchungen zeigen, dass die Entwicklungsgeschichte der Spinnen einen anderen Verlauf genommen hat. Jene Spinnen, die vor rund 130 Millionen Jahren begannen, das Netz zu perfektionieren, bilden eine recht kleine Gruppe innerhalb der Webspinnen. Zu einem regelrechten Arten-Boom kam es erst einige Millionen Jahre später – während der Kreidezeit vor etwa 125 bis 90 Millionen Jahren –, und zwar am Boden. Damals wuchs die Vielfalt am Boden lebender Insekten enorm. Das führte dazu, dass auch der Artenreichtum ihrer Jägerinnen stark zunahm. Von den Bäumen auf den Boden – man könnte also sagen, die Spinnen nahmen einen ähnlichen Weg wie wir Menschen.

War schon das Radnetz eine Antwort auf den Insektenflug gewesen, passten sich auch die Spinnen am Boden an die Vielfalt ihrer Beute mit allerlei Formen und Finessen an. So eroberten sie fast alle Regionen der Erde.[9]

Spinnen gehören oft zu den Pionierinnen, wenn es darum geht, neue Lebensräume zu erschließen. So auch im August 1883, als sich in der Sundastraße zwischen Java und Sumatra einer der schwersten Vulkanausbrüche der jüngeren Erdgeschichte ereignete. Der Krakatau war erwacht, die Eruption hatte die zehntausendfache Wucht der Hiroshima-Bombe und kostete 30 000 Menschen das Leben. Die Flutwelle war bis an die Küsten Europas zu spüren. Vom gleichnamigen Archipel, das den Krakatau umgeben hatte, war kaum noch etwas übrig. Lava und Ascheregen hatten alles vernichtet. Doch schon wenige Jahre später fanden Forscher wieder Spuren ersten Lebens. Neben Algen, Farnen und Moosen waren es vor allem Schmetterlinge und Spinnen. Dass Pflanzensamen mit dem Wind in neue Biotope gelangen, ist bekannt. Auch fliegende Insekten überwinden jedes Jahr ganze Gebirgskämme und Meere auf dem Weg in den Süden. Aber wie kamen die Spinnen dorthin?[10]

Geholfen hat ihnen dabei einmal mehr der Wind. ›Ballooning‹ nennt sich das Schauspiel, das sich bei uns vor allem im Spätsommer und Herbst beobachten lässt. Unzählige junge Spinnen erklimmen dann einen Ast, ein Blatt oder einen Pfahl, werfen einen Faden aus und lassen sich wie ein Luftballon vom Wind forttragen.[11] Schon in Höhen von 10 000 Metern sind Spinnen bei ihrem Flug beobachtet worden. Da zwei Drittel der Erde mit Meeren bedeckt sind, ist die Chance groß, dass sie im Wasser landen. Aber das muss nicht ihr Ende sein. In Laos wurden junge Uferjäger-Spinnen *(Dolomedes)* beobachtet, die die Wasseroberfläche eines Schwimmbeckens als Startrampe nutzen. Dank ihres geringen Gewichts gingen sie nicht unter. Sie stellten sich auf ihre Zehenspitzen, hielten ihre Spinnwarzen in die Höhe und ließen einen Faden ab, um von einer Böe erfasst und davongetragen zu werden, was einigen der kleinen ›Kitesurfer‹ auch gelang. Wahrscheinlich tun manche dies auch bei günstigen Bedingungen auf offenem Meer.[12]

Auf diese Weise haben sie fast den gesamten Erdball erobert. Wohin der Wind sie nicht trug, dorthin brachte sie der Mensch. Denn der internationale Seehandel verschiffte seit dem 15. Jahrhundert nicht nur Menschen und Waren quer übers Meer, sondern auch blinde Passagiere. Vermutlich gelangte so auch *Heteropoda venatoria* in die Ferne. Wann das geschah und auf welchen Routen, ist nicht mehr zu ergründen. Benannt wurde sie 1767 anhand eines Exemplars aus Südamerika. Gen-Untersuchungen zeigten aber, dass sie ursprünglich aus Südostasien stammt. Mittlerweile hat sie sich in den tropischen und subtropischen Breiten aller Kontinente ausgebreitet. Sie ist längst eine Kosmopolitin. Dort, wo es ihr zu kalt ist, hat sie die Nähe des Menschen gesucht, vor allem dessen Gewächshäuser, Tropenhallen und Gartencenter. Darauf verweist auch ihr deutscher Name: Warmhaus-Riesenkrabbenspinne. In Deutschland tauchte sie wohl erstmals in den zwanziger, sicher aber in den neunziger Jahren auf.[13]

Ob als Kosmopolitin in aller Welt oder allein auf einer einsamen Insel, ob als Jägerin am Boden oder Netzbauerin hoch oben: Eines haben Spinnen alle gemeinsam – sie haben bereits Jahrmillionen auf der Erde verbracht, haben Klimakatastrophen und Massensterben überlebt. Von den Spinnen, diesem »Erfolgsmodell der Evolution«, sind heute fast 52 000 Arten bekannt. Und stetig werden es mehr. Allein seit den neunziger Jahren sind rund 16 000 neue entdeckt worden, im Schnitt also ein bis zwei pro Tag. Von allen auf der Erde lebenden Spinnen sind jedoch erst geschätzte zehn Prozent benannt.[14]

JÄGER DES BEDROHTEN SCHATZES

Einer, der seit Jahren auf der Suche nach neuen Arten ist, ist Peter Jäger. Der Spinnenforscher leitet die Arachnologische Sammlung am Senckenberg-Forschungsinstitut in Frankfurt am Main. Dort ist er Herr über eine halbe Million Exemplare von Spinnen, Weberknechten, Süßwassermilben und anderen Spinnentieren. Jäger ist Taxonom; er beschreibt, bestimmt und benennt neue Arten. Dies erfolgt nach der bereits erwähnten binären Nomenklatur, der wissenschaftlichen Benennung mit Gattungs- und Artnamen. Sie wurde etwa zeitgleich von dem schwedischen Naturforscher Carl von Linné sowie seinem Landsmann, dem Arachnologen Carl Alexander Clerck, Mitte des 18. Jahrhunderts eingeführt. Seitdem habe sich am Prozedere kaum etwas verändert, sagt Jäger. »Wir tun eigentlich bis heute nichts anderes, als den ganzen Tag Geschlechtsorgane zu zeichnen.« Denn anhand dieser lassen sich die Arten einwandfrei bestimmen. Mehr als 600 Arten hat er so bislang beschrieben.

Jäger sitzt aber nicht bloß am Mikroskop, seit mehreren Jahren ist er in den Medien präsent, um sein Wissen über Spinnen zu verbreiten. Wären Spinnen so beliebt wie Bäume, gäbe es vermutlich neben Kaminabenden mit Peter Wohlleben auch Übernachtungen im Museum mit Peter Jäger zu buchen. Doch die Spinnenkunde bildet nun mal eine Nische – in der Gesellschaft wie in der Zoologie. So hört Jäger häufig die gleichen Fragen: Sind Spinnen giftig? Zeigen Spinnen ein gutes Raumklima an? Stimmt es, dass jeder Mensch in seinem Leben mehrere Hundert Spinnen im Schlaf verschluckt? Oder auch: Nützen Spinnen uns Menschen?

Er könnte vermutlich ein eigenes Fragen-Bingo zusammenstellen und jedes Mal eine dieser Fragen abhaken, wenn er sie wieder einmal gestellt bekommen hat. Und jedes Mal gibt er die gleichen Antworten. Die ersten drei Fragen sind schnell geklärt: Ja, die allermeisten Spinnen sind giftig, aber nur wenige können dem Menschen schaden. Nein, Spinnen sind kein Beweis für gutes Raumklima. »Es sei denn, man wohnt gern im Keller«, sagt Jäger. Denn die meisten Spinnen, die in unsere Häuser kommen, bevorzugen kühle, feuchte Ecken. Und nein, wir verschlucken auch nicht unbewusst Hunderte von Spinnen im Schlaf, da Spinnen äußerst empfindlich sind, was Luftschwingungen angeht. Unser Atemzug dürfte für sie ähnlich unangenehm sein wie für uns ein Orkan. Wir müssten sie schon packen und uns bewusst in den Mund stopfen. Daher gehört diese Geschichte ins Reich der Legenden.

Auf die vierte Frage gibt es eine kurze und eine lange Antwort. Die kurze lautet: Ohne Spinnen würden wir Menschen nach wenigen Tagen vor lauter Insekten ersticken. Eine Erkenntnis, die unter denen, die die Spinnen erforschen, eine Binse ist. Der amerikanische Arachnologe Henry C. McCook befand schon im 19. Jahrhundert, in vielen Teilen der Erde verdanke der Mensch allein der Spinne sein Überleben. Manch einer nannte sie daher die »Feindin unserer Feinde«.[15]

Spinnen halten die Insekten im Zaum, darunter Blattläuse, Falter und deren Raupen, die in der Landwirtschaft erheblichen Schaden anrichten können. Aber auch auf Mücken und Fliegen, die Krankheiten wie Malaria übertragen können, haben sie es abgesehen. Die schiere Masse der von Spinnen vertilgten Insekten ist schwer zu fassen: Nimmt man etwa einen Hektar Wiese in Mitteleuropa, so finden sich darauf im besten Falle 1,3 Millionen Spinnen, die geschätzte 200 Kilogramm Insekten jährlich fressen. Schweizer Forscher berechneten 2017, dass alle Spinnen der Erde zusammen jedes Jahr bis zu 800 Millionen Tonnen Insekten und andere Kleintiere vertilgen. Im Vergleich: Die rund acht Milliarden Menschen weltweit verzehren jährlich rund 400 Millionen Tonnen Fleisch.[16]

Während Medien vom Artensterben der Insekten häufig berichten, ist von bedrohten Spinnen selten die Rede. Denn im Gegensatz zu Bienen haben sie keine Lobby. Anders als Imkern ist Spinnenbeobachten kein hippes Hobby. Generell sind auch Spinnen vom Verlust ihrer Lebensräume bedroht. In Europa sind das vor allem naturnahe Kulturlandschaften. Besonders Blühstreifen an Feld- und Wegrändern sichern ihr Überleben durch die dort vorkommenden Insekten. Untersuchungen haben ergeben, dass die ideale Breite eines solchen Blühstreifens entlang von Feldern rund drei Meter beträgt. Entscheidend für die Spinnenpopulation ist aber auch, wie breit die Felder sind. Für die Eichenblatt-Kreuzspinne *(Aculepeira ceropegia)*, die häufig in Weizenfeldern vorkommt, zeigte sich, dass ihre Zahl stark abnimmt, je weiter entfernt der nächste Feldrand liegt. In einer spinnenfreundlichen Kulturlandschaft dürften die Felder nicht mehr als hundert Meter breit sein.[17] Der Anbau großflächiger Monokulturen und damit die Lebensraumzerstörung schreiten jedoch unaufhaltsam voran. So steht etwa in Mecklenburg-Vorpommern jede zehnte Spinnenart vor dem Aussterben. Von den insgesamt 1000 Arten hierzulande ist fast ein Drittel bedroht.[18]

Dennoch lässt sich nicht eindeutig sagen, ob Spinnen unter dem Klimawandel leiden oder davon profitieren. Denn Spinne ist nicht gleich Spinne. Forschungen zeigen, dass einige sich dem verändernden Klima anpassen, indem sie sich weiter ausbreiten, wie die Europäische Schwarze Witwe *(Latrodectus tredecimguttatus)*, die auf dem Vormarsch gen Norden ist.[19] Oder indem sie größer werden. Und das kann wiederum positive Effekte auf die nähere Umgebung haben. So ergab eine zweijährige Studie auf Grönland, dass eine dort vorkommende Wolfsspinnen-Art *(Pardosa glacialis)* mit steigenden Temperaturen und längeren Warmphasen zunehmend größer wurde und mehr Eier legte, sodass die Spinnendichte zunahm.

Diese Wolfsspinnen-Art ernährt sich vor allem von Springschwänzen, kleinen weißlichen Gliedertieren, die wir auch in unseren Blumentöpfen finden. In der Arktis ernähren sich Springschwänze vor allem von Pilzen, die wiederum die organischen Stoffe im Boden zersetzen. Das Forschungsteam vermutete deshalb, dass die wachsende Spinnenpopulation mehr Springschwänze fresse, wodurch die Pilze ungehindert wüchsen und mehr Biomasse zersetzten, was wiederum langfristig den Treibhauseffekt ankurbeln könnte. Wie sich jedoch zeigte, war der Effekt genau umgekehrt. Je größer die Spinnen wurden, desto weniger Springschwänze schienen sie zu fressen. Dadurch konnten diese mehr Pilze verzehren und die Zersetzung im Boden bremsen. Was die Spinnen stattdessen fressen, ist noch nicht geklärt. Aber immerhin lässt sich so ein vorsichtig optimistisches Fazit ziehen, wie es in einem Artikel im Magazin *National Geographic* heißt: »Auf gewisse Weise helfen die Spinnen also dabei, den Klimawandel in der arktischen Tundra zu bekämpfen.«[20]

BOWIE, CASH UND THUNBERG *ODER* GIB MIR MENSCHENNAMEN!

Aber zurück zu Peter Jäger und der Frage, ob Spinnen nützlich sind. Denn darauf gibt es auch eine zweite, sehr lange Antwort, und die findet sich in seiner lebenslangen Beziehung zu Spinnen. Jäger, Jahrgang 1968, hat von klein auf Spinnen beobachtet, angefangen mit Kreuzspinnen im Garten. Mit 15 bekam er seine erste Vogelspinne. Schon früh fing er an, neue Spinnen zu suchen und zu bestimmen. 1995 wies er die Mittelmeer-Zitterspinne *(Holocnemus pluchei)* erstmals in Deutschland nach; entdeckt hatte er sie am Kölner Busbahnhof, wohin sie vermutlich im Gepäck oder mit Bussen als blinde Passagierin gelangt war. Jägers Reisen führten ihn bald nach China und Südostasien. Und die Spinnen wurden größer. Seine Doktorarbeit schrieb er über die Vielfalt der Riesenkrabbenspinnen im Himalaya. 2001 entdeckte er in Höhlen in Laos eine Spinne, die mit einer Beinspannweite von 28 Zentimetern die Ausmaße einer Pizza erreichen kann. Er gab ihr den Namen *Heteropoda maxima*, die Laotische Riesenkrabbenspinne.[21]

Wann immer Jäger Zeit findet, reist er um die Welt, um neue Arten zu entdecken – und sie so zu retten. Er muss sie zuerst bestimmen, damit sie bekannt sind und überhaupt erst erforscht und geschützt werden können. Da sich aber nur wenige Menschen für Riesenkrabbenspinnen im Regenwald von Malaysia und Sumatra interessieren, hat er sich einen Kniff überlegt, um möglichst viel Aufsehen mit seinen Neuentdeckungen zu erregen.

Eine Regel der Taxonomie besagt, dass derjenige, der eine neue Art beschreibt, ihr auch den wissenschaftlichen Namen verpassen darf. Meist bezieht sich dieser darauf, wie die Tiere aussehen, wie sie sich verhalten oder woher sie stammen. So verdankt die bereits erwähnte Europäische Schwarze Witwe ihren Artnamen – *tredecimguttatus* – den *dreizehn Punkten* auf ihrem Hinterleib; die winzige Pfauenspinne *Maratus volans* fängt ihre Beute fast *fliegend*, im Sprung. Und die brasilianische Vogelspinne *Acanthoscurria natalensis* wurde in der Nähe der Stadt *Natal* entdeckt. Andere Namen sind sogenannte Dedikationsnamen, oft ehren sie verdiente Geistesgrößen der Zoologie. Oder eben Pop-Ikonen, wie im Falle von *Heteropoda davidbowie* aus der Familie der Sparassiden, der Riesenkrabbenspinnen, Jägers Fachgebiet. Sie kommt in den Regenwäldern von Malaysia bis Sumatra vor. Das gelb-schwarze Farbkleid der Männchen erinnerte ihn an Bowies Alter Ego »Ziggy Stardust«, von dem ein Poster in Jägers Büro hängt. »Chchchanges« steht darunter – so beginnt der Refrain aus Bowies gleichnamigem Song *Changes*.

Einen Wandel hat auch Jäger mit seiner Namenspraxis forciert. Anfangs habe es dafür Kritik gegeben, sagt er. Manchen war es zu effekthaschend. Doch mittlerweile ist er nicht mehr alleine. 2016 fanden Forscher unweit des Bundesgefängnisses Folsom in Kalifornien eine Vogelspinnenart, deren Männchen pechschwarz sind. Sie nannten sie *Aphonopelma johnnycashi*. Countrysänger Johnny Cash – wegen seiner schwarzen Kleidung auch als »Man in Black« bekannt – hatte dem Knast mit seinem *Folsom Prison Blues* einst ein musikalisches Denkmal gesetzt und den Song 1968 dort vor Häftlingen live gespielt.[22]

Abgesehen von knallbunten Bowies tummeln sich in Südostasien weitere Spinnen, die die Namen von Udo Lindenberg, Nina Hagen, Dieter Hildebrandt oder Helge Schneider tragen. Verantwortlich dafür ist wiederum Jäger. 2020 hat er der schwedischen Klimaaktivistin Greta Thunberg eine ganze Gattung auf Madagaskar gewidmet. Es geht ihm dabei weniger um Verehrung. Er kämpft gegen das Unwissen und das Verschwinden an. Es sei »ein Arbeiten gegen die Zeit«, sagte er 2009 in einem Interview. »Mit diesen Arten verlieren wir momentan in kürzester Zeit auch genetische Ressourcen, die sich in mehr als 300 Millionen Jahren entwickelt haben.«[23]

Während die Biodiversität zwischen unseren Fingern hindurchrinnt, entdecken Wissenschaftler wie Jäger ständig neue Arten. Aber nur das, was wir benennen können, können wir auch retten. Und damit wären wir bei ihrem Nutzen. Ob sie uns konkret nützen, können wir nur dann herausfinden, wenn wir sie kennen, erforschen und ihre Lebensräume erhalten. Einmal verschwunden, sind sie jedoch unwiederbringlich verloren. Sicher ist nur: Das Schwinden der Arten schadet uns in jedem Fall.

Mit den Promi-Namen versucht Jäger, auf das weltweite Artensterben hinzuweisen. Über irgendeine Spinne mit einem kryptischen Namen redet niemand. Aber eine Spinne zu Ehren Greta Thunbergs oder David Bowies hat das Potenzial, weltberühmt zu werden. Dass Jäger kein argloser Enthusiast ist, beweist der Name einer anderen Art: Sie lebt in Indonesien und heißt *Heteropoda homstu*, was eine Abkürzung des lateinischen Ausdrucks *homo stultus* ist – »dummer Mensch«.[24]

Man könnte meinen, einen wie Jäger könnte in Sachen Spinnen kaum mehr etwas verblüffen. Doch während die Menschen kaum dazuzulernen scheinen und sich immer wieder über Wissen wundern, das teils seit 200 Jahren bekannt ist, sind es häufig die Spinnen selbst, die überraschen. Auch Peter Jäger.

»ACHTBEINIGE KATZEN«

Wie bereits erwähnt, galten bis ins 20. Jahrhundert die Netzspinnen als »höchst entwickelte Gruppe der Spinnentiere«.[25] Ihre seidenen Kunstwerke waren auch kaum zu übersehen. Doch schon damals wuchs allmählich die Erkenntnis, dass eine andere Spinnenform nicht minder talentiert war – wenn auch nicht auf so vermeintlich schöngeistige Weise. Die Rede ist von den Springspinnen, der artenreichsten Familie der Webspinnen. Auch sie spinnen Seide, schützen ihre Brut in Kokons, und manche von ihnen bauen sogar Netze, doch gehen sie meistens aktiv auf Jagd. Einige von ihnen haben sich sogar darauf spezialisiert, in den Netzen anderer Spinnen zu wildern.[26]

Der Zoologe Franz Doflein beobachtete während des Ersten Weltkriegs in Mazedonien zahlreiche Spinnenarten. An den Häuserwänden im Tal des Vardar fand er, dicht an dicht, die Netze der Lochröhrenspinne *(Filistata insidiatrix)*. Jedes dieser sternförmigen Gebilde ging von einem Spalt im Gemäuer aus, in dessen Schutz die rund einen Zentimeter große Spinne saß. Inmitten dieses Sternengeflechts lauerten einige halb so große Springspinnen der Art *Macaroeris nidicolens*.[27] Doflein sah …

> »[…] wie sie oft mit raschem Sprung der Lochröhrenspinne ihre frisch gefangene Beute, welche diese unter ihrer Türe festhielt, aus den Klauen riß und abseits eiligst aussaugte. Da die Springspinne stets in den Städten der Lochröhrenspinne in größerer Anzahl vorkam, so vermute ich, daß sie die ständige Gewohnheit hat, die Filistata auszuplündern und als Straßenräuber in deren Siedlungen sich aufzuhalten.«[28]

Wie die meisten Spinnen haben die Springspinnen acht Augen, doch im Gegensatz zu anderen Spinnen können sie damit auch hervorragend sehen. Sie besitzen zwei frontal angeordnete Hauptaugen, mit denen sie scharf sehen. Jeweils links und rechts davon liegen drei weitere Augen, die dazu dienen, Bewegungen zu erfassen. Das macht sie zu geschickten tagaktiven Jägerinnen. Fällt ihnen ein potenzielles Beutetier auf, nähern sie sich auf einige Zentimeter. Bewegt es sich nicht, schleichen sie sich bis auf wenige Zentimeter heran, verharren kurz, um dann zum Sprung anzusetzen und zuzuschlagen. Wir wissen nicht, wie sie ihre Umwelt genau wahrnehmen, wie sie also die acht Einzelbilder zu einem stimmigen Ganzen vereinen. Wie ein wirres Kaleidoskop dürfte es wohl nicht aussehen, dafür handeln sie zu zielgerichtet. Der Zoologe Oskar Drees erforschte in den fünfziger Jahren, auf welche visuellen Reize die Springspinnen reagieren. Als Versuchstiere dienten ihm 340 Exemplare der Mauer-Zebraspringspinne *(Salticus scenicus)*.[29]

Diese Springspinne ist eine der schönsten und kommunikativsten Spinnen überhaupt. In meiner Kindheit kannte ich sie nur als Harlekin-Hüpfspinne. Und das kommt nicht von ungefähr. Wie der Name verrät, ist sie auffällig schwarz-weiß gestreift. Sie wird höchstens vier bis sieben Millimeter groß und sucht meist trockene, warme und windstille Orte auf, weshalb sie sich häufig an Häuserwänden und auf Fensterbänken aufhält. Dass sie ihre Umwelt aufmerksam beobachtet, kann man selbst leicht testen. Sollte Ihnen demnächst eine begegnen, halten Sie einen Finger wenige Zentimeter vor ihr Blickfeld und bewegen ihn dann langsam hin und her. Sie wird der Bewegung folgen. Und, keine Sorge, sie ist absolut harmlos.

Drees ging in seinen Versuchen noch etwas weiter. Er setzte die Spinnen nacheinander in eine Art Spinnen-Kino. In einer eigens präparierten Kiste ließ er an einer Wand zunächst verschiedene Formen von Attrappen auf weißen Pappschildchen vorbeiziehen – mal eine stilisierte Fliege, mal einen Kreis, ein Kreuz, ein Dreieck oder ein Schachbrettmuster. Dabei verhielten sich die Springspinnen je nach Attrappe unterschiedlich: Was nicht deutlich größer als sie selbst war, griffen sie meist an, indem sie bis auf Sprungdistanz herankamen und dann auf die vermeintliche Beute sprangen. Ließ Drees die Attrappen unbewegt, reagierten die Spinnen meist nur auf körperliche Formen – wie tote Fliegen oder kleine Plastikkugeln. Auch wenn Drees die Attrappen kurz bewegte, griffen die Spinnen fast nur die körperlichen Formen an. Bewegten sich die Attrappen kurz und verharrten dann, schlichen sich die Spinnen an. Bewegten sie sich schnell, ließen die Spinnen das Anschleichen weg und setzten sofort zum Sprung an. Drees schloss daraus:

> »So lösen zwei verschiedene Merkmale, nämlich Körperlichkeit und langsame Bewegung, das Schleichen aus, während schnelle Bewegung das Schleichen unterbindet und die Spinne bis auf Sprungdistanz heranlaufen lässt.«[30]

Seine Untersuchungen zeigten, dass Springspinnen ihre Umwelt nicht nur visuell wahrnehmen, sondern ihr Jagdverhalten der Situation anpassen. Und aus negativen Erfahrungen lernen können. Dazu setzte Drees ihnen erneut Flächenformen wie Dreiecke und Kreuze vor. Griffen sie diese an, setzte es einen leichten Stromschlag. Einige Spinnen mieden daraufhin für mehrere Tage diese Attrappen. Vermutlich hielt die Lernerfahrung nur so lange an, bis sie wieder hungrig waren.

Von der Jagd ist es nicht weit bis zur Balz. Auch hier zeigte sich, dass Springspinnen aus Erfahrungen ihre Schlüsse für zukünftiges Verhalten ziehen können. So ignorierten männliche Springspinnen, die schon einmal vor einem lebendigen Weibchen gebalzt hatten, die Spinnen-Attrappen komplett. Unerfahrene Männchen hingegen reagierten darauf balzend. Drees'

Fazit lautete, dass beim Verhalten der Springspinnen angeborene Instinkte und erworbene Kenntnisse zusammenspielen.[31]

Genaues Beobachten, Anschleichen, Anspringen, aber auch Vermeiden – darin ähneln Springspinnen ganz anderen, höher entwickelten Tieren. In einem Buch von 1913 heißt es über die Springspinnen, »ihre unhörbaren, zielsicheren Bewegungen erinnern an die Art, wie die Mitglieder des Katzengeschlechts auf Beute gehen«.[32]

Der Vergleich mag auf den ersten Blick verwirren, doch er ist nicht völlig abwegig. Ein weiteres Jahrhundert an Beobachtungen und Forschungen hat gezeigt, dass sich manche von ihnen nicht nur wie Katzen bewegen, sondern, anders als andere Spinnen, auf ähnliche Weise wie Katzen ihre Jagd sogar planen.[33]

Portia heißt sie, wie die weibliche Hauptfigur in Shakespeares Drama *Der Kaufmann von Venedig*. Dessen Handlung geht so: Bassanio, ein junger mittelloser Mann, will die schöne, kluge und reiche Erbin Portia heiraten und pumpt sich deshalb Geld bei seinem besten Freund, dem Händler Antonio. Der geht dafür einen Deal mit seinem Konkurrenten Shylock ein und verpfändet auch noch sein Leben. Es kommt, wie es kommen muss: Der Deal geht schief, die Sache landet vor Gericht. Die Männer wähnen ihre »Bromance« schon dahin, da erscheint Portia inkognito als Anwalt verkleidet und haut den besten Freund ihres Verlobten raus. Portia ist mit allerlei Talenten gesegnet: Sie ist klug, tatkräftig und äußerst willensstark.[34]

Shakespeare hat in seinem Drama bereits einige Spinnen-Metaphern eingewebt. So sagt Bassanio in der zweiten Szene des dritten Aktes beim Anblick eines Porträts seiner Angebeteten: »Der Maler spielte hier in ihrem Haar / Die Spinne, wob ein Netz, der Männer Herzen / Zu fangen, wie die Mück' im Spinngeweb.«[35]

Im siebten Kapitel (Lust) werde ich noch genauer auf die jahrtausendealte Verbindung von ›Frau‹ und ›Spinne‹ eingehen. So viel sei hier aber schon verraten: Portia weist Züge einer *Femme fatale* auf, die die Männer dank ihres Sexappeals um den Finger wickelt und ihnen – dank ihres Verstands – stets einen Schritt voraus ist. Der Kunsthistoriker James Hall sieht in Shakespeares Figur Portia außerdem eine Anspielung auf Elisabeth I., die zu ihrer Zeit im späten 16. Jahrhundert oft mit einer Spinne verglichen wurde, da sie sich ohne Mann an ihrer Seite fast ein halbes Jahrhundert lang an der Macht hielt (siehe Kapitel Angst).[36]

Was auch immer den deutschen Insektenkundler und Sexualforscher Ferdinand Karsch im Jahre 1878 dazu bewogen hat, der Gattung diesen Namen zu geben, ist schwer zu sagen. Was er jedenfalls nicht wissen konnte, war, wie passend der Name sein sollte. Die Vertreterinnen der Gattung *Portia* mögen nicht gerade klassische Schönheiten sein. Mit den auffälligen Haarbüscheln an Beinen und Bauch sowie den Höckern auf dem Vorderkörper wirken sie so, als seien sie soeben einem Napf voll Flusen und Kleister entstiegen.[37] Aber ihr Vorteil liegt nicht in ihrer Kraft und Schönheit, sondern darin, dass sie wie ihre Namenspatin klug, tatkräftig und willensstark sind – große Talente für ein winziges Tier.

TAKT UND TAKTIK

Die rund 20 bekannten *Portia*-Arten kommen in den Tropen Afrikas und Asiens vor. Einige ernähren sich von anderen Spinnen, die teils doppelt so groß wie sie selbst sind. Um diese zu überwältigen, betreiben sie eine »aggressive Mimikry« – sie imitieren und irritieren; sie täuschen falsche Tatsachen zum eigenen Vorteil vor. Die meisten ihrer Beutetiere haben schlechte Augen, aber einen feinen Tastsinn. Den Webspinnen, die Netze bauen, dient ihr Netz als Sinnesorgan, über das sie ihre Umwelt wahrnehmen, wie ein seidenes Radarsystem. Und genau das machen sich *Portia*-Arten zunutze. So klettern sie ans Netz heran und schlagen den Faden an wie eine Saite. Je nach Art, auf die sie es abgesehen haben, variieren sie den Takt. Mal geben sie sich als zappelndes Insekt aus, mal als paarungswilliges Männchen, mal imitieren sie den Windzug, um unentdeckt ins Netz zu gelangen. Treffen sie jedoch auf eine Art, deren Takt sie nicht kennen, probieren sie es so lange weiter, bis sie Erfolg haben. Von der australischen Art *Portia fimbriata* wird berichtet, dass sie bis zu drei Tage lang am fremden Netz Vibrationen erzeugte, bis ihre Beute sie endlich erhörte.[38]

Können sie sich nicht direkt ans Netz heranwagen, nehmen sie einen Umweg. Es gibt ein Video, das *Portia fimbriata* zeigt, wie sie sich an eine deutlich größere Radnetzspinne heranpirscht. Es erinnert etwas an den Actionfilm *Mission Impossible*, wenn sie sich zunächst einen Überblick über die Lage verschafft, danach Blatt für Blatt im Sprung erklimmt, bis sie einen Zweig über dem Netz erreicht hat. Von dort seilt sie sich langsam ab, bis sie nur noch wenige Zentimeter von der Radnetzspinne trennen. Dann plötzlich, wie aus dem Nichts, schlägt sie zu.[39]

Versuche im Labor haben gezeigt, dass *Portia*-Spinnen von zwei Wegen stets den vielversprechenderen wählen, auch wenn sie dazu einen Umweg nehmen müssen. Ein Verhalten, das auch von Löwen in der freien Wildbahn bekannt ist. Sie können zudem unterscheiden, ob sie ein Insekt oder eine Spinne vor sich haben – ein feiner Unterschied, den wir Menschen bekanntlich erst Anfang des 19. Jahrhunderts bemerkt haben. Sie erkennen zudem, ob ihre Beute einen Eikokon zwischen ihren Beißklauen trägt oder nicht. Ein wichtiger Unterschied, wenn man es, wie sie, auf Speispinnen *(Scytodidae)* abgesehen hat. Diese jagen auf Distanz, indem sie eine Art Speichel auf ihre Beute spucken und sie so fesseln. Entdeckt eine *Portia* ein Speispinnen-Weibchen, das keinen Kokon mit sich trägt, pirscht sie sich aus dem Hinterhalt an, um dem klebrigen Geschoss zu entgehen. Trifft sie auf ein Eier tragendes Weibchen, greift sie von vorne an, da sie erkennt, dass die Speispinne sie nun nicht attackieren kann.

Die Wahrnehmung von Form und Gestalt ist bei *Portia*-Arten stark ausgeprägt. Messungen ergaben, dass ihre räumliche Sehschärfe die aller anderen Gliederfüßer – Spinnen wie auch Insekten – übertrifft und mit der von Tauben und Hühnern vergleichbar ist. Doch wie ist das bei einer Körpergröße von nur wenigen Millimetern möglich?

Anders als Insekten haben Spinnen keine Facettenaugen, dafür fehlt der Platz, ebenso wie für Säugetier- oder Vogel-Augen. Die Frontalaugen von *Portia* funktionieren wie Teleobjektive. Hinter der Hornhaut liegt jeweils ein langer Sehkanal, der sich weit in den Vorderkörper erstreckt. An dessen Ende befindet sich eine zweite Linse und dahinter wiederum eine vierschichtige Netzhaut, mit denen sie grünes, blaues und ultraviolettes Licht erkennen kann. Die Sehkanäle lassen sich durch Muskelkraft schwenken, sodass sie ein größeres Blickfeld abdecken können.[40]

TRÄUMEN UND STAUNEN

Von so viel kognitiver Leistung muss sich eine Springspinne auch einmal erholen. Dabei stellt sich die Frage – können Spinnen träumen? Nun ja, es deutet zumindest einiges darauf hin.

Die Erforschung der beweglichen Sehkanäle führte zu einer verblüffenden Erkenntnis. Es sieht so aus, als würden Spinnen nicht nur schlafen, sondern womöglich auch träumen. Das legen Untersuchungen mit Jungtieren des Dunklen Sichelspringers *(Evarcha arcuata)* nahe, einer fünf bis acht Millimeter kleinen Springspinne, die in ganz Europa vorkommt. Die Jungspinnen ließen sich nachts zum Schlafen an einem Faden herab und ruhten so frei in der Luft. Dabei zuckten sie hin und wieder mit den Beinen. Da die Jungspinnen noch einen dünnen, leicht durchsichtigen Panzer haben, ließ sich erkennen, dass sich auch ihre Augenröhren bewegten. All das, das Zucken der Beine, das Schwenken der Sehkanäle während der Nacht, deutet auf REM-Phasen hin. Diese sind bei uns Menschen und anderen Säugetieren jene Phasen, in denen wir träumen. Die vermeintlichen Traumphasen der kleinen Spinnen ähnelten in Dauer und Intervallen denen von Ratten und Mäusen, was bisher von Gliedertieren nicht bekannt war. Vermutlich träumen manche Spinnen also auch. Nur wovon sie träumen – ob von schönen Sprüngen, schmackhaften Stubenfliegen oder gar schweren Stürzen –, das werden wir wohl nie erfahren.[41] »Ein Staunen bleibt«, sagt Peter Jäger. Auch den erfahrenen Arachnologen verblüffen Spinnen immer wieder aufs Neue. Aber das stört ihn nicht, im Gegenteil. »Will ich wirklich alles wissen wollen?«, fragt er rhetorisch und gibt sich selbst gleich die Antwort. »Ich möchte mich noch überraschen lassen können und sagen: Boah!« Es gehe darum, sich diese Mischung aus Wissen und Staunen zu bewahren. »Ich bin Naturwissenschaftler, aber auch ein emotionales Wesen. Wenn sich im Herbst die Blätter verfärben, dann weiß ich, dass das eine physikalischer Vorgang ist. Und trotzdem kann ich mich an dem Anblick erfreuen und über das Farbschauspiel staunen.«[42]

Wie es aussieht, kommen wir aus dem Staunen so schnell nicht mehr heraus. Vergessen wir also die ›Spinne‹, wie wir sie kannten. Nehmen wir Abschied von dem wenigen, was wir zu wissen glaubten, von den gewohnten Spinnenbildern – die durch bloßes Wiederholen nicht wahrhaftiger werden.

Das Dilemma der Wissenschaften ist, je mehr Wissen wir sammeln, desto mehr schwinden unsere Gewissheiten. Mit dem Wissen nehmen die Fragen zu, und damit auch die Momente des Staunens. Halten wir uns daher an David Bowie: *Turn and face the strange.* Drehen wir uns um und stellen uns dem Fremden. Womöglich erwidert es unseren Blick. Und wenn wir Glück haben, will es sogar mit uns sprechen.

4
SPRACHE

MITTLERIN ZWISCHEN HIMMEL UND ERDE

»Wie eine Spinne auslässt und einzieht (den Faden),
wie auf der Erde sprießen die Gewächse,
wie auf Haupt und Leib des Menschen, der lebt, die Haare,
so aus dem Unvergänglichen alles, was hier ist.«
Aus den Upanishaden des Hinduismus

Überall auf der Welt erzählen sich die Menschen von mir.

Ein Mann vom Volke der Yabasi in Kamerun wusste nicht mehr ein noch aus. Also ging er in den Wald und bat mich, die Orakelspinne, um Rat, auf dass ich mein Urteil fälle.

Ein Mädchen der Mapuche weinte, weil es noch nicht spinnen konnte, so wie es sich für Frauen seiner Kultur gehört. Da kam ich, die Urspinne, vom Herd herab und lehrte sie die Kunst des Webens.

Ein Vater lebte mit seiner Familie in einem alten Haus in Istanbul. Hin und wieder nahm er mich, eine Hausspinne, auf die Hand, ließ mich über seinen Arm laufen und trug seinen Kindern auf, mich niemals zu töten, denn ich sei ihr verstorbener Bruder.[1]

Die Menschen gaben mir mehr Namen, als sie Sprachen kennen. In Westafrika achten sie mich als weise *Dibobe la ngambi* und hüten sich vor mir in Gestalt des trügerischen *Anansi.* Im Süden Lateinamerikas verehren sie mich als urmütterliche *Lallíñkushe*, während sie mich im Norden *l'aranja picacaballo* oder *matacaballo*, »Pferdehackerin« oder »Pferdemörderin«, schimpfen. Manche Namen bedeuten beinah das Gleiche, selbst dann, wenn Tausende Kilometer zwischen denen liegen, die sie mir gaben: Während die Hirten Innerasiens die *Karakurte*, den »schwarzen Wurm«, scheuen, dem sogar Kamele im Morgengrauen zum Opfer fallen, nennt mich die Landbevölkerung am Mittelmeer *Malmignatta*, den »schlimmen Wurm«.[2]

Seit jeher erzählen Menschen sich über mich Geschichten. Sie erzählen, wie mein Aussehen entstand und meine Lebensweise; was sie mir verdanken und warum ich mit manchem Tier verfeindet sei. Sie sammelten so viele Geschichten und gaben mir so viele Namen, da ich sie offenbar verwirre. Denn ich lebe sowohl im Boden als auch in den Bäumen, in ihren Häusern und ihren Träumen. Sie sagen, ich brachte ihnen das Feuer und die Früchte, tötete aber auch ihr Vieh und stahl ihre Kleidung. Obwohl ich von ihnen erschaffen wurde, war ich bereits vor ihnen da. Und ich werde es noch sein, wenn sie längst wieder verschwunden sind. Ich verbinde Himmel und Erde, ich bin Anfang und Ende.

Ich, die hier spricht, bin nicht irgendeine Spinne. Ich bin alle und doch keine konkrete. Ich bin *die* ›Spinne‹. Ich bin all das, was sich Menschen zu allen Zeiten überall auf der Welt unter Spinnen vorstellten und vorstellen. Mich gibt es nirgends, außer in ihren Geschichten. Daher weiß ich auch am besten von diesen zu erzählen. Darin geht es um der Menschen Wünsche, Träume und Ängste – allesamt Versuche, dem Geschehen einen Sinn zu geben. Ich begleite die Menschen schon seit langer, langer Zeit. Oft diente ich ihnen als Symbol, als Omen, als Metapher, als Chiffre, als Platzhalterin. Öfter als gedacht war ich in ihren Augen auch Handelnde, selten aber eine echte Gefährtin.

Sie haben mir Raum in ihren Märchen und Sagen gegeben. Welche Geschichten sie von mir erzählen und welche Namen sie mir geben, hängt davon ab, woher sie kommen und woran sie glauben.

Dieses Kapitel ist eine Weltreise durch Kulturen und Sprachen. Eine Spurensuche. Denn Mythen über mich finden sich weltweit. Und manchmal lässt sich in ihnen auch eine meiner lebenden Verwandten erkennen.

VERWOBENE WELT

Die Geschichten der Menschen verbreiten sich wie Spinnen. Einmal in der Welt, gelangen sie überallhin. Sie verbreiten sich über alle Berge und Meere hinweg und bestehen noch fort, wenn ihre Schöpfer längst fort sind. Die Geschichten selbst verschwinden nie, manche werden vergessen, nur um irgendwann wieder aufzutauchen – und meistens dort, wo sie niemand vermutete.

So gilt in vielen Kulturen die Webkunst als weibliches Können. Und wer hat sie ihnen beigebracht? Ich natürlich. So erzählen es sich etwa die Menschen hinduistischen Glaubens. Ich brachte ihnen das Weben von Kleidung bei, schützte sie vor Mücken sowie Fliegen und bin ihnen Mittlerin zwischen Himmel und Erde.[3]

In den Upanishaden, den philosophischen Schriften des Hinduismus, die Menschen vor mehr als 2500 Jahren in Indien schufen, stehe ich für das Kommen und Gehen, indem ich morgens den Weltenschleier *Maya* webe, um ihn nachts wieder in mich aufzunehmen. *Maya* ist die Welt, wie sie den Menschen erscheint. Mein Netz steht für die kosmische Ordnung, symbolisiert in der geometrischen Form des Mandala.[4]

In wenigen Gegenden der Erde haben die Menschen mir so verschiedene Bedeutungen zugeschrieben wie im westlichen und mittleren Afrika. Von Ghana bis in die heutige Demokratische Republik Kongo gibt es eine reiche Mythologie, in der die verschiedenen Ethnien mir viele Gestalten und Namen gaben. Mal bin ich selbst Schöpfergott, mal verbinde ich die göttliche mit der menschlichen Sphäre: In einer Bantu-Erzählung spann ich einen Faden zur Erde, um den Menschen das himmlische Feuer zu bringen. Die Jukun im Grenzland von Kamerun zu Nigeria wiederum glauben, ich hätte mit meinem Faden ihrem Schöpfer *Afuma* den Weg zur Erde bereitet.[5]

Im gesamten Westafrika war es traditionell üblich, Himmelsphänomene als Tiere darzustellen, und oft war ich es, die den Menschen in den Sinn kam. Womöglich lag es an meinem Körperbau und weil ich mich oftmals langsam fortbewege. In vielen afrikanischen Märchen brachte ich mal die Gestirne, mal die Nahrung in die Welt. In der Sprache der Duala in Kamerun bedeutet der Ausdruck *dibobe* sowohl »Spinne« als auch »Himmel«. Zudem glaubten sie, das Himmelszelt sei mein riesiges Netz oder meine alles umspannenden Glieder.[6]

In vielen westafrikanischen Mythen wurde ich auch mit der Sonne verglichen. Vielleicht, da meine Position mitten im Netz die Menschen an die strahlende Sonne erinnerte. Und weil die Sonne am Äquator fast senkrecht auf- und absteigt – ganz so, wie ich es an meinem Faden tue. So galt ich vielerorts lange als ein »Erlösertier«, als eine »Mittlerin zwischen Himmel und Erde« und damit auch zwischen Gott und den irdischen Geschöpfen.[7]

Und dann wären da noch die anderen, düstereren Geschichten. Oft stellten sich die Menschen mich als männlichen Charakter vor, der mit seiner Familie in einer Hütte in einem kleinen Dorf im Wald hause. Je weiter südlich die Menschen lebten, desto tiefer war der Wald in ihren Geschichten. Es war ein abgeschiedener, lebensfeindlicher und gefährlicher Ort, an dem man sich vor allem und jedem in Acht nehmen musste. Und ich schien all den Gefahren gewachsen zu sein, dank meines Gespinstes und meiner geringen Größe oder versteckten Lebensweise. Für diese Menschen musste ich selbst einst von menschlicher Gestalt gewesen sein. Meine tierliche Erscheinung ergab sich aus meinen Fehlern, die ich zuvor begangen hatte, glaubten sie.[8]

So erzählten sich die Menschen auch, dass ich ein selbstsüchtiger, gerissener Gauner oder gar ein feiger Einfaltspinsel sei. Viele Geschichten handelten von meinem Aussehen und meiner Lebensweise: Die Ewe in Ghana und Togo erzählten, dass ich unter Steinen lebe, weil ich mich vor dem Elefanten verstecken müsse, den ich einst übers Ohr gehauen hätte, wie so viele andere Tiere.

Die Akan in Ghana glaubten, dass mein betrügerisches Verhalten mir meinen flachen Körper und ein Leben im Dunkeln eingebracht habe, weil ich zur Strafe plattgeschlagen worden sei und mich fortan vor meinen Feinden verstecken müsse. Nicht mal meiner eigenen Familie ließe ich etwas übrig, so gierig sei ich, erzählten sie sich abends am Feuer.

Deshalb sei mein Körper auch zweigeteilt. Und das kam angeblich so: Eines Tages ließ ein König in allen Städten seines Reiches ein Festmahl ausrichten. Damit ich keines verpasste, band ich meine Kinder an Seile und schickte sie los. Sobald irgendwo das Fest beginne, sollten sie an dem Seil ziehen, und ich würde herbeieilen. Doch zu meinem Unglück begann das Fest in allen Städten zur selben Stunde, sodass sie im gleichen Moment zogen und das Seil sich eng um meinen Körper schnürte, weshalb er bis heute in zwei Segmente geteilt sei.[9]

Geschichten solcher Art, mit denen die Menschen versuchen, etwas Unerklärliches wie meine Gestalt zu begründen, finden sich auch in der europäischen Antike, im Mythos von der Weberin Arachne, doch dazu später mehr an anderer Stelle (im Kapitel Lust). Bleiben wir vorerst noch eine Weile in Afrika, wo ich nicht nur als Geschöpf des Himmels oder listiger Gauner, sondern auch als erdverbundenes Orakel gelte. Bis heute.

DIE WEISHEIT, DIE DER ERDE INNEWOHNT

Die Menschen in Westafrika unterschieden die Spinnen lange nicht nach Arten; dies war zunächst vor allem eine Obsession der europäischen Kolonialherren, die alles stets in Kategorien und Kisten packten. Mehr über die Spinnen wussten sie dadurch auch nicht. Die Menschen vom Niger bis zum Kongo hingegen unterschieden vor allem zwischen den Spinnen, die ihre Netze oben im Gebälk und Geäst weben, und jenen, die unter der Erde leben, allen voran die mächtigen Vogelspinnen, denen sie übersinnliche Kräfte zuschrieben.[10]

So suchen die Menschen in Kamerun noch immer nach altem Ritus Spinnen-Höhlen im Wald auf, um mich um Rat zu fragen. Die Duala nennen mich *dibobe la ngambi*, »Orakelspinne«, denn sie glauben, dort in der Erde käme ich »in Verbindung mit den Schattengeistern und kann daher deren Geheimnisse vermitteln«. Daher wisse ich, ob ein Kranker geheilt oder sterben werde oder ob eine geplante Reise unter einem guten Stern stehe. Andere glauben, ich »entstehe aus dem Unterkiefer eines Verstorbenen«. Aus diesem Grund wisse ich, »ob ein Kranker dem Tode verfallen sei oder nicht«.

Um mich, die Orakelspinne, zu befragen, haben sie sich jeweils eigene Zeichensprachen ausgedacht: Die Yabasi legen dazu vier halbe Bohnenhäute um die Höhle, die Duala nehmen ein Stöckchen. Liegt es am nächsten Morgen nicht mehr an derselben Stelle, sehen sie darin ein gutes Zeichen. Liegt es in der Höhle, stellen sie sich auf nahendes Unheil ein. Am schlimmsten ist es, wenn frisch aufgeworfene Erde daran haftet – das bedeutet für sie nur eins, den nahen Tod.

Die Sa betreiben noch größeren Aufwand; sie nehmen Blätter von der Afrikanischen Pflaume und schneiden Muster hinein. Dann malen sie die Oberseite rot – für Glück – und die untere Seite schwarz – für Unglück. Jedes Schnittmuster hat seine eigene Bedeutung. Sie kennen mehr als 40 Varianten, die sie je nach Frage wählen und in die Höhle einer meiner lebenden Verwandten stecken. Nachts macht diese sich daran, die störenden Blätter aus der Höhle zu werfen. Am Morgen kommen sie und schauen nach. Aus der Lage der Blätter lesen sie die Antwort ab. Wenn sie ihnen nicht eindeutig erscheint, wiederholen sie die Zeremonie, bis sie sich sicher sind. In manchen Gegenden, etwa im Norden Kameruns, versuchen die Menschen noch immer, mit mir auf diese Weise in Kontakt zu treten.[11]

Sosehr die Menschen sich auch bemühen, fällt es ihnen dennoch schwer, das Wesen der Spinnen zu verstehen. Einige sind sich dessen auch bewusst, wie eine Fabel der Duala beweist. Darin unterhält sich eine Spinne mit ihrem Freund, dem Tausendfüßer, über die beschränkten Sinne der Menschen:

»[U]nd der Tausendfuss sagte zur Spinne: Mein lieber Freund, ich sage dir die Wahrheit, die Menschen hören nicht, sie sind taub.

Die Spinne fragte ihn: Freund, was sagst du, die Menschen sind taub?

Er antwortete ihr: Wie ich gesagt habe, sind die Menschen taub; sie sind so. Wenn ich einem Menschen nicht bis auf den Leib geklettert bin, sagt er nicht: Dies ist ein Tausendfuss. Aber ich selbst höre doch, wenn ich gehe, dass meine Füsse wie ein Dampfer machen, welcher fährt; sie poltern: U, u, u. Und die Menschen hören dieses Geräusch nicht. Die Spinne entgegnete ihm: Freund, es ist wahr, was du gesagt hast. Und die Spinne sprach auch zum Tausendfuss: Lieber Freund, ich denke auch, dass die Menschen blind sind, denn wenn ich mein Haus gebaut habe, die Wände gesetzt und auch Fundament und Dachrinne fertiggestellt habe, und die Menschen kommen dann, dann treten sie auf das Fundament, sie fallen auch vor meiner Tür, oder sie sagen: Oh, umgibt ein Spinnennetz meinen Leib? Und der Mensch beginnt mein Gebäude mit den Händen zu zerreissen, bis er es ganz zerstört hat. Ich selbst laufe fort oder falle in das Gras, und ich gehe an einen anderen Ort, um ein neues Gebäude zu bauen […].«[12]

Sicherlich fragen auch Sie sich längst: Warum tauche ausgerechnet ich, die ›Spinne‹, so häufig in diesen Geschichten auf?

Womöglich liegt es an der Lebensweise der echten Spinnen. Weil die Menschen zeit ihres Daseins überall auf sie trafen, ganz egal, ob hoch oben in den Bäumen, unter Felsen oder im Schutze ihrer Häuser. Spinnen waren und sind immer und überall, wo auch Menschen leben.

Zumindest war das die Deutung des französischen Linguisten Luc Bouquiaux, der sich mit den Sprachen Afrikas befasste. In vielen westafrikanischen Schöpfungsgeschichten waren am Anbeginn der Zeit Himmel und Erde noch nicht voneinander getrennt. Dank meines Netzes schien ich zwischen den Sphären zu leben; zwischen Himmel – wo die lebensnotwendigen Dinge wie Feuer und Wasser herkamen – und Erde – auf der die Sterblichen wohnten. Und meine Artgenossinnen waren überall, an jeder Wand, unter jedem Dach. Überall dort, wo Wind und Regen nicht hinkamen, spannten auch sie ihre Netze, ohne jemanden zu behelligen. All das ließ Bouquiaux zu dem Schluss kommen:

> »Die Spinne, die ihren Faden zwischen Himmel und Erde spinnt, als erster erschaffener Geist, als erster Vorfahre der Menschen, erster Atemzug des Lebens. Ist das wirklich ein so verblüffendes Symbol?«[13]

Vielleicht ist das so, vielleicht auch nicht. Ich kenne nicht die Gedanken der Menschen, nur ihre Geschichten, die sie sich von mir erzählen. Und nicht nur in Afrika. Dass ich, *Anansi*, der Schöpfer der ersten Menschen sei, glaubten die Menschen am Golf von Guinea noch bis ins 18. Jahrhundert. Vielleicht tun es manche von ihnen noch heute, so wie die Menschen im Norden Kameruns mich, *Dibobe la ngambi*, die Orakelspinne, noch immer um Rat fragen. Im Laufe der Zeit wurde aus mir, dem Schöpfer *Anansi*, ein Gauner. Als dieser gelangte ich als blinder Passagier auf den Sklavenschiffen übers Meer. Seitdem tauche ich nicht nur in unzähligen Geschichten vom Senegal bis zum Kongo auf, sondern bin auch den Nachfahren der afrikanischen Sklavinnen und Sklaven auf dem südamerikanischen Kontinent bis zu den Westindischen Inseln vertraut. Auch dort habe ich mich eingenistet in den Märchen und Mythen, die sich die Menschen abends erzählen.[14]

EINE URALTE, WEIBLICHE KUNST

Weit im Süden des südamerikanischen Kontinents, an der Grenze von Chile zu Argentinien, leben seit langer Zeit die Mapuche. Sie haben sich nicht nur jahrhundertelang den spanischen Konquistadoren widersetzt, sondern sich bis heute viele ihrer Bräuche und Traditionen erhalten. Einen Teil davon verdanken sie mir. Wie in Indien gelte ich auch hier als die Urheberin der Webkunst. Ich habe sie einst das Weben gelehrt, das für ihre Kultur so prägend werden sollte. Im *Mapudungun*, der Sprache der Mapuche, gibt es drei Worte für Spinnen: *Llalliñ* steht für die kleinen, nützlichen, die in den Häusern der Menschen leben und ungefährlich sind. Spinnen, deren Biss schmerzhaft ist und deren Gift sie als gefährlich erachten, nennen sie *pallu*. Die großen, haarigen, aber meist harmlosen Spinnen, wie die Vogelspinnen, nennen sie *kulawkulaw*.[15]

All das sind Namen für lebendige Spinnen. Im anfangs erwähnten Märchen geht es aber um mich – *Llallíñkushe*, das Gute, Urweibliche, die Urspinne. Das dort genannte Mädchen wurde von einem reichen Mann als Ehefrau mit auf seinen Landsitz genommen. Während er nach Osten reiste, um jenseits der Anden Handel zu treiben, sollte sie Wolle für ihn spinnen. Doch niemand hatte es ihr beigebracht. Und da auch niemand anderes da war, der es ihr hätte zeigen können, ließ ich mich am Abend von meinem Versteck über dem Ofen herab und sagte zu ihr: »Sieh mir zu, und du wirst spinnen lernen.«[16]

Der Webstuhl, der Ofen, der Abend – für die Mapuche sind all das weibliche Begriffe. Auch das Weben ist den Frauen vorbehalten. Es ist das erste Handwerk, das Mapuche-Mädchen lernen. Wie im besagten Märchen lernen sie es von ihren Müttern und Großmüttern durch bloßes Zuschauen. Schon in jungen Jahren bekommen sie Spinnweben ums Handgelenk gelegt, damit sie später gute Weberinnen werden. Manche Frauen tragen ihren Töchtern sogar auf, Spinnennetze in ihren Händen zu zerreiben und die Spinnen darin zum Platzen zu bringen, damit sie ihr Talent preisgeben.[17] Ach, die Menschen sind so übereifrige Tiere.

Einem anderen Märchen der Mapuche nach brachte ich ihnen nicht nur die Kunst des Webens bei, sondern offenbarte ihnen auch die Farben und die Stoffe. Weben können müssen alle Mapuche-Frauen, doch nur die Klügsten und Geschicktesten unter ihnen sind auserkoren, eine *düwekafe* zu werden, eine »Meisterweberin«, die die Geheimnisse aller Stoffe, Farben und Muster kennt.[18]

UNTER FALSCHEM NAMEN

Folgen Sie mir weiter nach Norden. Dort finden sich ähnliche Erzählungen, denn auch für viele Indigene Nordamerikas bin ich Teil der Mythologie: Die Tsalagi oder Tscherokesen, wie sie auch genannt werden, aus dem Südosten der USA sehen in mir die Überbringerin des Feuers. Andere verehren mich als Schöpferin des Universums, in dem jedes Lebewesen und jeder Gegenstand miteinander vernetzt zu sein scheint.[19]

Die Hopi im Südwesten der USA nennen mich die *Spinnen-Frau*, sie verehren mich als ihre weise, weibliche Helferin in der Not. Zudem glauben sie, dass ich »die große Weberin allen Lebens« sei. Vor langer Zeit, so sagen sie, erschuf ich aus dem Nichts die vier Himmelsrichtungen, indem ich feine Silberfäden wob, mit denen ich erst Osten und Westen, dann Norden und Süden miteinander verband. Anschließend setzte ich mich selbst ins Zentrum. Dort stimmte ich den großen Schöpfungsgesang an und gebar zwei Töchter. Diese wiederum erschufen aus Muscheln und Steinen Sonne und Mond; und ich formte aus Ton die ersten Menschen. Diese waren noch durch einen dünnen Faden am Scheitel mit mir verbunden. So schickte ich sie hinaus in die Welt, damit sie dort in Frieden lebten.[20]

Aber es gibt auch andere Geschichten. Die A'shivi oder Zuñi aus dem Süden Arizonas etwa kennen die Geschichte vom schönen Häuptlingssohn, der jeden Morgen in seinen Festkleidern umherlief. Eines Tages traf er auf mich in Gestalt des Unholds *Old Tarantula*, der ihm durch eine List Kleider und Kopfschmuck raubte. Mit der Hilfe der Vögel versuchten seine Angehörigen, die Kleider zurückzugewinnen, aber sie scheiterten an meiner Schläue. Nur dank der Kriegsgötter gelang es ihnen, mich zu überwältigen. Zur Strafe warfen sie mich ins Feuer, wo ich »mit einem schrecklichen Krach« zerbarst und in tausend Stücke zersprang. Daraus entstanden wiederum Tausende kleine Spinnen. Mit ihren krummen Beinen und der Fähigkeit, rückwärts zu laufen, ähnelten sie mir noch immer, heißt es.[21]

Mag diese Sage auch von den A'shivi stammen – *Old Tarantula* haben sie mich nicht genannt. Diesen Namen haben die Weißen nach Amerika gebracht. So wie sie den Indigenen ihr Land nahmen, haben sie ihnen auch ihre Geschichten gestohlen. Denn so gut wie nie ist eine Tarantel gemeint, wenn im Englischen von »Tarantula« die Rede ist. Die A'shivi kannten Vogelspinnen, von denen es im Süden der USA mehrere Arten gibt. Taranteln kommen nur in der Alten Welt vor.

Die Weibchen der Vogelspinnen verbringen die meiste Zeit des Tages in ihren selbst gegrabenen Erdhöhlen tief in der Erde und kommen fast nur nachts zum Jagen hervor. Die erwachsenen Männchen jedoch gehen auf Wanderschaft. Auf ihrer Suche nach Weibchen treffen sie oft auch auf Menschen, sodass die A'shivi ihnen schon begegnet sind, lange bevor die Weißen ihr Land betraten. Der Name »Tarantel« oder »Tarantula« stammt vermutlich von den aus Italien Eingewanderten, die sich beim Anblick der großen Spinnen an jene erinnerten, die sie in ihrer Heimat Taranteln nennen. Auf diese Weise hat sich im Englischen der Begriff »Tarantula« für »Vogelspinne« eingeschlichen.[22]

Das ist sogar für die Menschen selbst irreführend, haben sie diese Spinnen doch verschiedenen Familien zugeordnet. In ihrem System, mit dem sie versucht haben, Ordnung in die Natur zu bringen, sind Vogelspinnen so weit von Taranteln entfernt wie Bären von Katzen. Die körperlichen Unterschiede aufzuzählen würde zu weit führen. Einer zeigt sich beim Fressen: Die Beißklauen, die Chelizeren, sind bei Vogelspinnen parallel zueinander angeordnet und schlagen sichelartig von oben nach unten. Bei Wolfsspinnen, wie den Taranteln, wirken sie hingegen wie eine Kneifzange.

Die verwirrenden Namen beschränken sich nicht allein aufs Englische. Denn Vogelspinnen kommen in Hunderten von Arten von den USA bis nach Chile vor. Und die Menschen entdecken ständig weitere, die sie dann einfallsreich benennen, wie wir schon erfahren haben (im Kapitel Leib).

Je nach Kultur und Land haben die Menschen ihnen verschiedenste Namen gegeben: In Brasilien heißen sie wegen ihres Gangs und Körperbaus »Krebsspinnen« – was auf Portugiesisch *aranhas caranguejeeiras* heißt. Im Spanischen werden sie mal auf ihre haarige Gestalt *(arañas peludas)* reduziert, mal unterstellen die Menschen ihnen, dass sie Pferde töten *(arañas matacaballos).* In Bolivien wiederum finden sie sie so niedlich wie Küken *(arañas pollitos).*[23] Die Menschen scheinen von uns Spinnen verwirrt zu sein.

BESUCH AUS DEM JENSEITS

Neben den vielen Märchen und Mythen in aller Welt gibt es noch die Geschichten, die nur innerhalb einer Familie weitergegeben werden. Auf sie alle einzugehen würde den Rahmen sprengen. Aber eine will ich doch erwähnen, weil sie zeigt, wie bereichernd eine fremde Stimme für eine Kultur sein kann. Es ist eine Geschichte, in der der Tod ständiger Gast, aber auch der Trost nie weit entfernt ist. Sie schließt an jene Anekdote zu Beginn dieses Kapitels an, in der ein türkischer Vater seine beiden Kinder ermahnte, niemals eine Spinne zu töten, da diese ihr verstorbener Bruder sei. Die Tochter, die dies erzählt bekam, ging später nach Deutschland. Dort erlernte sie eine neue Sprache, in der sie sich mit der Zeit so zurechtfand wie in einem neuen Zuhause. So gut, dass sie irgendwann anfing, auf Deutsch Bücher zu schreiben.

Die Spinnen ihrer Kindheit hat Emine Sevgi Özdamar nie vergessen. Sie begleiten sie bis heute und leben in ihren Büchern fort.

Von ihr stammen einige der schönsten deutschen Sprachbilder über mich und die Meinen. Ihr Werk wimmelt nur so von uns. Wenn sie von uns Spinnen schreibt, klingt das vertraut, manchmal ehrfürchtig, aber immer mitfühlend und voller Respekt. In ihrem Roman *Die Brücke vom Goldenen Horn* vergleicht sie die dünnen, ohne Lupe fast unsichtbaren Drähte der kleinen Radiolämpchen mit Spinnenbeinen. Wenn sie als Kind den Gesprächen der Frauen über ihre Brüder und Väter lauschte, war es ihr, als hätte ich das ganze Zimmer und alle Körper mit einem Netz bedeckt. Im Erzählband *Der Hof im Spiegel* schreibt sie, dass »die hufeisenförmigen Kanäle« Amsterdams auf sie wie ein »halbgewobenes Spinnennetz« wirkten, an dem ich die Lust verloren hätte. Und im Roman *Das Leben ist eine Karawanserei* ziehen wir Spinnen »in großer Ruhe an den Wänden [unsere] Häuser länger« und machen »überall [unsere] Betten«. Ähnlich zärtlich hat sich im Deutschen bis dahin wohl nur eine Schriftstellerin ausgedrückt. 150 Jahre zuvor beschrieb Annette von Droste-Hülshoff in ihrem Gedicht *Das öde Haus*, wie ich mein »Zelt im Fensterloche aufgeschlagen« hatte.[24]

Nicht nur Özdamars toter Bruder erschien dem Vater zufolge in Spinnen-Gestalt. All ihre »gestorbenen Mütter, Väter, Brüder, Schwestern« webten im Haus der Familie ihre Netze. Zudem hörte sie als Kind häufig jene Geschichte, wonach ich, eine Spinne, einst den Propheten vor seinen Feinden bewahrt hatte.[25]

Der islamischen Sage nach musste sich Mohammed nach seinem Auszug aus Mekka vor seinen Verfolgern in einer Höhle verstecken. Dass sie ihn nicht entdeckten, lag daran, dass ich mein Netz über den Eingang spannte. So machte es den Anschein, als habe seit Langem niemand mehr diese Höhle betreten.

Eine ähnliche Geschichte kennt auch das Judentum. Dort rettete ich König David vor seinem Verfolger Saul. Auch in Afrika dankt man mir für diese Tat, in Westafrika ebenso wie in Äthiopien.[26] Die drei monotheistischen Weltreligionen haben mir im Vergleich zu anderen Kulturen jedoch wenig Platz gelassen. Im Alten Testament findet sich vor allem Abschätziges über meine Webkünste. So heißt es im Buch Hiob über all diejenigen, die Gottes Wort nicht folgen:

»[…] die Hoffnung des Ruchlosen wird verloren sein. Denn seine Zuversicht vergeht, und seine Hoffnung ist ein Spinnweb. Er verlässt sich auf sein Haus, aber es hält nicht stand; er hält sich daran, aber es bleibt nicht stehen.«[27]

Da kannten die Gelehrten der Antike mich und mein Haus aber schlecht (siehe Kapitel Werk). Blättern wir weiter durch das Alte Testament, stoßen wir auf diese Verse im Buch Jesaja, in denen sich ebenfalls wenig Freundliches über die Künste von uns Spinnen findet:

»Sie brüten Natterneier und weben Spinnweben. […] Ihre Gewebe taugen nicht zu Kleidern, und ihr Gespinst taugt nicht zur Decke. Ihre Werke sind Unheilswerke, an ihren Händen ist Frevel.«[28]

Darüber hinaus spielen Spinnen in der Bibel kaum eine Rolle. Im Judentum sieht das schon etwas anders aus. Dort heißt es im *Mischlej*, dem Buch der Sprüche, über sie: »Die Spinne kannst du mit Händen fangen und doch ist sie in Königspalästen.«[29]

Im jüdischen Glauben gibt es zudem einige Regeln, die mein Werk betreffen. So rät der Rabbiner seinen Gläubigen, vor dem Schabbat in allen Ecken des Hauses die Spinnen und ihre Netze zu entfernen, damit kein Streit aufkomme. Wenn die Menschen spinnen, also meschugge seien, sollten sie ebenfalls nach Spinnweben in den Ecken suchen. Denn beides hänge miteinander zusammen.

Immerhin hält das Judentum auf die Frage, wozu ich überhaupt tauge, eine versöhnliche Antwort bereit: Nichts auf Erden geschehe ohne Sinn. So wie ich, die Spinne, meinen eigenen habe, so müsse auch jeder Mensch seinen finden.[30]

Der Koran enthält zwar eine Sure, die eigens nach mir benannt ist: *Al-Ankabut*, die Spinne. Doch die Botschaft unterscheidet sich wenig von der im Alten Testament:

»Die, welche außer Gott noch einen Beschützer annehmen,
sind der Spinne gleich, die sich selbst ein Haus erbaut;
aber das Haus der Spinne ist das Schwächste von allen
Häusern.«[31]

Zum Glück weiß es Emine Sevgi Özdamar besser. Dank ihres Vaters. Und so bauen wir Spinnen unsere Häuser und Betten nicht bloß zwischen den Zeilen ihrer Bücher. In ihren Reden verbindet sie stets die Erinnerungen aus ihrer Kindheit in der Türkei mit ihren Erlebnissen in Deutschland und ihren ersten Begegnungen mit der deutschen Literatur. Allen voran mit Heinrich von Kleist und Georg Büchner. Und stets waren Spinnen dabei. Die Geschichte, die ihr Vater einst von der Herkunft der Spinnen erzählt hatte, erwähnte sie sowohl 2004, als sie den Kleist-Preis bekam, als auch 2022 zur Verleihung des Büchner-Preises.[32]

Özdamar hat sich gefragt, woher ihr Vater diese Erzählung von den achtbeinigen Ahnen wohl habe. Erst dachte sie, sie sei Teil des türkischen Aberglaubens. Doch sie fand nichts. Dann fragte sie ihre türkischen Nachbarn. Aber die wussten auch nichts. Ihr Vater schien der Allereinzige gewesen zu sein, der daran geglaubt hat. Und so hat sie versucht, es sich aus ihrer eigenen Familiengeschichte zu erklären: In Özdamars Familie wurde jung und viel gestorben. Ihre Großmutter hat fast all ihre Kinder früh verloren; Özdamars Vater wuchs ohne Geschwister auf. Nachdem auch sein erster Sohn mit zwei Jahren gestorben war, suchte er nach einem Sinn. Er fand ihn in uns Spinnen. Weil Spinnen immer zu Hause sind, vermutet Özdamar.[33] Wohl um sich selbst zu trösten, erzählte ihr Vater ständig, dass Spinnen im Haus die verstorbenen Verwandten seien. Damit es sich anfühlte, als suchten die Toten die Nähe der Hinterbliebenen.

Sicher sei das der Grund, warum sie so ein positives Verhältnis zu Spinnen habe, sagt sie. Viele Jahre später hat sie es dann selbst erlebt. Ihre Mutter war gerade verstorben. Um sich abzulenken, begann sie zu nähen. Sie saß da und nähte einen Knopf an – etwas, das früher ihre Mutter gemacht hatte. Als Kind liebte Özdamar es, wenn ihre Mutter Besuch von ihren beiden Schwestern bekam und diese dann zusammen bei ihnen zu Hause aus schönen Stoffen Kleider für ihre Mutter schneiderten. Abends kam irgendwann ihr Vater dazu, zusammen mit seinem buckligen Freund Rivat, mit einer Flasche Rakı unterm Arm. An der Wand hing eine Uhr. Özdamar war damals erst fünf, aber sie erinnert sich noch heute, wie sie ständig zur Wanduhr geschaut und versucht habe, die Zeit anzuhalten, damit der Moment mit diesen Frauen und Männern nie vergehe.

Nachdem ihre Mutter gestorben war, saß sie also da und nähte einen Knopf an. Da kam plötzlich ich daher und lief, scheinbar zufällig, über ihr Kleid. Für sie war klar, dass dies ihre verstorbene Mutter sein müsse. Sie war zwar längst kein kleines Mädchen mehr, das noch an Märchen glaubte. Aber dennoch spendete ihr diese Begegnung Trost.

Wenn ihr Vater ihr damals nicht diese Geschichte erzählt hätte, vielleicht hätte sie heute eine andere Meinung von Spinnen. Auch ihre Geschwister fürchten uns nicht. Das sei wohl eine ganz private Geschichte.

Nie käme sie auf die Idee, eine Spinne einfach aus dem Fenster zu werfen. Sie lasse sie stets, wo sie sei, denn sie verbinde nur Gutes mit ihr. Sie mag, wie Spinnen aussehen, mag, dass sie schnell laufen können, dass sie keine Angst zu kennen scheinen. Dass sie sich in jeder Ecke ein Netz bauen. Und sie mag dieses deutsche Wort – Spinne! Allein sein Klang habe ihr von Anfang an gefallen. Weil er so ungewohnt für ihre Ohren war. Im Türkischen würden Laute wie »sch« und »p« gewöhnlich durch einen Vokal getrennt, im Deutschen aber werden sie zusammengezogen. Das türkische Wort klinge viel düsterer: *Örümcek.* Das klinge nach innen gerichtet, ganz anders als das deutsche Wort – Spinne. Das habe etwas Mutiges an sich, findet sie.

EINE SPINNENFREUNDIN IN EINEM SPINNEFEINDEN LAND

Die Geschichte dieses Wortes ist nicht halb so wohlwollend wie Özdamars Deutung. In der deutschen Sprache sind damit vor allem negative Emotionen verbunden wie *›pfui Spinne‹*, *›spinnefeind‹*, *›spinnen‹* oder *›sich in einem Spinnennetz verfangen‹*. In seinem Ursprung bezieht es sich auf das (menschliche) Spinnen des Fadens, nicht auf das Talent zum Netzbau.[34] Als sei das menschliche Handwerk zuerst da gewesen …

Während das Spinnennetz in der deutschen Literatur im Laufe der Jahrhunderte viel betrachtet worden ist, blieb ich, seine Schöpferin, meist eine Randerscheinung. Das Netz wurde zur Metapher für alles Mögliche – für »Zelt, Haus, Reich, das Gesetz, Stricke der Liebe, der Eitelkeit und des Teufels«.[35] Ich hingegen, die Herrin dieses Hauses, blieb außen vor.[36]

Während ich in Europa eher mit »Ekel und Abscheu« verbunden werde, sehen mich die Kulturen anderer Kontinente vielfältiger. Sie verdanken mir die Kunst des Webens, sie ehren mich »als Mittlerin zwischen irdischer und himmlischer Sphäre« und rufen mich an, wenn sie »von bösen Mächten bedroht werden«.[37]

Je zivilisierter sich Menschen nannten, desto fremder wurden ihnen die Natur und damit auch ich. Je weiter wir uns aber von Europa, dem selbst ernannten Hort der Zivilisation, entfernen, desto facettenreicher wird das Bild, das sich Menschen von mir machten und machen.[38]

Vielleicht hat die zwischen den Kulturen wandernde Schriftstellerin Özdamar deshalb eine so unbefangene Sicht auf mich und all die anderen Spinnen. Weil sie der deutschen Sprache und ihren Bildern vielleicht unbefangener begegnen kann. Vermutlich ist das der Nachteil jeder Muttersprache, dass sie mit den Menschen von Geburt an verbunden ist. Sie können sie weder ablegen noch außer Acht lassen. Sie hält sie und schnürt sie dennoch ein.

Die Sprache dient den Menschen, um sich zu verständigen. Sie ist ein Band zwischen ihnen, das allzu leicht reißen und schallend um die Ohren fliegen kann.

Die Zunge habe keine Knochen, schreibt Özdamar. »Wohin man sie dreht, sie bewegt sich dorthin.«[39]

Die menschliche Zunge hat keine Knochen, und ich habe auch keine. So gelangte ich überallhin. Mit ihrer Hilfe habe ich mich eingenistet, in all Eure Sprachen.

Ich habe Euch das Feuer gebracht und das Weben gelehrt, bin mit Euch übers Meer gefahren, leibhaftig zwischen den Ladungen der Schiffe ebenso wie als Legende. In Euren Geschichten und Gefährten reiste ich um die Welt. Mögt Ihr Menschen auch noch so taub und blind sein, wie der Tausendfüßer und ich es uns erzählen – Ihr macht Euch doch seit jeher Bilder davon, wer ich bin und was ich im Schilde führe.

Ob gut oder böse, ob edel oder eigensinnig. Ich bin in Euren Geschichten genau das, was Ihr selbst hervorbringt und hinterm Antlitz eines anderen Tieres verbergen wollt. Dieses *Ich*, das seid Ihr.

APPENDIX

IM TAKT DES LINEALS

So viel von der ›Spinne‹. Ab hier übernehme wieder ich, der menschliche Autor. Menschen sprechen vor allem *über* Spinnen, und gerade in der westlichen Kultur häufig abfällig, wie wir erfahren haben. Sie gelten uns als zu fern, um mit ihnen in Kontakt zu treten, wie wir es mit anderen Tieren tun. Dabei unterliegen wir oft dem Irrglauben, dass es unsere menschliche Leistung sei, uns auf die Ebene der nicht-menschlichen Tiere zu begeben. Wenn es uns misslingt, mit ihnen zu sprechen, suchen wir die Fehler nicht bei uns, sondern unterstellen ihnen, dumm zu sein.

Der französische Philosoph Michel de Montaigne, der dieser überheblichen, menschenbezogenen Sicht auf Tiere mit Skepsis begegnete, warf schon im späten 16. Jahrhundert die Frage auf:

> »Diese Unfähigkeit zur Kommunikation zwischen ihnen und uns – warum sollte sie nicht ebenso unsere sein wie ihre? Es bleibt eine offene Frage, wessen Fehler es ist, daß wir uns nicht verstehen, denn wir verstehen sie keineswegs besser als sie uns! So können sie uns mit gleichem Recht für vernunftlose Tiere halten wie wir sie. […] Wir können uns in die Empfindungen der Tiere ungefähr in gleichem Maße hineindenken wie sie in die unsren: Sie fordern uns etwas ab, sie schmeicheln uns, sie drohen uns – und wir ihnen.«

Montaigne beschränkte sich hierbei nicht bloß auf jene Tiere, die mit uns über Laute in Kontakt treten:

> »Sogar bei den Tieren ohne Stimme können wir aus dem sichtbaren Austausch ihrer Dienste ohne weiteres schließen, daß es bei ihnen ein andres Kommunikationsmittel geben muß: ihre Bewegungen sind es, durch die sie zueinander reden und sich ihre Gedanken mitteilen.«[40]

Die niederländische Philosophin Eva Meijer schreibt in ihrem Buch über *Die Sprachen der Tiere*: »Wer Glück hat, trifft ein Tier, das mit einem sprechen will. Wer noch größeres Glück hat, der trifft ein Tier, das einen kennenlernen möchte.«[41] Nun ist die Frage, welche Tiere wir betrachten, denn in der Regel meinen wir damit Säugetiere und Vögel. Dass es auch unter den Spinnentieren Vertreterinnen mit verblüffender Intelligenz gibt, haben wir bereits erfahren (im Kapitel Leib). Mit Spinnen in Kontakt zu treten ist deutlich schwieriger als mit anderen Tieren, die uns ähnlicher und damit näher scheinen. Spinnen, bis auf Springspinnen, nehmen die Welt tastend, spürend und schmeckend wahr. Sie reagieren äußerst sensibel auf Schwingungen und Erschütterungen, auf Veränderungen der Temperatur, Luftfeuchte oder des Luftdrucks. Dabei helfen ihnen die vielen winzigen Sinneshaare, die ihren Körper und ihre Beine bedecken. Werden sie etwa angepustet, fliehen sie. In diese Welt nicht als bloße Störung oder Bedrohung einzubrechen bedarf schon eines gewissen Feingefühls – oder eben Glücks. Denn genau das war es, was es mir ermöglichte, ein einziges Mal mit einer Vogelspinne ins Gespräch zu kommen.

Es muss zu Beginn der 2000er Jahre gewesen sein. Neben Alpha, der Vogelspinne aus dem ersten Kapitel, lebte unter anderem noch Grammy bei mir, ein ausgewachsenes Weibchen der Art *Grammostola grossa* aus dem mittleren Südamerika. Der Artname ist altgriechischen Ursprungs und meint groß oder dick. Grammy war eine Nachzucht von einem Händler vom Niederrhein und etwa so groß wie ein Goldhamster. Ihr Körper war dunkelbraun und mit einem silbrig glänzenden Schimmer überzogen. Sie fraß gut und häutete sich etwa einmal im Jahr. Eines Nachmittags stand ich mit dem Rücken zu ihrem Terrarium. In der rechten Hand hielt ich ein Lineal aus Kunststoff, das ich gedankenverloren locker in meine linke Handfläche flippen ließ. Ich bemerkte es selbst zunächst nicht. Es war eine Übersprungshandlung, wie ich das manchmal mache, wenn meine Gedanken abdriften. Plötzlich hörte ich ein Trommeln. Wie Fingerkuppen, die in schneller Folge über eine Glasscheibe tippen. Das Geräusch kam von hinten. Ich drehte mich um und sah sie, halb aufgebäumt mit den vorderen Beinpaaren an die Seitenscheibe ihres Terrariums gelehnt. Hatte sie auf mein Klopfen geantwortet? Ich ließ das Lineal noch ein paar Mal gegen meine Hand klatschen – und erneut trommelte Grammy gegen die Scheibe.

Wenn männliche Vogelspinnen geschlechtsreif sind, verlassen sie ihren angestammten Unterschlupf und begeben sich auf die Suche nach Weibchen. Sobald sie auf eines treffen, beginnen sie in hoher Frequenz mit ihren Tastern und Beinen am Eingang ihrer Höhle zu trommeln. Bis es erscheint. Das Trommeln dient dazu, das Weibchen zu beschwichtigen und in Stimmung zu bringen. Jede Art hat dabei ihren eigenen unverkennbaren Takt. Und ich hatte zufällig den von *Grammostola grossa* getroffen.

Es ist mir danach nie wieder gelungen, weder bei ihr noch einer anderen Vogelspinne. Das Lineal habe ich noch immer, aber ich habe es nie mehr so zum Schwingen gebracht, dass eine von ihnen geantwortet hätte.

5
ANGST

HONI·SOIT
ODER
ELBE
RHINE
Gr. Beeren
Denewitz
Leipzig
Lutzen
Culm
Katzbach
Hanau
A R P S

HABT ACHT

»Meine Augen betrübt die Enge,
Ich verkrieche mich in einen Winkel,
Klein möchte ich sein: eine Spinne –
Aber niemand zerdrückt mich.«
Albert Ehrenstein, *Verzweiflung*

Moskau, im März 1990. Hunderte von Menschen sind auf den Wagankowoer Friedhof im Westen der Stadt gekommen, um sich von ihr zu verabschieden, der »schwarzen Spinne«. Dass es mit ihr zu Ende ging, war abzusehen; vor einigen Jahren hatte sie bereits ein Bein verloren. Ihre Tage waren gezählt. Die Menschen hatten ihrem Siechtum zusehen können, so wie sie einst ihre Taten bewundert hatten. Nun, da sie tot war, schien das Land für einen Moment stillzustehen, hatte es doch seine vielleicht beste Botschafterin verloren. Beliebt war sie auch in der Welt gewesen, sie hatte das Land würdig vertreten und ihm ein – so verrückt das auch klingen mag – menschliches Antlitz verliehen. Daher war es nur angemessen, sie nun mit einem Staatsbegräbnis zu verabschieden. Der Begriff traf doppelt zu. Denn schon bald würde es mit dem ganzen Staat vorüber sein.

Ein Staatsbegräbnis für eine Spinne kommt selten vor. Aber diese war auch keine gewöhnliche. Die »schwarze Spinne« – so nannten die Menschen Lew Jaschin. Der russische Fußballtorhüter galt als der beste seines Landes, seiner Generation, ja sogar des gesamten 20. Jahrhunderts. Denn er schien anders als die anderen großen Torhüter zu sein. Die »schwarze Spinne«

hockte nicht in ihrem Netz, sie stieß oft hervor, verließ immer wieder den ihr angestammten Raum. Jaschin war *der* moderne Torwart. Als einer der Ersten trat er wie ein zusätzlicher Verteidiger auf und wehrte Angriffe schon weit vor seinem Tor ab. Zudem war er – wie Menschen es von einer Spinne erwarten – blitzschnell, fangsicher und äußerst gewandt. Hinzu kam seine dunkle Kluft.

Obwohl er düster klingt, war der Name nicht abwertend, sondern anerkennend gemeint. Und wahrscheinlich macht gerade das den Ruhm Jaschins deutlich: Wurde die ›Spinne‹ in den europäischen Kulturen meist mit Abscheu und Ekel verknüpft, so war sie in seinem Fall Symbol für seine außergewöhnliche Erscheinung als Sportler und Mensch. Vor dieser Spinne hatte niemand Angst, aber alle Welt Ehrfurcht.[1]

Schien Jaschin auf dem Rasen schier unbezwingbar, so galt er abseits davon als ungemein nahbar. In Ost und West schätzten die Menschen ihn für seine Paraden und sein Auftreten abseits des Platzes. Vermutlich war er der beliebteste Sowjetbürger während des Kalten Krieges. Ihm gelang der Spagat zwischen sozialistischem Staatsidol und internationaler Sportikone. Ob Gegenspieler, Fans oder Medien, sie alle priesen einhellig seine herzliche und bescheidene Art. Jaschin schien das fleischgewordene Klischee eines fairen Sportsmannes zu sein. Eine seiner wenigen Schwächen war das Kettenrauchen, womit er sich vermutlich schlussendlich auch zugrunde richtete.

Besonders geschätzt wurde er auch in Deutschland, dem einstigen Kriegsgegner, der Jaschins Heimat wenige Jahre zuvor noch vernichten wollte. Ähnlich wie in Russland galten Torhüter hier schon immer als die »letzten Männer«, als »Hüter der letzten Linie«. In kriegerischen Zeiten ließ sich das Bild des Beschützers auch auf die Heimat übertragen.

Jaschin prägte ab Mitte der fünfziger Jahre die erfolgreichste Zeit des sowjetischen Fußballs: Mit der Nationalelf gewann er 1956 in Melbourne Olympisches Gold und 1960 die Europameisterschaft. 1963, ein Jahr nachdem der Kalte Krieg beinah an der Kubakrise entbrannt wäre, bekam Jaschin den »Goldenen Ball« für den besten Fußballer Europas verliehen. Dieser Preis ist meist Torjägern und Spielmachern vorbehalten. Bis heute ist Jaschin auch der einzige Torhüter unter ihnen geblieben.[2]

Als Jaschin seine größten Erfolge in den Stadien der Welt feierte, verbreitete eine andere schwarze Spinne auf den Leinwänden von Los Angeles bis Leningrad Angst und Schrecken. In Jack Arnolds Horrorfilm *Tarantula* von 1955 fällt eine im Labor gezüchtete Riesenspinne über eine kalifornische Kleinstadt her, bis amerikanische Bomber ihr schließlich mit Napalm, dem bewährten Kampfmittel dieser Zeit, den Garaus machen. Horrorfilme sagen stets etwas über die Ängste der Zeit aus, in der sie entstanden. Im sogenannten ›Animal Horror‹, in dem es von tödlichen Spinnen wimmelt, führen meist die Machenschaften der Menschen zur Katastrophe, sei es durch Giftmüll, Genmanipulationen oder bloßen Größenwahn. *Tarantula* wurde zu einem Klassiker dieses Subgenres. In einer Zeit, da die Weltmächte USA und Sowjetunion sich mit Atomwaffen jederzeit auslöschen konnten, bediente diese Riesenspinne »eine unterschwellige erotische und politische Mythologie: die Spinne als Inkarnation bedrohlicher Triebe, aber auch als Ausdruck wachsender Ängste vor einem Atomkrieg«, wie es im *Lexikon des Internationalen Films* heißt.[3] Da mutet es im Nachhinein ebenso hoffnungsvoll wie anachronistisch an, dass mit Jaschin ein Sportler jenseits des Eisernen Vorhangs im Namen der Spinne international für Furore sorgte.

»Schwarze Spinne« war dabei nur einer seiner vielen Beinamen, die fast ein ganzes Bestiarium füllen: So nannte ihn die Presse mal »Löwe von Moskau« und mal »schwarzer Panther«, aber auch »schwarzer Polyp« und »schwarzer Krake«.

Das Katzenhafte an Sportlern, besonders an Torhütern, ist ein viel benutztes und naheliegendes Bild. Doch der Vergleich mit Spinnen und Kraken zielt auf eine tiefere Ebene ab. Deren vielarmige Erscheinung hat nichts Menschenähnliches mehr; bei ihnen handelt es sich nicht einmal um Säugetiere – wie im Falle von Löwen und Panthern, die uns zumindest dem Skelett nach ähneln. Wesen mit vier Gliedern reichten also nicht aus, um Jaschin zu beschreiben, nein, es mussten acht sein. Die Botschaft dieser Metapher ist klar: Hier handelt es sich nicht nur um einen herausragenden Sportler, seine Leistungen muten übermenschlich, wenn nicht sogar überirdisch an.

Dass ›Spinne‹ und ›Krake‹ dabei in einem Atemzug genannt wurden, ist weniger verwunderlich, als es auf den ersten Blick scheint. In der Kulturgeschichte war dies häufig der Fall. Sind es doch zwei Tiergruppen, wie der französische Soziologe und Philosoph Roger Caillois schrieb, durch »deren bloße Erscheinung« nicht nur »die menschliche Einbildungskraft in Erstaunen versetzt« werde, sondern die »ganz besonders zum Spintisieren« anregten und »einen unerklärlichen Schrecken« hervorriefen.[4]

In der Antike noch ein Symbol für Klugheit, Sinnlichkeit und durchaus positiv besetzt, wurde der ›Krake‹ im Laufe des 19. Jahrhundert durch Romane wie Victor Hugos *Die Arbeiter des Meeres* oder Jules Vernes *20 000 Meilen unter dem Meer* zum Ungetüm stilisiert, das Schiffe und Menschen angreift und sie in die Tiefe zieht.[5] Und obwohl sie nicht näher miteinander verwandt sind, erkor die menschliche Fantasie ›Krake‹ und ›Spinne‹ zum diabolischen Duo. Der ›Krake‹ wurde fortan verglichen …

> »[…] mit seinem Ebenbild auf dem Festland, der […] Spinne, die in Aussehen und Haltung etwas Wesentliches mit ihm gemeinsam hat, ja im Physischen wie im Moralischen eine Entsprechung zu ihm darstellt.«[6]

Dass ausgerechnet diese beiden achtarmigen Tiere bildlich für die Talente des »größten russischen Sportlers des 20. Jahrhunderts« standen, entbehrt nicht einer gewissen Ironie.[7] Denn lange bevor Jaschin für seinen kraken- oder spinnenartigen Stil bewundert wurde, standen Kraken und Spinnen für das genaue Gegenteil – für Gewalt, Gier und dunkle Machenschaften. In Russland wie in Deutschland.

MÄNNER, DIE INTRIGEN SPINNEN

Wie ab den zwanziger Jahren aus der kapitalistischen eine jüdische ›Spinne‹ wurde, dazu kommen wir noch. Vorher gilt es, ihren Werdegang als politisches Symbol bis dahin nachzuzeichnen. Denn viel früher als der ›Krake‹ bekam die ›Spinne‹ in der abendländischen Kultur einen Platz auf der dunklen Seite der Macht zugewiesen. Wo immer manipulative und mächtige Männer als Bedrohung eines Volkes oder Staates ausgemacht wurden, war diesen der Vergleich mit ihr sicher. Manchmal schwang ein Hauch von anerkennendem Respekt mit. So erhielt Frankreichs König Ludwig XI. im 15. Jahrhundert wegen seines Talents zum Ränkespiel den Beinamen *l'araignée universelle* – die universelle Spinne.[8] Die weibliche Ausnahme in dieser Männerriege stellte ein Jahrhundert später die bereits erwähnte Elisabeth I. dar. Über die zeitlebens kinderlos und unverheiratet gebliebene englische Königin sagten Freunde wie Feinde, sie habe ihre Macht und ihr Reich stets aus sich selbst erneuert – wie eine Spinne ihr Netz.[9]

Als im darauffolgenden 17. Jahrhundert mitten in Europa der Dreißigjährige Krieg tobte, kursierten unzählige Flugschriften voller Tierallegorien. Neben Adlern, Bären und Löwen findet sich darin häufig auch eine stilisierte Spinne, die ganze Städte mit ihrem Gespinst überzieht – eine Metapher für den spanischen Heerführer Ambrosio Spinola, der 1621 mit seinen Truppen mehrere protestantische Städte in der Pfalz einnahm. Der Vergleich spielt auf den ähnlichen Klang von »Spinne« und Spinola an und leitet sich zudem von der christlichen Symbolik ab, wonach die Spinne für Habgier und ihr Netz als »Sinnbild für Intrigen« steht.[10]

Mag bei Spinola die ›Spinne‹ schon im Namen stecken, so wurde wohl kein Politiker so sehr mit ihr assoziiert wie Napoleon Bonaparte. Von ihm entstanden bereits zu Lebzeiten zahllose Karikaturen, weshalb er als die »erste universelle Figur in der Karikatur« gilt.[11] Der Erste, der ihn als Spinne zeichnete, war wohl der englische Karikaturist Thomas Rowlandson. Sein Werk *The Corsican Spider in his Web* von 1808 zeigt eine napoleonköpfige Spinne in ihrem Netz. Darin haben sich zahlreiche Fliegen verfangen, die verschiedene Länder Europas verkörpern und vom achtbeinigen Napoleon nacheinander verschlungen werden.[12]

Zu dieser Zeit war Napoleon seit vier Jahren Kaiser der Franzosen und hatte bereits halb Europa in Aufruhr versetzt. Der Großteil der deutschsprachigen Staaten – außer Preußen und Österreich – war im Rheinbund zusammengeschlossen und unterstand nun ihm. Napoleon setzte seinen Feldzug weiter nach Osten bis nach Moskau fort, wo 1812 sein Rückzug und allmählicher Abstieg begann.

Nach Frankreichs Niederlagen in den deutschen Befreiungskriegen ab 1813 schuf der Grafiker Johann Michael Voltz eine der berühmtesten Napoleon-Karikaturen. Die *Wahre Abbildung des Eroberers* zeigt eine Büste des französischen Kaisers, wobei die einzelnen Bestandteile in Form einer Collage zusammengesetzt sind: Der Zweispitz besteht aus einem Adler, das Gesicht aus menschlichen Leibern, die Schulterklappe aus einer Hand, und auf Napoleons Uniform, die eine Karte des Rheinbundes bildet, prangt eine große Spinne im Netz. Um die einzelnen Teile zu erläutern, hat Voltz seiner Zeichnung einen Text mit dem Titel *Triumph des Jahres 1813. Den Deutschen zum Neuen Jahr* beigefügt. Darin erläutert er:

> »[...] der große Ehrenlegionsorden ist ein Spinnengewebe dessen Fäden über den ganzen Rheinbund ausgespannt waren; allein in der Epaulette ist die mächtige Gotteshand ausgestreckt, welche das Gewebe zerreißt, womit Deutschland umgarnt war, und die Kreuzspinne vernichtet die da ihren Sitz hatte, wo ein Herz seyn sollte.«[13]

Die ›Spinne‹ – ein teuflisches Tier also, das nur durch Gottestreue bekämpft werden kann? In dieser Hinsicht passt sie als Symbol zu Napoleon, denn ebenso wie sie wurde auch der französische Herrscher hierzulande lange dämonisiert. Vermutlich auch, um sich diesem Schreckgespenst der Deutschen nicht sachlich nähern zu müssen. Napoleon, so schreibt der Literaturwissenschaftler Jost Hermand, habe »sowohl politisch als auch charakterlich etwas höchst Zwiespältiges« an sich, das sich nur historisch oder psychologisch verstehen ließe. Deshalb sei er in der Literatur und Karikatur des frühen 19. Jahrhunderts als

»teuflisches Unwesen, als Erzfeind der Christenheit« dargestellt worden, »dessen Spinnenheere sich über ganz Europa verbreiteten, um es mit seinen ›modernen‹, das heißt todbringenden, Gedanken zu infizieren«. Eine, ›sachliche« Auseinandersetzung mit dem Phänomen Napoleon habe erst weit nach seinem Tod begonnen.[14] Aber da war die ›Spinne‹ als Schreckensbild für tyrannische Herrscher längst etabliert. Und es folgten weitere Vergleiche: So wurde Österreichs Kaiser Ferdinand I. 1848 als *Die große Europäische Reichsspinne* karikiert. 1854 – das Osmanische Reich, Großbritannien und Frankreich befanden sich seit einem Jahr mit Russland im Krieg um die Krim – zeichnete der französische Maler Gustave Doré den Zaren Nikolaus I. als *Spinne des Nordens* inmitten eines Radnetzes. Zwischen den Fäden stehen Worte wie »Sanftmut«, »Sicherheit« und »Steuernachlass« – aus Sicht Dorés allesamt leere Versprechungen von Nikolaus' diktatorischer Politik.[15] Eine ähnliche Zeichnung tauchte 1945 auf. Anstelle des Zaren hockt dort Adolf Hitler als *Spinne Europas* im Netz, in dem nun »Machtgier«, »Meineid« und »Massenmord« prangen.[16]

In beiden Karikaturen hat die Spinne lediglich sechs Beine und nicht acht, wie es sich für eine richtige Spinne gehören würde. Eine Achtlosigkeit, die bis heute häufig vorkommt, wie wir bereits (im Kapitel Leib) gesehen haben.

VON POLNISCHEN UND PREUSSISCHEN SPINNEN

Die ›Spinne‹ als Schreckensbild wurde vielseitig verwendet, wenn es darum ging, eine scheinbar drohende Gefahr abzubilden. So war sie zum Beispiel titelgebend für *Die Spinne* von Albert Liepe aus dem Jahre 1902. Der etwas sperrige Untertitel lautet *Roman aus den gegenwärtigen Kämpfen des Polentums wider das Deutschtum in der deutschen Ostmark.* Mit der Ostmark sind die ostdeutschen Provinzen Posen und Westpreußen gemeint. Jene Gebiete, die infolge der polnischen Teilungen Ende des 18. Jahrhunderts vorübergehend und zwei Jahrzehnte später – nach dem Wiener Kongress von 1815 – für gut hundert Jahre an Deutschland fielen. Der Roman steht in der Reihe der sogenannten »Ostmarkenromane«, die damals gezielt Stimmung gegen alles Polnische machten. Mit der ›Spinne‹ meinte Liepe das »polnische Gemeinwesen im preußischen Staate« und griff damit die auch von Wissenschaftlern geschürte Angst vor einer polnischen Unterwanderung auf. Der bis heute anerkannte Staatsökonom Max Weber forderte damals sogar ein Verbot für polnische Saisonkräfte in der Landwirtschaft.[17] Gegen Migrantinnen und Migranten zu wettern hat in Deutschland offensichtlich Tradition. Auf der anderen Seite war die ›Spinne‹ willkommenes Mittel zum Zweck der Nationenbildung. Nach dem Ersten Weltkrieg, als nach mehr als hundert Jahren wieder ein polnischer Staat entstand, war in der polnischen Propaganda vermehrt vom ›*Krzyżak*‹ die Rede. Dieses Wort meinte sowohl die Kreuzspinne als auch den *Kreuzritter* – ein Synonym für die Ritter des Deutschen Ordens, die ab dem 13. Jahrhundert weite Gebiete im heutigen Polen und im Baltikum erobert hatten. Das Königreich Preußen sowie das Deutsche Kaiserreich galten als ihre historischen Nachfolger. Um das polnische Nationalgefühl wieder zu stärken, wurde das Bild vom »blutrünstigen Polenfresser« heraufbeschworen – und der lauerte nun einmal im Westen.

Hier unterscheiden sich die Spinnenbilder zwischen Polen und Deutschland. Während die Polinnen und Polen in den deutschen Ostprovinzen als bedrohlich-diffuse Masse galten, die den Staat langsam schwächten, wenn sie nicht germanisiert würden, so stellte die »preußische Kreuzspinne« aus Sicht der polnischen Propaganda eine Bedrohung von außen dar, die sich den polnischen Staat erneut einverleiben würde, sobald sie die Gelegenheit dazu hätte.[18] Auf der einen Seite stand die ›Spinne‹ also für das Fremde im eigenen Land, auf der anderen für den äußeren Feind.

Geschichte ist kein Zug auf Schienen; es gibt keinen Fahrplan, nichts Vorbestimmtes. Dennoch sollte sich die in Polen geschürte Angst rund zwei Jahrzehnte später bewahrheiten, als Adolf Hitler und Josef Stalin im Jahre 1939 den polnischen Staat unter sich aufteilten. Mit der Wirkung des Spinnensymbols kannten sich beide aus.

ANTISEMITISMUS AUF ACHT BEINEN

Die Nationalsozialisten im Allgemeinen und Hitler im Besonderen wurden des Öfteren als gierige Spinnen dargestellt; die Mitglieder der französischen Résistance etwa nannten das Hakenkreuz »l'araignée« – die Spinne.[19] Aber auch die Nationalsozialisten selbst bedienten sich oft dieses Motivs, vor allem in Form von antisemitischen Karikaturen im Hetzblatt *Der Stür-*

mer oder auf Plakaten der NSDAP. Sie nutzten das Motiv so exzessiv für ihren Judenhass, dass sie bis heute irrtümlicherweise als Urheber dieses Vergleichs gelten. Dabei war es die frühe politische Karikatur in Russland, die ihnen als Vorlage diente. Dort erfüllten Spinnen schon zuvor auf ähnlicher Ebene ihren Zweck. Doch während sich die sowjetischen Spinnenbilder nicht nur gegen Juden richteten, sondern oft auch gegen Kapital und orthodoxe Kirche, hetzte die NS-Propaganda im Zeichen der ›Spinne‹ konsequent gegen Jüdinnen und Juden als Ursache allen Übels im Sinne eines »kapitalistischen Weltjudentums«.[20]

Die Karikatur verspotte und erniedrige nicht nur, sondern erhöhe in gewisser Weise ihre Opfer auch und mache sie damit erst wirklich berühmt, schrieb der marxistische Schriftsteller Eduard Fuchs 1921. Dies betreffe vor allem historische Persönlichkeiten – wie wir am Beispiel Napoleons gesehen haben. Dessen Popularität zeigt sich auch in der Masse an zeichnerischen Schmähungen. Für die Juden gelte das aber nicht, schrieb Fuchs: »Jede Karikatur auf die Juden ist tatsächlich letzten Endes eine Anklage gegen die Juden.«[21]

War die »jüdische Spinne« in der Karikatur ein Phänomen des 20. Jahrhunderts, findet sie sich in der Literatur bereits seit der Frühen Neuzeit. Schon damals wurden Juden häufig mit Spinnentieren verglichen, manchmal auch schlicht mit einem »Haufen Gewürm«. In biologischer Hinsicht machte dies damals keinen großen Unterschied, zählten Spinnen ganz allgemein noch zu den »Würmern«.[22] Bis ins 17. Jahrhundert war es bekanntlich Stand der Wissenschaft, dass Spinnen aus Moder und Schlamm entstünden.[23]

Die ›Spinne‹, ein Tier des Schmutzes also. Über Jüdinnen und Juden hieß es, dass sie – ebenso wie Spinnen – ihre Opfer einfingen und aussaugten. Gerade in christlichen Texten stand die ›Spinne‹ synonym für »jüdische Mordgier«. Sie galt als »parasitärer Blutsauger«, was auf ihr Lauern anspielte. Man unterstellte ihr Arglist und Falschheit.[24]

Auch in den nationalistischen Kreisen des Deutschen Kaiserreichs fand sich neben anderen »Ungeziefer«-Vergleichen die ›Spinne‹ als vermeintlich »jüdisches Tier«. Der völkische Politiker und Schriftsteller Arthur Dinter kreierte in seinem Kolportageroman *Die Sünde wider das Blut* aus dem Jahre 1917 einen klischeehaften jüdischen Wirtschaftsboss, der die fleißigen Menschen zu seinen Gunsten ausnutzt:

> »Hunderttausende, ja Millionen von im Schweiße ihres Angesichtes arbeitenden Menschen zappelten in allen fünf Erdteilen an den Drähten, die in seiner Hand zusammenliefen. Wie eine Spinne saß er in seinem Berliner Kontor, all diesen Menschen durch seine Drahtkanäle das Mark aus Leib und Seele saugend.«[25]

Der Roman wurde zu einem »antisemitischen Schlager«, der sich bis 1934 mehr als eine Viertelmillion Mal verkaufte.[26] Womöglich hat auch Adolf Hitler das Buch gelesen, jedenfalls schrieb er 1925 in *Mein Kampf* in ähnlicher Weise über das Judentum als der »Spinne«, die während des Ersten Weltkrieges begann, »dem Volke langsam das Blut aus den Poren zu saugen«.[27]

Und auch Männer des Glaubens besannen sich ihrer christlich-antisemitischen Tradition. So etwa der katholische Geistliche Arbogast Reiterer. 1933 schrieb er unter dem Pseudonym »Pfarrer Gaston Ritter« das Pamphlet *Das Judentum und die Schatten des Antichrist*. Darin berief er sich auf die *Protokolle der Weisen von Zion*, jene antisemitische Hetzschrift, die Anfang des 20. Jahrhunderts aufgetaucht war und eine »jüdische Weltverschwörung« gekommen sah. Mit Verweis auf die frei erfundenen *Protokolle* behauptete Reiterer:

»Wie eine Riesenspinne sitzt Ahasver den Völkern am Nacken und saugt ihnen das Blut aus den Adern. Polypenarme halten die ganze Welt umklammert.«[28]

In diesem Zitat sind nun alle vereint: die stereotype Figur Ahasvers, des »Wandernden Juden«, die ›Spinne‹ sowie der ›Krake‹ in Form seines alten Namens, des Polypen. Gemeinsam bilden sie das dämonische Dreigestirn christlichen Judenhasses – wandernd, wuchernd, die Welt umklammernd.

Unlängst hat sich der tentakuläre »Teufelsbund« von Kraken und Spinnen jedoch aufgelöst. Die Klasse der Kopffüßer ist zum Liebling der Biologie und Popkultur geworden; die Augen von Kraken unterscheiden sich kaum von unseren, ihre kognitiven Fähigkeiten führen die alte Lehre von den sogenannten »Niederen Tieren« ad absurdum. Einige von ihnen wurden sogar zu Medienstars. 2020 zog ein Oktopus-Weibchen in der Netflix-Doku *Mein Lehrer, Der Krake* einen ausgebrannten Filmemacher vor der Küste Südafrikas und Millionen Menschen vor den Bildschirmen in seinen Bann. Zehn Jahre zuvor hatte bereits »WM-Orakel« Paul für Furore gesorgt. Paul war ein zwei Jahre alter Gemeiner Krake, der im *Sea Life*-Aquarium in Oberhausen lebte. Während der Fußball-Weltmeisterschaft 2010 bekam er vor den Partien der deutschen Elf jeweils zwei Plastikboxen mit Futter und den Flaggen der beteiligten Teams vorgesetzt. Paul entschied sich stets für die Box mit der Flagge des Siegers, sagte also scheinbar alle Spiele korrekt voraus.[29]

Während der ›Krake‹ vom schmackhaften »Schrecken der Meere« zum schlauen Sympathieträger avancierte, haftet der ›Spinne‹ weiterhin ein schlechter Ruf an. Ob nun Linke oder Rechte, Stalinisten oder Nationalsozialisten, Antikapitalisten oder Antisemiten – sie alle bedienten sich der ›Spinne‹, um Hass gegen ihre vermeintlichen Feinde zu schüren. Die Botschaft hinter dem Vergleich ist unmissverständlich, wie Samuel Salzborn schreibt:

> »Die erschlagene Spinne verschafft dem Menschen ein Gefühl wiedererlangter Kontrolle und Sicherheit. Werden Menschen als Spinnen dargestellt, droht man ihnen mit demselben Los.«[30]

Das sollten wir nicht vergessen, wenn wir später zur weitverbreiteten und gesellschaftsfähigen Furcht vor Spinnen kommen. Seit Jahrhunderten wird die ›Spinne‹ im christlichen Abendland dämonisiert. Mal sollten sich in ihrer Gestalt die Juden verbergen, mal Despoten und Diktatoren. Stets trachtete sie angeblich dem guten Christenmenschen nach dem Leben. Dieses Bild hat so sehr Eingang in unsere Kultur gefunden, dass die uns ohnehin schon recht wesensfremden Tiere in die Ecke des Ekligen und Unheimlichen gerückt wurden – und bis heute dort geblieben sind.

SPINNEN, IHRE NETZE UND UNSERE PARANOIA

Der jahrhundertealte Mythos von der gefährlichen und blutrünstigen ›Spinne‹ machte sie zum »Wappentier aller paranoischen Weltbilder«.[31] Ihr Netz diente in der Literaturgeschichte ohnehin oft als Symbol für das »Reich eines Herrschers, der zum Regieren in der Mitte dessen sitzen muß, wie eben die Spinne«.[32]

Das Spinnennetz als Symbol für ein System, von dessen Zentrum aus Intrigen gesponnen, Verschwörungen ausgeheckt und Verbrechen begangen werden, hat sich bis in unsere Zeit gehalten. Dabei ist es egal, ob es um wirtschaftliche, politische oder kriminelle Netzwerke geht. Unsere Medien und unsere Bildsprache sind voll davon – hier allein drei Beispiele aus dem Jahre 2022: Das österreichische Monatsmagazin *Tagebuch* pries im Mai 2022 seine Titelgeschichte über Peter Thiel, Tech-Milliardär und Financier der Neuen Rechten, auf dem Cover mit der Überschrift an: »Das Netzwerk des Peter Thiel«. Darüber war ein stilisiertes Radnetz abgebildet, in dessen Mitte Thiels Konterfei den Spinnenkörper bildete, von dem acht Beine abgingen. Die Illustration erinnerte in ihrem Aufbau an die bereits erwähnte Napoleon-Karikatur von Rowlandson aus dem Jahre 1808 und kann somit zumindest als historisches Zitat gelten. Besonders einfallsreich war es jedoch nicht. Ähnlich ging die Wochenzeitschrift *Die Zeit* vor, als sie im Juli 2022 eine Story über die Machenschaften des russischen Industriellen und Vasallen Putins Oleg Deripaska veröffentlichte. »Das Spinnennetz der Oligarchen«, lautete der Titel. Das Bild ist in beiden Fällen ebenso abgedroschen wie schief. Sicherlich ist keiner dieser Männer so einflussreich geworden, weil er alleine ein irgendwie geartetes Netz geschaffen und sich tagein, tagaus auf die Lauer gelegt hat, sondern weil andere Menschen ihn auf seinem Weg unterstützt oder selbst von seinen Machenschaften profitiert haben. Menschliche Netzwerke haben wenig gemein mit den Netzen der meist einzeln lebenden Spinnen.

Es ist ein allzu billiger, aber leicht angestellter Vergleich, weil das Klischee von der abgründigen ›Spinne‹ immer noch verfängt. Es dient nicht nur Medien dazu, bei ihren Leserinnen und Lesern Emotionen zu wecken. Auch in Bildungsanstalten, deren Aufgabe es eigentlich ist, sachlich zu informieren, findet es sich, wie etwa der Gedenkstätte Moritzplatz in Magdeburg. Sie liegt im Norden der Stadt, in einem ehemaligen Gefängnis.

Erbaut in der Kaiserzeit, nutzten es später sowohl die Nationalsozialisten als auch das Ministerium für Staatssicherheit der DDR zum Foltern. Heute erinnert dort eine Ausstellung an die rund 10 000 politisch Verfolgten des Stasi-Regimes, die bis 1989 in dem roten Ziegelbau einsaßen. Am Eingang steht eine Infotafel mit einer Karte der ehemaligen DDR, über die sich ein Radnetz erstreckt. Im Zentrum des Netzes, dort, wo Berlin liegt, sitzt eine rot-schwarze Spinne, deren Hinterleib das Parteiemblem der Sozialistischen Einheitspartei Deutschlands (SED) ziert.[33]

Es ist die gleiche Bildsprache, die schon seit Jahrhunderten benutzt wird. Die SED wird hier als übermächtige ›Spinne‹ in ihrem Netz dargestellt, bei der alle Fäden zusammenlaufen und die alles unter Kontrolle zu haben scheint. Die Partei, so lautet die Botschaft, agierte instinktiv und wie *ein* Organismus – scheinbar eben wie eine Spinne. An diesen Beispielen zeigt sich die ganze Bandbreite: Rechte Turbokapitalisten und neureiche Russen werden bis heute ebenso mit der ›Spinne‹ verglichen wie das Spitzel-Netzwerk der Stasi. Dem Überwachungssystem der DDR werden sie dabei ebenso wenig gerecht wie den Machenschaften krimineller Milliardäre. Das SED-Regime überwachte, verfolgte, verhaftete die Menschen der DDR nicht, weil das seine Natur war, sondern aus der bornierten Angst heraus, die Kontrolle und Macht zu verlieren. Dieser Staat war weder eine natürliche Gegebenheit oder ein einzelner agierender Körper noch eine Entwicklung der Evolution. Er war kein Spinnennetz, sondern das Machwerk von Menschen, und er hielt gerade einmal vier Jahrzehnte. Die ›Spinne‹ und ihr Netz werden in all diesen Vergleichen dämonisiert, während die Taten von Menschen als etwas scheinbar Natürliches dargestellt und dadurch verharmlost werden.

So muss die ›Spinne‹ bis heute als Chiffre für unübersichtliche, bisweilen ungeheuerliche Vorgänge herhalten. Sie steht für Furcht und Ekel. Daher überrascht es kaum, dass die Angst vor Spinnen – ob nun eingebildet oder anerzogen, ob klinisch belegt oder selbst diagnostiziert – gesellschaftlich so akzeptiert ist, als habe es einen gewissen Chic, Spinnentiere eklig oder furchterregend zu finden.

Selbst in Artikeln, die sich wissenschaftlich fundiert und auf vermittelnde Weise dem Thema widmen, scheint die gesellschaftliche Abscheu hingenommen zu werden. So heißt es in einem lesenswerten Artikel über die vermeintlichen »Gewinner und Verlierer der Evolution« auf dem Journalismus-Portal *Riffreporter*: »Man muss kein Arachnophobiker sein, um Spinnen mit Argwohn zu begegnen.« Zwar entkräftet die Autorin – eine studierte Biologin – schnell dieses Vorurteil und berichtet, »wie aufgeweckt und hübsch« speziell Springspinnen und wie nützlich Spinnen im Allgemeinen als Insektenvertilgerinnen sind. Die gesellschaftliche Abneigung – sofern es die denn gibt – setzt sie dennoch voraus, bedient sie und legitimiert sie damit in gewisser Weise.[34]

Die traditionelle Verknüpfung von ›Spinne‹ und ›Angst‹ besteht auch dann noch fort, wenn sie verneint wird. Wenn Furcht stets die erste Emotion ist, die im Zusammenhang mit Spinnen erwähnt wird, bleibt die Assoziation bestehen, egal wie oft Menschen hören oder lesen, dass Spinnen nützlich sind und dass man vor ihnen keine Angst zu haben braucht.

Wie gewöhnlich die Furcht vor Spinnen wirklich ist, bleibt fraglich. Denn obwohl die Arachnophobie, die klinisch diagnostizierte Angst vor Spinnentieren, eine der häufigsten Angststörungen ist, umgibt sie noch immer ein Schleier aus Vermutungen und Behauptungen. Allein zu ihrer Häufigkeit und ihrem genauen Ursprung gibt es verschiedene Thesen.[35]

Der Psychiater und Angstforscher Borwin Bandelow behauptet, bis zu 90 Prozent aller Deutschen hätten eine »kleine Spinnenphobie«.[36] Das wären deutlich mehr Menschen als in anderen europäischen Ländern, wo sich im Schnitt etwa jeder vierte Mann und jede dritte Frau vor Spinnen fürchte.[37] Abgesehen davon, dass 90 Prozent wohl weit übertrieben sind, stellt sich die Frage, woher es kommt, dass gerade in Deutschland die Angst vor Spinnen so ausgeprägt sein soll, wo es doch hierzulande kaum Gelegenheiten gibt, auf eine potenziell gefährliche Spinne zu treffen?

Woher rührt die Angst vor Spinnen also? Ist es eine Urangst, ein evolutionäres Erbe aus einer Zeit, als große, giftige Spinnen uns gefährlich werden konnten, wie manche vermuten? Von solchen Spinnenmonstern ist nichts bekannt. Die größten je entdeckten Spinnen leben noch heute auf diesem Planeten (siehe Kapitel Leib). Wir leben also bereits in Zeiten der größten Spinnen.

Zum Ursprung der Angst vor Spinnen gibt es mehrere Theorien. Die erste besagt, sie sei eine Folge der Evolution. Vereinfacht ausgedrückt: Unsere Vorfahren, die sich vor diesen Tieren in Acht nahmen, wurden seltener gebissen, überlebten also und gaben dieses Wissen an ihre Nachkommen weiter.[38]

Das passt allerdings nicht zur unterschiedlichen Bedeutung

von Spinnen in der Mythologie verschiedener Kulturen der Welt. Es gebe Hinweise, schreibt der britische Psychologe Graham Davey, dass die Angst vor Spinnen in Europa daher rühre, dass diese Tiere seit dem Mittelalter häufig mit Krankheiten in Verbindung gebracht worden seien.[39] Auch das Gerücht von der ausgeprägten Giftigkeit harmloser Spinnen wie der Tarantel hält sich teils bis heute und dient manchen als Argument für ihren Argwohn. Dabei sind Mücken- und Wespenstiche sowie Zeckenbisse deutlich häufiger und vor allem gefährlicher. Da Menschen in anderen Regionen der Erde tatsächlich auf potenziell gefährliche Spinnenarten treffen, diese jedoch teils als Gottheiten verehren oder als Delikatesse verzehren, spricht laut Davey wenig dafür, dass die Spinnenphobie ein evolutionäres Überbleibsel ist.[40]

Um herauszufinden, wie präsent die Angst vor Spinnen in anderen Erdteilen ist, nahm ein internationales Forschungsteam um Davey eine Studie mit Testpersonen aus sieben verschiedenen Ländern auf drei Kontinenten vor – aus Großbritannien, den Niederlanden, Hongkong, Indien, Japan, Korea und den USA. Dabei kam heraus, dass der Ekel vor Spinnen sich nur wenig unterschied. Nur Testpersonen aus Indien zeigten eine deutlich geringere Angst vor Spinnen. Die ähnlich ausgeprägte Abneigung gegen bestimmte Tiere könnte die Evolutionsthese bestätigen, allerdings lassen sich in unserer globalisierten Welt einzelne Kulturen nicht mehr unabhängig voneinander betrachten. Die Medien und Pop-Kultur prägen die Menschen weltweit – und damit auch ihre Ängste.[41]

Bliebe noch die letzte Theorie, die besagt, dass Menschen die Angst vor allem von ihren Eltern oder Verwandten erlernen und übernehmen. Diese Idee ist nicht neu. Schon der Philosoph Immanuel Kant, der nicht gerade durch eine ausgeprägte

Empathie für Tiere bekannt geworden ist, dachte über eine womöglich anerzogene Spinnenfurcht nach:

> »Die Kinder möchten gewiß nach den Spinnen ebenso wie nach andern Dingen greifen. Weil aber die Ammen, sobald sie eine Spinne sehen, ihren Abscheu durch Mienen bezeigen: so wirkt dies durch eine gewisse Sympathie auf das Kind. Viele behalten diese Furcht ihr ganzes Leben hindurch und bleiben darin immer kindisch. Denn Spinnen sind zwar den Fliegen gefährlich und ihr Biß ist für sie giftig, dem Menschen schaden sie aber nicht.«[42]

Kant beschrieb bereits jenes Phänomen, das der Arachnologe Peter Jäger einen »gepflegten Ekel« nennt.[43] Es spricht einiges dafür, dass die Furcht vor Spinnen hierzulande und in Europa in vielen Fällen anerzogen ist. Mit den vermeintlichen Instinkten und Reflexen unserer Urahnen lässt sich nicht alles erklären. 12 000 Jahre Zivilisation haben uns geformt. Und das in einer Region der Erde, die so gut wie keine lebensgefährlichen Spinnen, wohl aber 1700 Jahre christlicher Moralvorstellungen kennt. Wenn die römische Kirche – diese »hierarchischste, gewalttätigste […] und frauenfeindlichste Institution der Menschheitsgeschichte« – seit der Antike unsere Vorstellungen von Gesellschaften und Geschlechtern entscheidend prägen konnte, dann auch unsere Ängste.[44]

Wie diese im speziellen Fall der Arachnophobie zu beheben sind, dazu gibt es ebenfalls verschiedene Methoden.

An der Ruhr-Universität Bochum hat der Psychologe André Wannemüller 2020 mit Kolleginnen und Kollegen in einer Studie Spinnenangst untersucht und dazu Gruppentherapien mit insgesamt 80 Testpersonen mit ausgeprägter Spinnenphobie veranstaltet. Spinnenangst beruhe häufig auf falschen Annahmen, sagt Wannemüller. »Viele haben bei Spinnen übertriebene Vorstellungen, was deren Schnelligkeit angeht.« Zudem falle es den Betroffenen schwer, die Spinnen eindeutig als Tiere zu erkennen, da wir Menschen vor allem auf zwei- und vierbeinige Tiere geprägt seien. Die Betroffenen mussten daher das Aussehen von verschiedenen Spinnen anhand von Bildern und Videos beschreiben, ohne dabei negative Attribute wie »fett« oder »eklig« zu verwenden. So merkten sie, dass Spinnen nicht nur schwarz und haarig, sondern viel facettenreicher sind, sagt Wannemüller. Erst zum Schluss kamen lebende Spinnen zum Einsatz. Auch wenn die eintägige Therapie schnelle Erfolge zeige, sei das keine Garantie für eine dauerhafte Heilung. »Angst muss immer im jeweiligen Kontext gesehen werden«, sagt Wannemüller. Nur weil jemand eine Spinne in der Therapie angefasst habe, bedeute das nicht, dass er fortan auch furchtlos in den Keller gehe. »Deshalb raten wir unseren Patienten, zu Hause weiterzumachen und Spinnen zu fangen, ob auf der Terrasse, in der Küche oder im Keller. Es geht nur über Üben, Üben, Üben.«[45]

Die berührungsscheuen Tiere dürften davon weniger begeistert sein. Doch es müssen nicht immer echte Spinnen sein. Eine andere Methode ist der Einsatz von ›Augmented Reality‹, der »Verschmelzung von virtueller und realer Welt«. Die betroffene Person setzt dazu eine Spezialbrille auf, wodurch sie ein virtuell verändertes Bild ihrer Umgebung erblickt. Dort erscheint dann eine scheinbar lebende Spinne, mit der sich die Person auseinandersetzen muss. Auch wenn die Stressreaktionen echt sind, die Spinne ist es nicht.[46]

Oder man schaut einfach ein paar Actionfilme. Denn dies ist eine weitere Methode, die israelische Wissenschaftlerinnen und Wissenschaftler an den Universitäten von Ramat-Gan und Ariel erforscht haben. Dazu untersuchten sie, welche Auswirkungen es auf Phobikerinnen hat, wenn sie kurze Filmsequenzen von sieben Sekunden Länge aus der *Spider Man*-Reihe sehen. Das Ergebnis: Das Zeigen der Sequenzen führte bei den Probandinnen zu einer erheblichen Reduzierung der Arachnophobie-Symptome um mehr als 20 Prozent.[47]

Wer also seine Angst vor dem Fremden verlieren möchte, dem können womöglich sogar heldenhafte Mischwesen aus Mensch und Spinne helfen. Das galt früher, und es gilt noch immer. Egal, ob sie nun wie *Spider Man* im blau-roten Jumpsuit zwischen Wolkenkratzern hin und her springen oder wie einst die »schwarze Spinne« Lew Jaschin die Massen im Stadion in ihren Bann ziehen.

6
HEIM

WIE DIE VOGELSPINNE INS WOHNZIMMER KAM

»In Ermangelung menschlicher Gesellschaft
nehmen wir Zuflucht zu der Gesellschaft
des Tieres und machen dabei nicht immer
einen schlechten Tausch.«

Jean-Henri Fabre

Zum Glück war Herr Fugbaum Mangel gewohnt und hart im Nehmen, denn viel größer hätte der Unterschied kaum sein können – von der chilenischen Pazifikküste ans Kieler Ostufer. Vermutlich hatten Tierfänger ihn tatsächlich aus der roten, lehmigen Erde seiner Heimat gegraben, um ihn wie Zehntausende andere seiner Art an den europäischen Zoohandel zu verkaufen. In den frühen neunziger Jahren war das noch häufig der Fall. Statt in einer Höhle im Boden des chilenischen Buschlands saß er nun in Kiel, in einem ausrangierten Aquarium auf einer dünnen Schicht Kies. Umgeben von Glas und ohne Versteckmöglichkeiten. Zur Unterhaltung der Gäste musste er hin und wieder im Nikotinnebel über Arme und Hände laufen. Wahrlich keine Freude für eine standorttreue und berührungsscheue Vogelspinne.

Herr Fugbaum – allein der Name war falsch. Wenn überhaupt, hätte er *Frau* Fugbaum heißen müssen. Beziehungsweise *sie*. Alles an ihrem Körperbau deutete auf ein Weibchen hin, vermutlich eine sogenannte Rote-Chile-Vogelspinne *(Grammostola rosea)*.[1] Artbestimmungen per Augenschein gelten in Fachkreisen zwar als unseriös. Aber Fachleute für Spinnen waren im blauen Dunst auch nicht zu entdecken, nur Fugbaums Besitzer, Bernd Knauer, und dessen Freunde.

Knauer, Mitte 20, lebte noch bei seiner Mutter, hatte es aber immerhin zum Anführer einer Kieler Straßengang gebracht, der »Kneipenterroristen«. In einer »Spiegel TV«-Reportage durften sie ihre Sicht auf Frauen, Freundschaft, Fusel und Faustkämpfe ausbreiten. 53 gefilmte Minuten aus einem Alltag zwischen Kneipe und Kinderzimmer an der Kieler Förde. Mit lauen Lebensweisheiten kaschiert und mit Dosenbier geschmiert. Und mittendrin: »Herr Fugbaum, 'ne Vogelspinne«, wie Knauer in breitestem Kieler Schnack erzählte. Der Name war eine Schnapsidee, ein Freund hatte ihn darauf gebracht. Eigentlich hatte er die Spinne längst loswerden wollen. »Aber wenn man sie hungern lässt so drei Wochen, und sie ist hungrig, dann wird's interessant.«

Kaum war die vom Bier gelähmte Zunge wieder gelockert, kam Knauer ins Plaudern und fand manche Parallele zwischen der Spinne und seiner Bande:

> »Wir sind wie die Vogelspinne. Wenn wir viel zu fressen kriegen, sind wir langsam. Aber so wie jetzt sind wir alle heiß. Jetzt sind wir alle da, jetzt sind wir schnell. Und heiß.«[2]

Nur knapp eine Minute ist Herr Fugbaum, die Vogelspinne, im Film zu sehen. Einmal zu Beginn, als sie über einen Arm läuft, und kurz darauf beim Fressen einer Grille, während daneben einer von Knauers Freunden mit einer Gaspistole herumhantiert.

Die Spinne ist in dieser Sozialstudie keine Protagonistin. Sie ist bloß Teil der Szenerie. Wie die Gaspistole, die Bomberjacken und die Schnäuzer der »Kneipenterroristen«. Trotz des sozialkritischen Anspruchs des Regisseurs dient die Spinne im Film als das, was sie wohl auch für Knauer war – als ein Statussymbol, ein Distinktionsmerkmal, um sich abzugrenzen von den Anderen, den Normalos, den Spießern. Sie passt bestens ins Klischee vom Underdog und Möchtegern-Kriminellen, vom Gestrauchelten, vom Spinner. Je nachdem, wie man auf einen wie Knauer schaut. Und dennoch ist sie nicht nur Staffage. Sie steht für mehr, als es auf den ersten Blick scheint.

Abgesehen davon, dass der Film noch immer einen gewissen Kultstatus in den Kieler Kinos sowie im Internet genießt, stützt er bis heute das weitverbreitete Vorurteil von Terrarianern im Allgemeinen und Spinnenhalterinnen im Besonderen.

STATUSSYMBOL DES STUBENHOCKERS

Den ersten Gesichtstätowierten habe ich vermutlich auf einer Terrarien-Börse Ende der Neunziger in Bochum gesehen. Zu einer Zeit, als Tattoos noch längst keine modischen Accessoires waren, sondern Matrosen, Knackis und Fernfahrern vorbehalten zu sein schienen. Auf dieser und ähnlichen Börsen bot sich ein besonderes Schauspiel, das für Außenstehende skurril anmuten dürfte: Auf langen Tischreihen stapelten sich Krautsalatdosen mit lebenden Echsen, Schlangen, Skorpionen und Spinnen. Für Giftschlangen gab es einen eigenen Raum – Zutritt erst ab 16, aber die Tür stand immer offen. Die teils ebenso giftigen Skorpione saßen wie selbstverständlich zwischen den Geckos, Nattern und Vogelspinnen. Wäre jemand auf die dumme Idee gekommen, hier einen spontanen Domino Day zu veranstalten, es wäre für einige wohl der letzte gewesen.

An Skurrilität übertraf das anwesende Publikum die angebotenen Tiere bei Weitem: Bierbäuchige Vokuhilaträger stritten darüber, ob *Brachypelma smithi* trocken oder staubtrocken zu halten sei. Daneben hockten dürre, langhaarige Nerds in ausgewaschenen Heavy-Metal-Shirts und begutachteten ihre Zuchterfolge – unzählige winzige Jungspinnen, von denen jede eine transparente Filmdose bewohnte. Die Gesichtsfarbe der Nerds ließ vermuten, dass sie den Tag – wie ihre Zöglinge – am liebsten an finsteren Orten verbrachten. Schaulustige verrieten sich dort schnell, entweder durch spitze Schreie oder falsche Fragen (»Ist die lebendig?«, »Springt die?«, »Kann die beißen?«). Und mittendrin: ein scheuer, aber neugieriger 14-Jähriger, der nicht so recht wusste, ob er jemals dazugehören würde und wollte oder ob er nicht längst den Anschluss an die Zivilisation verloren hatte. Auf solchen Börsen fanden sich viele Bernd Knauers.

Es war eine Subkultur voller Außenseiter, scheinbar nur auf der Suche nach Effekthascherei, Extravaganz mit einem Hauch Sinistrem. Zumindest war dies das gängige Bild, das sich Außenstehende von dieser Szene machten. Es war leicht, sie als sonderbar oder gar halbseiden abzutun. Weil sie selbst die besten Vorlagen lieferte, vor allem aber, weil sie nie eine Lobby hatte wie Katzenhalter und Hundebesitzerinnen, hinter denen eine mächtige Industrie für Futtermittel und Spielzeuge steht. Das war wohl auch dem grünen Bundeslandwirtschaftsminister Cem Özdemir bewusst, als er im Frühjahr 2023 laut über ein Verbot von »exotischen Heimtieren« nachdachte. Manche Tierschutzverbände und Medien bastelten mit am Bild der »Terrarienfreaks«.[3] So entstand einmal mehr der Eindruck, dass es sich bei ihnen …

»[…] allesamt um Menschenhändler, unausgeglichene Individuen oder sogar um Angeber handelte, die sich eher um die Wirkung ihrer Bewohner auf die Menschen in der Umgebung kümmerten als um das Wohlergehen der Tiere.«[4]

Dies ist das gängige Klischee, und es schwindet nur langsam. Denn der argwöhnische Blick auf exotische Heimtiere und ihre Halterinnen ist fast so alt wie das Hobby selbst. Bereits 1901 schrieb der deutsche Zoologe Hans Gadow: »Menschen, die Freude an der Haltung von Molchen oder Fröschen, Schildkröten oder Schlangen haben, gelten in der Regel als exzentrisch.«[5] Auf Arachnophile trifft das besonders zu.

Die Terrarien-Börsen und einschlägigen Zoogeschäfte sind selten geworden, der Handel mit exotischen Tieren hat sich weitgehend ins Internet verlagert. Die Terraristik ist beliebter und gesellschaftsfähiger geworden. Auch deshalb, da die Zahl der Terrarianerinnen gestiegen ist. Dabei haben Frauen oft andere Motive als Männer, sich dieses Hobbys anzunehmen. Oder anders ausgedrückt: Sag mir, welches Tier du hältst, und ich sag dir, was für ein Charakter du bist.

Einer Studie von Psychologinnen und Psychologen der Universität Wien aus dem Jahre 2011 zufolge sind Frauen, die Schlangen, Frösche oder Spinnen halten, durchschnittlich offener für Neues als Frauen mit klassischen Heimtieren wie Hunden, Katzen oder Hamstern. Bei den Männern verhält es sich genau umgekehrt.[6] Bernd Knauer lässt grüßen.

In fast jedem zweiten deutschen Haushalt lebt heute mindestens ein Heimtier. Neben den rund 34 Millionen Hunden, Katzen, Kaninchen, Nagern und Vögeln sowie knapp vier Millionen Aquarien und Gartenteichen mit Zierfischen gibt es hierzulande 1,3 Millionen Terrarien. 2017 waren es noch rund 800 000.[7] In drei von hundert Haushalten in Deutschland steht also ein Terrarium. Welche Tiere darin leben, ist nicht erfasst.

Spinnentiere wie Vogelspinnen und Skorpione dürften einen deutlich geringeren Teil ausmachen als Reptilien und Amphibien. Dass Terrarien deutlich seltener vorkommen als Aquarien, hat verschiedene Gründe. Mitentscheidend dürfte aber sein, dass die gesellschaftliche Akzeptanz eines Aquariums höher ist: Der Goldfischteich im Restaurantgarten, das Korallenbecken in der Cocktailbar sind üblich und verschönern das Ambiente, ein gläserner Raumteiler mit Riesenschlangen eher nicht. Das hat auch historische Gründe.

GESCHÖPFE HINTER GLAS

Die Terraristik, wie wir sie heute kennen, ist deutlich jünger als die Aquaristik. Wobei es immer wieder Wechselwirkungen gab. So wie auch das Leben erst im Meer entstand und später an Land kroch, um anschließend teils wieder ins Wasser zurückzukehren. Bereits in der Antike hielten die Menschen im Mittelmeerraum Fische in tönernen Wasserbassins. In China war es seit dem 10. Jahrhundert üblich, Goldfische zu züchten und in Porzellankübeln zu halten.[8] Die Terraristik kam erst später auf. Einer ihrer Pioniere war sicher der französische Insektenforscher René-Antoine Ferchault de Réaumur. Bereits in den 1730er Jahren pries er seine *ménageries d'insectes* an, eine Art Heimzoo der einfachen, nicht adligen Leute, die sich keine Volieren für Pfauen und Papageien leisten konnten, geschweige denn Löwen und Leoparden als Gastgeschenke bekamen.[9]

1797, gut 60 Jahre nach Réaumurs Kerbtierkabinett, erschien erstmals ein Buch über ungewöhnliche Heimtiere. In dieser *Naturgeschichte der Stubenthiere* beschränkte sich der thüringische

Forstwissenschaftler Johann Matthäus Bechstein nicht nur auf Säugetiere und Vögel:

»[E]s giebt [sic] ja wohl der Leser mehrere, welche, durch ein solches Buch angereizt, sich das angenehme Vergnügen machen, sich eine Amphibie und einen Fisch, ja ein Insect und einen Wurm, der die Stubenluft verträgt, zu beobachten und welche so nach und nach Geschmack am Studium der Natur finden.«[10]

Bechstein beschrieb darin erste Formen von Terrarien, ohne diese schon so zu nennen. Um etwa einen Ameisenlöwen* zu halten, empfahl er »ein hölzernes oder gläsernes Gefäß, daß man halb mit Sand füllt«.[11]

Ganz ähnlich ging auch Jean-Henri Fabre vor. Der französische Naturforscher war in der zweiten Hälfte des 19. Jahrhunderts einer der wichtigsten Autoren populärwissenschaftlicher Werke. Viele davon wurden zu Bestsellern. Seine Passion war die Entomologie, die Insektenkunde. Doch auch dieser hochangesehene Mann, den Victor Hugo den »Homer der Insekten« nannte und der mit Darwin korrespondierte, dürfte das Gefühl gekannt haben, als kauziger Sonderling zu gelten. Ihn schien es aber nicht zu kümmern, wenn die Bauern in der Provence den Kopf wegen seines Verhaltens schüttelten. Vermutlich sah er es nicht einmal, wenn er wieder einmal stundenlang in der sengenden Sonne lag oder hockte, um Erdwespen, Grashüpfer oder andere Insekten zu beobachten.[12]

Auch wenn er vor allem als Insektenkundler bekannt geworden ist, so hatten es ihm die Spinnen ebenfalls angetan. Auf seinen Streifzügen fing er Taranteln *(Lycosa tarentula)*, um sie

* Bei Ameisenlöwen handelt es sich um die Larven der Ameisenjungfern *(Myrmeleontidae)*, libellenähnlicher Fluginsekten.

daheim auf seinem Landsitz nahe Orange zu erforschen. Er setzte sie in mit Sand befüllte Schüsseln und stellte sie auf die Fensterbank. Dann beobachtete er, wie sie die von ihm vorgebohrten Löcher im Boden annahmen und darin ihre Wohnhöhlen anlegten, die sie mit Grashalmen und Blättern ausschmückten: »Ein Vogel, der seine Nestmulde auspolstert, könnte es nicht besser machen«, schrieb Fabre voller Begeisterung. »Niemand käme darauf, dass eine Spinne solche Monumente errichtet.«[13]

Bis aus Fabres, Bechsteins oder Réaumurs Gefäßen jene Terrarien wurden, die wir heute kennen, sollten noch Jahrzehnte vergehen. In der Zwischenzeit brachten Reisende von fernen Kontinenten exotische Pflanzen mit, die jedoch nur selten die wochenlangen Seefahrten überstanden. Der britische Arzt und Naturforscher Nathaniel Ward, der sich bereits als Kind für Farne interessiert hatte, entdeckte zufällig in einem erdgefüllten Glas, dass sich das verdunstende Wasser am Deckel niederschlug. Aus dem Boden sprossen bald Keime, aus denen schließlich Pflanzen wuchsen. Dieses geschützte Mikrosystem gedieh auch noch Monate später. Als *Ward'scher Kasten* ging die Konstruktion Mitte der 1830er Jahre in Serie und diente fortan als Transportgefäß und Ersatzbiotop für tropische Pflanzen und Farne, die nun auch im kühlen Europa überdauerten.

Bald schon sollten in diese Kästen auch Tiere einziehen. Einen entscheidenden Impuls lieferte der technische Fortschritt – dank industriell hergestelltem Glas in hoher Zahl und zu niedrigen Preisen gab es ab der Mitte des 19. Jahrhunderts Glasbecken in allen möglichen Formen und Größen.[14] Damit war die Grundlage für Aquarium und Terrarium als Massenware geschaffen. Um die Jahrhundertwende war es in deutschen Bürgerfamilien, aber auch andernorts in Europa üblich, das Zuhause mit Aquarien und Terrarien auszustatten.[15]

Während die moderne Aquaristik Mitte des 19. Jahrhunderts in England aufgekommen war, liegen die Anfänge der Terraristik etwa zur gleichen Zeit im deutschsprachigen Raum. Den Begriff »Terrarium« verwendete erstmals vermutlich der Leipziger Naturforscher Anton Benedikt Reichenbach 1857 in einem Artikel. Zwei Jahre später erschien bereits ein Terrarienbuch eines anonymen Autors. Doch erst Johann von Fischers Werk *Das Terrarium, seine Bepflanzung und Bevölkerung* von 1884 gilt als Auftakt zur modernen Terraristik.[16]

Ging es anfangs vor allem darum, heimische Arten zu halten, kamen mit der Zeit auch Frösche und Molche, Echsen und Schlangen aus aller Welt hinzu. Die Terrarienkunde blieb zunächst auf diese Tiergruppen beschränkt. Auch von Fischer befasst sich in seinem Buch nur mit Amphibien und Reptilien. Spinnentiere und Insekten tauchen darin nicht auf.

Ernst Zernecke, Sezierer an der Königlich Tierärztlichen Hochschule zu Berlin, erwähnte 1897 in seinem *Leitfaden für Aquarien- und Terrarienfreunde* neben einigen Insekten als einzige Spinnenart die Wasserspinne *(Argyroneta aquatica)*. Diese einheimische Spinne, die eine Luftblase um ihren Hinterleib bildet, um mit dieser Art Taucherglocke unter Wasser zu jagen, »dürfte sich von all den genannten niederen Tieren am meisten lohnen«.[17] Von den viel leichter zu fangenden und zu haltenden Gartenkreuzspinnen und Hauswinkelspinnen schrieb er nicht.

Spinnen als Terrarientiere außer Acht zu lassen war kein deutsches Phänomen. Ebenfalls im Jahr 1897 veröffentlichte der britische Geistliche Gregory Climenson Bateman mit *The Vivarium* das erste englischsprachige Terrarienbuch.[18] Und auch er beschränkte sich auf die Reptilien und Amphibien, während er die Spinnen – ebenso wie Bechstein bereits hundert Jahre vor ihm – nur als Futtertiere erwähnte.[19] Auch Hugo Mußhoff unterschied in seinem 1904 erschienenen Buch *Das Terrarium und seine Bewohner* bloß nach Reptilien- und Amphibien-Terrarien. Spinnen dienten darin einmal mehr nur als Nahrung für die eigentlichen Pfleglinge.[20]

VERSCHIFFT UND ZU TODE ERFORSCHT

Es sollte noch eine ganze Weile dauern, bis Spinnen auch ins Zentrum der Betrachtung rückten und im Terrarium Einzug hielten. Das ein oder andere Exemplar war zu dieser Zeit bereits in die Hände europäischer Forscher geraten. Einen der ersten deutschsprachigen Berichte über eine Vogelspinne im Terrarium verfasste der Danziger Gymnasiallehrer und Naturforscher Anton Menge bereits in den 1860er Jahren. In seinem Buch *Preussische Spinnen*, das vor allem von der heimischen Spinnenfauna handelt, schrieb er über eine »[B]uschspinne«, die er im September 1862 erhalten hatte.[21] Sie soll als blinde Passagierin mit einem Kohledampfer aus England nach Danzig gekommen sein. Woher sie ursprünglich stammte, sagte Menge nicht. Aber wie er mit ihr umging, dafür umso ausführlicher. Zunächst setzte er sie in ein zylinderförmiges Glas, das er mit Baumwolle und Moos sowie einigen Stücken Fichtenrinde ausgelegt hatte:

> »Sie hielt sich am tage meistens verborgen, abends aber gieng [sic] sie langsam schleichend und leise tastend umher. Mit dem finger oder mit einer feder berührt, fuhr sie schnell zurück. An den glaswänden suchte sie in die höhe zu klettern, was ihr jedoch nicht gelang, so dasz ich

> das glas offen konnte stehen lassen. Moos und rinde überspann sie allmälich [sic] mit einer decke aus feinen, weiszen fäden, machte sich selbst aber keine wohnung.«[22]

Hauptwörter werden bei Menge ebenso wenig großgeschrieben wie Einfühlungsvermögen. Stattdessen musste die Spinne einigen Forscherdrang über sich ergehen lassen. Menge setzte ihr so gut wie alles vor, was er auftreiben konnte, vor allem Fliegen, Hausspinnen, Küchenschaben und Kellerasseln, aber auch Taubenherzen, Frösche, Kröten und Molche. Er hielt ihr die Beute oft mit einer Pinzette vor. Suchte sie anfangs noch das Weite, richtete sie sich bald in typischer Abwehrhaltung auf …

> »[…] so dasz sie fast auf den rücken zu liegen kam, sperrte die kieferklauen auseinander und bisz auch einigemal gegen die pincette, rührte aber die tiere nicht an.«[23]

Bei einem solchen Abwehrversuch im Januar 1863 verletzte er sie an der rechten Kieferklaue, »so dasz die klaue nach vorne gerade ausgestreckt war und nicht mehr gebogen werden konnte«.[24] Sie fraß danach sechs Monate nicht, was Menge wohl überraschte. Vogelspinnen mit verletzten oder abgebrochenen Chelizeren können ihre Beute in der Regel jedoch nicht mehr überwältigen, geschweige denn zermalmen. Es ist in etwa so, als sollten wir ohne Zähne trockenes Brot kauen. Längere Fresspausen sind für gut genährte Vogelspinnen aber kein Problem. Wie andere Spinnen auch können sie im Grunde nicht verhungern, sondern nur verdursten. Eine Erkenntnis, die auch rund hundert Jahre später in der Wissenschaft noch nicht allseits bekannt war, wie wir am Beispiel der beiden Arachnautinnen Arabella und Anita gesehen haben (siehe Kapitel Werk). Doch zurück zu Menges beschädigter »Buschspinne«: Trotz ihres Handicaps warf er ihr weiterhin lebendes Futter vor und wunderte sich, dass sie auch eine nestjunge Grauammer verschmähte. Die Zustände im Spinnenglas erinnern beim Lesen an krankhaftes Tiersammeln, sogenanntes ›Animal Hoarding‹: Die von der Vogelspinne verschonten Tiere beließ Menge einfach im Glas, woraufhin sie bald übereinander herfielen. Die junge Ammer wurde von einer Hausspinne gebissen. Das Küken starb wenig später, allerdings wohl nicht aufgrund des Bisses, sondern »aus mangel an wärme und nahrung«, wie Menge nüchtern feststellte.[25] Er beobachtete auch ein Hausspinnen-Männchen, offenbar in Paarungsstimmung, »seine kiefern [sic] in einen ausgestreckten fusz der buschspinne schlagen und dann schnell zurückspringen, ohne dasz die letztere sich regte«.[26]

Trotz aller Belästigungen häutete sich die Vogelspinne Ende Juli 1863 erfolgreich, was Menge detailliert beschrieb. Er bemerkte neue Muster auf ihren Beinen und dass sie nun in frischem Schwarz-Braun erstrahlte. Statt der abstehenden Klaue zeigte sich nun ein »zackiger auswuchs«.[27]

Da eine Vogelspinne wie alle Spinnentiere nur ein starres Außenskelett besitzt, muss sie dieses von Zeit zu Zeit abstreifen, um wachsen zu können. Dazu dreht sie sich auf den Rücken und pumpt all ihre Körperflüssigkeit in den Vorderkörper, wodurch sich der Innendruck verdoppelt. Unter dieser Spannung reißt die Haut entlang des Vorderkörpers auf; der Carapax, der Kopf- und Rückenschild, platzt ab, sodass die Spinne sich langsam aus ihrer alten Hülle herauszwängen kann. Darunter kommt die neue Haut zum Vorschein, die sich in den Wochen zuvor unter der alten gebildet hat. Vogelspinnen wechseln nicht nur ihr Außenskelett, sondern können auch verlorene Gliedmaßen erneuern. Die neue Hülle ist zunächst noch weich und die Vogelspinne völlig wehrlos, weshalb die Häutung jedes Mal einen riskanten Lebensabschnitt darstellt. In dieser Phase braucht die Spinne vor allem eines – Ruhe.[28]

Dass die Häutung im Sommer 1863 überhaupt gelang, ist unter den von Menge geschilderten Umständen beachtlich. Zu diesem Zeitpunkt lebte die Vogelspinne schon fast ein Jahr in seinem Panoptikum. Und vermutlich hätte sie noch länger überlebt, wäre ihr Menges Eifer nicht doch noch zum Verhängnis geworden.

Es dauert mehrere Tage, bis der neue Außenpanzer einer Vogelspinne voll ausgehärtet ist. In dieser Zeit bewegt sie sich äußerst wenig. Was einen bei dem beschriebenen Kraftakt eigentlich nicht verwundert – Menge hingegen schon. Nachdem die Vogelspinne sich zwei Tage nicht gerührt hatte, schien für ihn der Fall klar zu sein:

> »Da das tier in zwei tagen sich nicht regte, hielt ich es für todt [sic] und legte es in spiritus. Nun bewegte es sich wieder und ob ich es gleich herausnahm und in wasser brachte, erholte es sich doch nicht wieder.«[29]

Vermutlich fürchtete Menge, dass das tot geglaubte Tier in der warmen Stube umgehend verschimmeln würde. Anders lässt sich seine Hektik nicht erklären. Es tut beim Lesen weh, wie ignorant und ungeduldig er vorgeht, anstatt erst einmal abzuwarten. Allzu viel Wissen über das Leben und die Ansprüche der Vogelspinnen war Mitte des 19. Jahrhunderts noch nicht gesammelt. Und Menges blinder Aktionismus hat nicht gerade dazu beigetragen, dass sich das alsbald ändern sollte. 40 Jahre später knüpfte der Hamburger Volksschullehrer Christian Brüning an die Versuche seines Danziger Kollegen an und beschrieb seine Erfahrungen in den *Blättern für Aquarien- und Terrarienkunde*, einer der ersten Fachzeitschriften in diesem Metier. Brüning hatte eine »große Vogelspinne« – wie groß, schrieb er nicht – aus einer Mädchenschule gerettet, wo sie in einem Glasgefäß hockte. Sie sei mit Farbhölzern aus Mittelamerika im

Hamburger Hafen angekommen und offensichtlich völlig dehydriert gewesen:

»Regungslos sass das Tier da, und bewegte nur schwerfällig die Beine, wenn es mit einem Federhalter einen kleinen Knuff bekam. Der Hinterleib war eingeschrumpft und trug auf der Oberseite, umgeben von rotbraunen Haaren, eine Glatze [...], die darauf schliessen liess, dass das Tier einmal arg in die Klemme gekommen war. Aber es stand noch weit Aergeres in Aussicht, denn sein Tod war beschlossen, seine vier Lungen sollten sich füllen mit giftigem Gas, [...] denn hier wollte es nicht fressen, und man hatte sich vorgenommen, die Qual des Hungertods zu kürzen.«[30]

Bevor die Vogelspinne jedoch getötet werden konnte, kaufte Brüning sie der Schule ab und nahm sie mit zu sich nach Hause. Nachdem er das geschwächte Tier zunächst mit rohem Beefsteak »zwangsernährt« hatte, fütterte er sie mit Stubenfliegen. Sie erholte sich bald. Eine Libelle, Molche und Erdkröten verschmähte sie allerdings. Auch diese Vogelspinne musste einigen Forscherdrang erdulden. Beim Versuch, die Spinne aus ihrem Terrarium zu nehmen, um sie zu fotografieren, fiel ein Stein auf sie, was sie zum Glück nur ein Bein kostete. Anschließend kam sie in berühmtere und wohl auch geschicktere Hände. Brüning überließ sie Paul Kammerer, dem Leiter der Biologischen Versuchsanstalt im Wiener Prater.[31]

Beim Blick auf diesen und weitere Berichte über Vogelspinnen aus dem frühen 20. Jahrhundert zeigt sich, dass das bestehende Wissen sehr unterschiedlich verteilt war. Immerhin war bereits bekannt, dass Vogelspinnen ein hohes Alter erreichen können, lebte doch ein Exemplar bereits seit 15 Jahren im Berliner Aquarium Unter den Linden.[32] Von den heute fast eintausend bestimmten Arten war man zwar noch weit entfernt. Wie jedoch der Naturwissenschaftler Kurt Floericke in seinem Buch *Spinnen und Spinnenleben* 1919 zu der Erkenntnis kam, es gebe nur zwei Arten – eine südamerikanische und eine Verwandte in Nordamerika –, ist aufgrund der damals bereits bekannten Arten schwer nachzuvollziehen.[33]

HIERARCHIE IN DER NISCHE *ODER* DIE »VOGELSPINNENWELLE« KOMMT

Bis heute stehen Spinnentiere in der Terraristik im Schatten der Reptilien und Amphibien. Anfang des 20. Jahrhunderts war das noch ausgeprägter. Innerhalb der Vivaristik, wie die Aquarien- und Terrarienkunde damals zusammenfassend bezeichnet wurde, herrschte eine gewisse Hierarchie. Nicht umsonst warb besagter Paul Kammerer in seinem 1912 erschienenen Buch *Das Terrarium und Insektarium* im Kapitel über die niederen Gliedertiere geradezu für diese Tiergruppe:

> »Man wird mir ja nicht glauben, dennoch versichere ich auf das Bestimmteste: die angenehme Sensation, welche dem Besitzer von Schrot und Korn der Besitz eines Geckos verleiht, wird auch durch den einer womöglich recht großen, südländischen Schnurassel (Julus) oder ebensolchen Bandassel (Scolopendra) hervorgerufen; das Hochgefühl, eine wohlgenährte Viper auf warmem Sande liegen zu haben, wird in ganz ähnlicher Weise durch den Anblick eines ebenda thronenden Skorpions oder einer Vogelspinne hervorgerufen.«[34]

Kammerer, von Kröten mindestens so begeistert wie vom Komponieren, war einer der prägendsten Biologen seiner Zeit. Er war befreundet mit Alma Mahler-Werfel und überredete sie sogar, an Gottesanbeterinnen zu forschen. Kammerer scheint eine gewisse Schwäche für die *Femmes fatales* (siehe Kapitel Lust) gehabt zu haben – die menschlichen wie die tierlichen. Kammerer bewies zudem ein gewisses Feingefühl für die größten Spinnen der Welt:

> »Nicht alle Vogelspinnen fressen das gleiche, man muß ihren Geschmack erst ausprobieren, aber in keinem Falle braucht man ihnen diejenige Beute zu gewähren, die ihnen den Namen gab. Ich hatte eine, welche kleine Frösche vor allem anderen vorzog; andere Beobachter berichten von Eidechsen-, Mäuse-, Küchenschaben- und Schmetterlingsraub. Die Vogelspinne, obwohl selten in Bewegung, hat doch für den Zuschauer das Angenehme, daß sie sich in der Regel nicht verkriecht, sondern regungslos auf irgendeinem Rindenstück oder Ast sitzend, sich ständig zur Schau stellt.«[35]

Kammerer pries auch bereits die positiven Eigenschaften verschiedener Asselarten als »Reinigungswerkzeuge« im Terrarium. Er war damit seiner Zeit in gewisser Weise voraus, denn es sollte noch ein Jahrhundert dauern, bis Asseln, ähnlich wie zuvor schon die Spinnentiere, in der Terraristik vom Lebendfutter zu Trendtieren wurden. Aber das ist eine andere Geschichte.[36] Die gesamte Vivaristik erlebte vor dem Ersten Weltkrieg einen gewissen Boom. Die Leipziger Aquarienglaserei Glaschker verkaufte von 1905 bis 1912 rund 100 000 Becken. Als ein Jahr später im Zoologischen Garten Berlin das neue Aquarium seine Tore öffnete und die Gäste mit einer begehbaren Tropenhalle voller Krokodile empfing, stammte ein Großteil der ausgestellten Tiere auf den drei Etagen aus dem renommierten Zoofachgeschäft »Scholze und Pötzschke« am Berliner Alexanderplatz.[37]

Vogelspinnen füllten zu der Zeit weiterhin nur eine Nische in der Terraristik. Es dauerte bis 1962, als mit dem Buch *Südamerikanische Vogelspinnen* des Arachnologen Wolfgang Bücherl eine Art »Bibel« der frühen Vogelspinnenfans erschien. Das Hobby war noch wenig etabliert, die meisten Tiere waren häufig Zufallsimporte, die als blinde Passagiere mit Frachtschiffen nach Europa gekommen waren, erst im Laufe der siebziger Jahre tauchten sie häufiger im Fachhandel auf.[38]

Etwa zu dieser Zeit wurde auch Peter Klaas auf sie aufmerksam. Klaas, Jahrgang 1961, leitet seit 1989 das Insektarium im Kölner Zoo. In früheren Zeiten hätte man einen wie ihn wohl »Nestor der Vogelspinnen« genannt. Und tatsächlich hat Klaas die Haltung von Vogelspinnen in Deutschland geprägt wie kaum ein anderer. Sein 1989 erstmals veröffentlichtes Buch *Vogelspinnen im Terrarium* wurde bislang mehrfach aufgelegt und 30 000 Mal verkauft.[39]

Der Vogelspinnen-Nestor empfängt in seinem »Palast«, einem schmucklosen Raum hinter den Kulissen des Kölner Aquariums. Schmucklos bezieht sich dabei einzig auf die schlichte Einrichtung, Metallregale mit Reihen von Terrarien und Plastikdosen. Die Bewohnerinnen der Kästen sind die eigentlichen Highlights. Nicht nur Spinnen und Insekten finden sich dort. Im unteren Bereich eines Regals steht ein dunkles Aquarium. Darin schlängeln sich zwei grau-rosafarbene, aalähnliche Wesen, jedes gut einen halben Meter lang. Auf den ersten Blick wirken sie wie Godzilla-Versionen unserer heimischen Regenwürmer. Es sind jedoch weder Würmer noch Fische, sondern Amphibien – ein betagtes Paar Kolumbianischer Schwimmwühlen. Klaas hat sie vor 25 Jahren bei einem Großhändler für Zierfische gekauft. Im Nebenzimmer auf dem Schreibtisch stehen durchsichtige zylinderförmige Dosen. Was darin steckt, ist auf kleinen weißen Etiketten vermerkt: »Falsche Witwe« und »Heteropoda maxima« – der Beinspannweite nach die größte Spinne der Welt, von der bereits im dritten Kapitel die Rede war (siehe Kapitel Leib). Aber zurück zu den Vogelspinnen.

Angefangen hat es bei Klaas wie bei so vielen in dem Metier mit Insekten und Amphibien aus den Wiesen und Teichen der Umgebung. Bei einem Kölner Vogelhändler, für den er eine Zeit lang arbeitete, entdeckte er eines Tages eine pechschwarze Vogelspinne. Damit war es um den 14-Jährigen geschehen. 1975 war das.

Zu der Zeit gab es noch keinen gut sortierten Zoohandel mit Terrarien in allen Größen; kaum Händler, die eigens Grillen und Heimchen als Futtertiere züchteten. Die Auswahl an Tierarten war ebenfalls bescheiden, vor allem an Vogelspinnen. Um Infos und neue Arten zu bekommen, musste er sich mit den wenigen anderen Verrückten zusammentun, die es gab, oder selbst auf Reisen gehen. So reiste Klaas um die Welt, nach Brasilien, Mexiko und Asien, wo er Vogelspinnen in freier Natur beobachtete und fotografierte. In Sri Lanka erhielt er Sammelgenehmigungen für die heute streng geschützten Ornamentvogelspinnen der Gattung *Poecilotheria* und andere Wirbellose. Anschließend ging er »auf Ochsentour über die Dörfer«, wie er seine Vortragsreisen rückblickend nennt.

Damals in den achtziger Jahren, vor dem Internet, waren Reiseberichte unter Terrarianerinnen und Terrarianern der Renner. Oft drängten sich bis zu 50 Menschen in den Gemeinde- und Bürgersälen, um von Klaas etwas über Lebensräume und Klimabedingungen zu erfahren oder einfach seinen Erlebnissen zu lauschen. Diese Zeiten sind vorbei. Heute kommen manchmal keine zehn Leute mehr zusammen. Die Bezeichnung »Nestor«, im Sinne eines Altmeisters seines Faches, mutet in diesem Kontext beinah komisch an: Oftmals ist Klaas mit seinen 62 Jahren der Jüngste in der Runde.

Wer deshalb nun glaubt, das Hobby sei im Niedergang, der irrt. Es wurde stets beliebter und breitete sich aus. Von einer »Vogelspinnenwelle« sprach gar der Arachnologe Günter Schmidt um die Jahrtausendwende:

> »Waren es in den fünfziger Jahren einige wenige Enthusiasten, die sich mit diesen Tieren befassten, so sind es heute weltweit viele zehntausend von Terrarianern. Arten, die noch vor kurzem als ausgesprochen selten galten, oder solche, die gerade erst entdeckt wurden, werden immer häufiger im Zoohandel oder auf Verkaufsbörsen angeboten. Wir können nur hoffen, dass es nicht eines Tages auch hier zu einem Ausverkauf der Natur kommt.«[40]

Die Auswüchse dessen hatten sich bereits zwei Jahrzehnte zuvor angedeutet. Manche Länder machten mit Vogelspinnen dicke Geschäfte. Die Wildfänge mancher Arten wurden zu Tausenden exportiert. Allein Mexiko führte in den frühen achtziger Jahren etwa 150 000 Rotknievogelspinnen (*Brachypelma smithi)* in alle Welt aus. Die Art wurde zu einer Art VW Käfer der Vogelspinnen. 1985 ließ der mexikanische Staat die Art ins Washingtoner Artenschutzübereinkommen aufnehmen. Dabei muss man die Masse der ausgeführten Tiere auch im Verhältnis zu ihrer Vermehrungsrate sehen. Denn Vogelspinnen sind Massenproduzentinnen. Und der Kokon eines Brachypelma-Weibchens enthält bis zu zweitausend Eier.[41]

Einen Großteil der Arten, die heute unter deutschen Dächern leben, hat Klaas selbst importiert. Von einer neu entdeckten Brachypelma-Art brachte er 1991 aus Mexiko ein Paar mit. Wenige Jahre später wurde die gesamte Gattung unter Schutz gestellt, das hieß: striktes Ausfuhrverbot. Zum Glück vermehrten sie sich schnell in Menschenhand. »Alle Tiere dieser Art, die heute in Deutschland leben, stammen von diesen beiden ab«, sagt Klaas. Als die Art erstmals wissenschaftlich beschrieben wurde, erhielt sie ihm zu Ehren ihren heutigen Namen: *Brachypelma klaasi.*

Solche Tiere bilden den Grundstock für den Erhalt der Arten in Menschenhand, während vielerorts die Lebensräume schwinden. Für viele Vogelspinnen mag das weniger gravierend sein, da es sich bei ihnen oft um ausgesprochene Kulturfolgerinnen handelt. Wie etwa *Brachypelma emilia*, eine weitere mexikanische Vogelspinnenart. Sie lebt auch auf stark bewirtschafteten Feldern. Dort gräbt sie im Lehmboden tiefe Röhren, in denen ihr nicht einmal die Brände etwas anhaben können, die die Bauern regelmäßig legen.[42]

Arten wie dieser spürte Klaas anfangs lange im Dickicht nach, nur um sie später in Massen auf Feldern und an Straßenböschungen zu finden. *Brachypelma emilia* ist längst keine Seltenheit mehr in der Terraristik. Auch bei Klaas selbst stehen hinter den Kulissen unzählige Plastikröhrchen mit jungen Exemplaren; alle aus nur einem Kokon, wenige Monate alt und jedes gerade einmal so groß wie ein Centstück.

RETTET DIE TARANTELN

Nicht alle Spinnen sind so anpassungsfähig wie die der Gattung Brachypelma. Oder sie haben schlicht nicht die Chance, zu fliehen, wenn ihr Habitat zerstört wird. Ein solches Schicksal stapelt sich hundertfach direkt daneben. Dort sitzen rund 300 feingliedrige graue Spinnen mit schwarz-weiß gestreiften

Beinen, sogenannte Deserta-Taranteln *(Hogna ingens)*, jede von ihnen in ihrer eigenen mit Erde gefüllten Box. Noch haben sie etwa die Größe unserer Hauswinkelspinnen. Nach einigen Monaten, wenn sie ausgewachsen sind, werden sie eine Körperlänge von vier und eine Spannweite von bis zu zwölf Zentimetern haben. Das macht sie zu den größten Wolfsspinnen der Welt. Man muss sich deshalb aber nicht vor ihnen fürchten, eher um sie sorgen. Denn sie sind stark bedroht.

Deserta-Taranteln leben endemisch, das heißt, es gibt sie nur an einem einzigen Ort, auf Deserta Grande, einer kleinen Vulkaninsel im Atlantik, südöstlich von Madeira. Dort kommen die Taranteln in einem einzigen Tal vor, wo sie zwischen den Steinen lauernd jagen. Dieses Tal misst nur etwas mehr als 80 Hektar und ist damit gerade einmal doppelt so groß wie die Münchener Theresienwiese.

Lange Zeit waren die Taranteln die Herrinnen des Tals. Niemand war größer und stärker als sie, niemand machte ihnen ihre Stellung streitig. Dann kamen die Menschen nach Deserta Grande und brachten Ziegen, Kaninchen und fremde Gräser mit. Wegen des rauen und trockenen Klimas konnten die Menschen die Insel nicht dauerhaft besiedeln und gingen wieder. Später kamen sie jedoch zurück, stellten die Insel unter Schutz und schossen die Kaninchen und Ziegen ab, damit sich das ursprüngliche Gleichgewicht wieder einstellen konnte. Doch sie hatten das eingeschleppte Gras vergessen, dass sich nun immer weiter ausbreitete. Es überwucherte bald das offene karge Tal, in dem die Taranteln jagten. Ihr ohnehin kleines Reich schrumpfte auf einen Bruchteil zusammen. 2012 fanden sich nur noch 4000 ausgewachsene Tiere auf Deserta Grande; für Spinnen eine erschreckend kleine Zahl. Damit ist die größte Wolfsspinne der Welt auch die seltenste bekannte Spinnenart.

Während auf Deserta Grande das Gras mittlerweile mit chemischen Mitteln bekämpft wird und sich die Tarantel-Population wohl allmählich erholt, haben sich mehrere internationale Zoos vor einigen Jahren des Schutzes der Taranteln angenommen, so auch der Kölner Zoo. Ziel ist es, dass eines Tages nachgezüchtete Taranteln auf die Insel zurückkehren, damit aus Endemiten keine Endlinge werden, die Letzten ihrer Art.[43]

Was bei einigen größeren Tierarten wie Wisenten und Bartgeiern, Bisons und Kondoren mit viel Aufwand bereits gelang, ist bei Gliedertieren wie Spinnen aufgrund ihrer geringen Größe mitunter leichter zu schaffen, da sie weniger Platz benötigen. Sofern es gelingt, ihren klimatischen Ansprüchen im Terrarium gerecht zu werden. Während die Lebensräume für Wildtiere weltweit schwinden, könnten sie so zumindest in unserer Obhut überleben. Dazu tragen nicht zuletzt private Halterinnen und Halter bei.

Was einst mit Réaumurs *ménageries d'insectes* seinen zaghaften Anfang nahm, später von Naturforschern wie Jean-Henri Fabre literarisch beschrieben und populär gemacht wurde, ist zu einem etablierten Hobby geworden. Vor allem in der urbanen Bevölkerung bietet die Terraristik auf engem Raum die nötige Portion Exotik ohne Reisedruck. Umgab sich das Bürgertum des späten 19. und frühen 20. Jahrhunderts vor allem mit tropischen Papageien und Aquarien, kam im Laufe des Jahrhunderts das Terrarium mit »Reptilien, Spinnen und Insekten« hinzu, wie auch der Historiker Stefan Zahlmann schreibt.[44] Dahinter stecke der Wunsch, eine in sich geschlossene, natürliche, intakte Lebenswelt zu schaffen, die scheinbar ohne den Einfluss des Menschen auskäme:

> »Rein optisch haben die Terrarien und Aquarien durch ihre technische Ausstattung das Bewusstsein geschaffen,

dass die Exotenhaltung in der Stadt nur unter einem angemessenen technologischen Aufwand für Mensch und Tier zufriedenstellend möglich ist. Zudem ist dieser Haltungsform das Konzept der sozialen Zurücknahme des Menschen immanent, da Heimtiere in Terrarien oder Aquarien in der Regel nicht auf emotionale Zuwendung von Menschen angewiesen sind.«[45]

Das Aquarium oder Terrarium also als ein gehegtes Stück Wildnis. Die Welt, nicht »in der Nussschale«, sondern im Glasgefäß. Scheinbar unberührt. Ohne menschliches Zutun. Sosehr dieser Eindruck beim Blick durchs Glas entstehen mag, so sehr trügt er. Denn genau das Gegenteil ist der Fall. Ohne Fürsorge, Wärme, Licht und Wasser würde dieses Mikrobiotop früher oder später eingehen. Kaum anders als bei uns Menschen.

26 Jahre nach dem Dreh für »Spiegel TV« ist es einem Kamerateam gelungen, Bernd Knauer in Kiel ausfindig zu machen. Knauer galt zuvor als verschollen, dabei hatte er sich nur in den Untergrund »verpieselt«, wie er vor der Kamera zugibt. Heiß und hungrig ist er da längst nicht mehr, eher kahl und klapprig. Symptome, wie sie sich auch bei Vogelspinnenmännchen am Ende ihres Lebens zeigen, die dennoch so lange ihr Glück herausfordern, bis es sie verlässt.

Die Zeiten haben sich geändert, die Freunde von einst sind verschwunden, doch von exotischen Tieren hat Knauer noch immer nicht genug. Während er mit dem Filmteam spricht, holt er eine Kornnatter aus ihrem Terrarium und lässt sie sich um seinen Arm winden. Was denn aus Herrn Fugbaum, seiner Vogelspinne, geworden sei, fragt ihn der Reporter. Knauer weicht aus: »Die werden ja nicht uralt.«

Für Männchen mag das zutreffen, für Weibchen, wie Herr Fugbaum wohl eines war, nicht. Sie können 30 Jahre und älter werden. Aber uralt wurde auch Bernd Knauer nicht. Im Herbst 2017, wenige Wochen nach dem Dreh, verstarb er mit nur 52 Jahren.[46]

Was bleibt, sind Erinnerungen und 53 Minuten Ruhm, auf YouTube verewigt. Bernd Knauer, die »Kneipenterroristen« und Herr Fugbaum, der eigentlich Frau Fugbaum hätte heißen müssen. Das war damals, als sie noch alle heiß, alle da, alle schnell waren.

Und heiß.

7
LUST

ARACHNES TÖCHTER

»Vater, man pflegt unser Geschlecht
zart und zerbrechlich zu nennen.
Glaub' Er das nicht mehr.
Vor einer Spinne schütteln wir uns,
aber das schwarze Ungeheuer Verwesung
drücken wir im Spaß in die Arme.«
Luise Miller in *Kabale und Liebe*

Stellen wir uns drei Frauen vor: eine Designerin, eine Bäuerin und eine Tänzerin. Ihre Geschichten spielen zwar lange vor unserer Zeit, aber sie könnten sich so ähnlich auch heute noch zutragen.

Die erste Frau ist eine Halbwaise aus der Provinz. Sie stammt aus einfachen Verhältnissen, ist aber mit einem seltenen Talent gesegnet. Sie ist nicht nur Designerin, sondern auch Handwerkerin. Sie stellt Wollfäden her, bearbeitet und färbt sie und webt daraus die feinsten Stoffe und Teppiche. Bei ihr ist alles aus einer Hand. Sie ist erfolgreich, ihre Auftragsbücher sind voll, die Kundinnen kommen von weit her. Lebte sie zu unserer Zeit, wären ihre Online-Bewertungen voller Likes. Wären da nicht die ständigen Fragen nach dem Geheimnis ihres Könnens. Sie müsse wohl bei P. A., der berühmten Stardesignerin, gelernt haben? Doch sie hat nie eine Kunsthochschule besucht, geschweige denn eine Lehre gemacht, sie hat nicht einmal Vorbilder. Sie ist eine Autodidaktin, die sich alles selbst beigebracht hat. Und so gut wie P. A. ist sie allemal, wenn nicht sogar besser.

Als P.A. davon erfährt, dass ein dahergelaufenes Talent sich mit ihr messen will, kann sie nicht untätig bleiben. Sie versucht zunächst inkognito, die Konkurrentin zur Mäßigung zu rufen. Aber die junge Designerin lässt sich nicht einschüchtern: Sie ist vielleicht arrogant, aber keine Blenderin. Sie weiß, was sie kann, und verhehlt das nicht. Warum auch?

Es kommt zum Wettstreit – heutzutage gäbe es darüber sicher eine TV-Serie, »Next in Fashion« oder so. Aber zu ihrer Zeit weben sie noch ganz altmodisch am Webstuhl um die Wette. Während die alte Stardesignerin P.A. professionell, aber etwas profan ihre Karriere auf Stoff verewigt, sodass der Begriff »Web-Auftritt« eine ganz neue Bedeutung erhält, setzt das junge Talent auf Skandalöses: Sie stellt die sexuellen Ausschweifungen und Eskapaden der High Society dar, aber so gekonnt und makellos, dass es offensichtlich ist, dass sie den Wettstreit gewonnen hat. Der Eigenwerbung setzt sie Enthüllung, dem biederen LinkedIn-Profil einen bunten Instagram-Account entgegen. P.A., die Verliererin, ist außer sich und verliert jedes Maß. Sie zerstört das Werk ihrer jungen Konkurrentin und schlägt sie mit dem Webschiffchen. Geschockt versucht die Gedemütigte, sich aufzuhängen. Vielleicht ist ihr Selbstbewusstsein doch nicht so unerschütterlich, wie sie vorgibt. Wie auch immer. Auch die Großmeisterin scheint das nicht gewollt zu haben, besinnt sich plötzlich und rettet ihr das Leben. Doch die Folgen der versuchten Strangulation haben ihre Spuren hinterlassen, sodass die junge Designerin für den Rest ihres Lebens gezeichnet ist.[1]

So weit die freie Interpretation dieser antiken Sage, besser bekannt als Arachne-Mythos aus den *Metamorphosen*, die der römische Gelehrte Ovid im ersten Jahrzehnt nach Beginn unserer Zeitrechnung aufgezeichnet hat. Arachne, die Weberin aus der kleinasiatischen Provinz Lydien, wurde von der Göttin Pallas

Athene zwar vor dem Suizid gerettet, zur Strafe für ihren Gottesfrevel aber in eine Spinne verwandelt. War Arachne tatsächlich eine arrogante Frevlerin oder eine Pionierin? Das ist eine Frage des Blickwinkels. Denn Arachne gab nicht nur den *Arachniden*, den Spinnentieren, ihren Namen. Als »erste Spinne« brachte sie der Sage nach auch den Menschen die Kunst des Webens bei. Deshalb wird seit der Antike »die Tätigkeit des Spinnens und Webens der weiblichen Lebenssphäre zugerechnet«.[2]

Auch wenn es sich beim Wettstreit zwischen Arachne und Athene zunächst um einen rein weiblichen zu handeln scheint, so wird Arachne auch deshalb bestraft, weil sie die Abgesandte eines patriarchalen Systems – der Götterfamilie um Zeus – infrage gestellt und herausgefordert hat. Die Botschaft der Sage lautet daher auch: In diesem System haben Frauen ihren zugewiesenen Platz einzuhalten. In Arachnes Fall die Rolle der demütigen Weberin. Indem Athene sie in eine Spinne verwandelt, wird Arachne »ihres künstlerischen Vermögens beraubt« und »bleibt im Netz der Vergänglichkeit gefangen«.[3]

Kommen wir zur zweiten Frau, der Bäuerin. Sie lebt in einem Schweizer Bergdorf. Sie ist eine Zugezogene; ihr Mann hat sie während seiner Militärzeit im Ausland kennengelernt und mit in seinen Heimatort genommen. Sie fühlt sich dort nicht nur fremd, sie verhält sich auch anders als die übrigen Frauen, die lieber daheim bleiben und sich um Hof und Kinder kümmern. Die Zugezogene hingegen scheut sich nicht, ihre Meinung offen zu sagen und sich in Dinge einzumischen, die die Männer sonst lieber unter sich ausmachen.

Diese Gewohnheit – oder nennen wir es das patriarchale System – hat das Dorf allerdings in jenes Dilemma gebracht, in dem es nun steckt. Die Bauern leiden seit Langem unter einem Großgrundbesitzer, der sie neben ihrer täglichen Feldarbeit auf seinem Anwesen schuften lässt. Bald ist Mai, die Zeit des Aussäens. Wenn ihre Felder weiter brach liegen, werden ihre Familien im Winter hungern müssen. Während die Männer ihr Schicksal bedauern, sucht unsere Bäuerin nach einer Lösung. Die erscheint ihr in Form eines Fremden – Typ Versicherungsvertreter oder Personalmanager. Er bietet seine Hilfe an und verspricht, die Bauern und deren Familien aus ihrer Not zu retten, indem er die Arbeit übernimmt. Das hat allerdings seinen Preis. Er fordert dafür ein neugeborenes Kind. Ungetauft.

Die Männer wollen sich auf diesen Handel zunächst nicht einlassen und versuchen, so weiterzumachen wie bisher und sich in ihr Schicksal zu fügen. Doch eine Panne folgt auf die nächste, Arbeitsunfall reiht sich an Arbeitsunfall, bis schließlich unsere Bäuerin eine Entscheidung trifft und sich mit dem Fremden einigt, ihm das nächste Neugeborene aus dem Dorf zu überlassen. Einen Vertrag gibt es nicht, außer einem Kuss auf ihrer Wange. Doch die Bäuerin hält ihr Wort nicht. Zweimal hilft sie, den Säugling rechtzeitig zu taufen, bevor ihn der Fremde an sich nehmen kann. Nach dem ersten Mal entsteht an der Stelle des Kusses eine schmerzende, spinnenförmige Geschwulst. Nach dem zweiten Mal schlüpfen daraus zahllose kleine schwarze Spinnen, die über das Dorf herfallen und das Vieh töten. Als sie beim dritten Versuch das Kind endlich übergeben will, um der Pein ein Ende zu setzen, kann der Dorfpfarrer erneut eingreifen und das Kind rechtzeitig taufen. Daraufhin verwandelt sie sich in eine Spinne, die zahlreiche Todesopfer fordert. Erst die Mutter des dritten Neugeborenen – auch eine Zugezogene – kann die Spinne überwältigen, sie in ein Loch in einem Holzpfosten stopfen und dieses mit einem Zapfen verschließen.[4]

So viel zur Binnenerzählung der Novelle *Die Schwarze Spinne* des Schweizer Schriftstellers und Geistlichen Jeremias Gotthelf von 1842. Man könnte die junge Bäuerin namens Christine für ihren Pragmatismus und ihren Mut loben. Sie hat eine Entscheidung getroffen, als alle anderen zauderten. Stattdessen wird sie bestraft und dafür verteufelt, dass sie sich als verheiratete Frau mit einem Fremden eingelassen hat.[5]

Bliebe noch die Dritte im Bunde, die Tänzerin. Während die anderen beiden Frauen als Spinnen enden, identifiziert sie sich mit dieser von Beginn an; sie kokettiert mit dem Klischee, sie spielt mit den Attributen, die unsere westliche Kultur den Spinnen zuschreibt. Ihre Spezialität ist der »Spinnentanz«: Allabendlich gleitet sie im Netzkleid an einer radnetzartigen Konstruktion von der Decke des New Yorker Nachtclubs »Frivolity« auf die Bühne hinab. Kurz darauf verschlingt sie dort auch schon symbolisch ihr erstes Opfer. Das größtenteils männliche Publikum ist jedes Mal von Neuem begeistert.

Auch abseits der Bühne führt sie das unbeschwerte Leben einer zügellosen Frau mit vielen Freiheiten, ohne eheliche Pflichten. Ihr Liebhaber ist ein verheirateter Millionär, der jeden Abend ihrem Spinnentanz beiwohnt, während seine Frau daheim ausharrt, bis er endlich von der »Arbeit« zurückkommt. Die Männer liegen ihr zu Füßen, sowohl vor als auch hinter der Bühne. Sie ist die Herrin der »Stagedoor Johnnies«, jenen Männern, die an der Bühnentür die Tänzerinnen abpassen, um sie auszuführen und zu verführen. Eine junge Tänzerin, die gerade erst vom Land in die Stadt gekommen ist, bewahrt sie vor ihnen, damit sie nicht gleich am ersten Abend abgefüllt und abgeschleppt wird. So viel weibliche Solidarität kann die Ehefrau ihres Geliebten nicht erwarten. Ihrer jungen Kollegin rät sie hingegen: »Du lebst nur einmal, Kind. Nimm dir, was du willst, und kümmre dich um niemanden außer dich selbst.«[6] Mit »was« sind die Männer gemeint. Die Neue wird sich daran halten und ihren Rat befolgen – zulasten der Ratgeberin, aber das ahnt diese noch nicht.

Sie hat es derweil auf einen neuen Mann abgesehen, einen Industriellen aus Pittsburgh, der ihr bald darauf einen Antrag macht. In der Hoffnung auf ein ruhiges, abgesichertes Leben stürzt sie sich in die Ehe und endet wie die Ehefrau ihres vorigen Geliebten. Während sich ihr Gatte mit ihrer jungen Nachfolgerin einlässt, ist sie es nun, die allein zu Hause sitzt und wartet. Ihr früherer Geliebter kommt stattdessen wieder mit seiner Frau zusammen, die ihm längst vergeben hat. Die »Spinnenfrau« jedoch bleibt am Ende allein und verlassen zurück.[7]

Dies ist die Handlung des fast vergessenen Stummfilms *Sex* von 1920, in dem Stummfilmstar Louise Glaum die Tänzerin Adrienne Renault spielt. Die Moral des Films scheint auf den ersten Blick eindeutig: Eine tugendhafte Frau vergibt ihrem Mann, schließlich ist das Ziel aller Frauen die Ehe. Die selbstständige, egoistische und freizügige Frau bleibt im Alter einsam und verlassen zurück, ersetzt von einer Jüngeren. Aber hat sie verloren, weil sie es nicht anders verdient hat, weil es ihr Schicksal war? Weil »gefallenen Mädchen« niemand mehr aufhilft? Oder wurde ihr zum Verhängnis, dass sie ihre Strategie geändert hat? Dass sie sich auf einen Mann verließ und ihre Unabhängigkeit für eine trügerische Sicherheit aufgab?

Wieder ist es eine Frage des Blickwinkels. Und darin ähneln sich die Schicksale dieser drei Frauen. Ob als Weberin in der griechischen Antike, als Bäuerin in den Schweizer Alpen im 19. Jahrhundert oder als Tänzerin im New York der Goldenen Zwanziger. Sie alle sind unkonventionell, agieren bisweilen unverschämt. Sie sind selbstständig und aktiv, auch in Sachen Sex. Und sie wagen es, den Platz zu verlassen, den ihnen die ›Gesellschaft‹, die Männer, zugewiesen haben. Dafür werden sie bestraft – entstellt, verlassen oder gar getötet. Und in allen drei Fällen geschieht dies im Zeichen der ›Spinne‹.

EIN DROHBILD DES PATRIARCHATS

Es gäbe noch zahlreiche solcher Beispiele, denn unsere Kultur war und ist stark von Männern geprägt, seien sie nun die Erzähler oder Helden der Geschichten. So blieb die ›Spinne‹ lange Zeit negativ und weiblich besetzt. Mal stand sie am Ende als moralische, mal als tatsächliche Verliererin da.*

In Friedrich Schillers Drama *Die Räuber* prahlt der Räuber Spiegelberg, wie er mit seinem Gefolge einst ein Kloster geplündert und die Äbtissin vergewaltigt habe, da »mir auf diesem weiten Erdenrund kein anderes Geschöpf so zuwider ist, als eine Spinne und ein altes Weib [...]«.[8]

Der expressionistische Schriftsteller Hans Heinz Ewers erzählt in seiner Horrorgeschichte *Die Spinne* von einer geheimnisvollen, spinnenhaften Frau namens Clarimonde, die die Männer reihenweise in den Selbstmord treibt.[9]

Wie schon erwähnt (im Kapitel Leib), galt bis in die Frühe Neuzeit die »teuflische« Verbindung zwischen weiblicher Sexualität und der ›Spinne‹ als naturgegeben. Der Arzt Paracel-

* Die bekannteste »positiv« besetzte Spinnen-Figur dürfte *Spider Man* sein, der Titelheld der erstmals 1962 erschienenen Comic-Reihe von Steve Ditko und Stan Lee. Es musste wohl erst ein Mann, der jugendliche Außenseiter Peter Parker, daherkommen, um die weibliche Kunst des Spinnens zu rehabilitieren. Auch hier bleibt die ›Spinne‹ negativ konnotiert – sie ist radioaktiv und beißt ihn, wodurch er übermenschliche Kräfte erlangt. Die weibliche Verkommenheit wandelt sich also erst im Manne zur Stärke.

sus, der immerhin als Wegbereiter der modernen Medizin gilt, behauptete im 16. Jahrhundert, dass die Spinnen *»alle auß dem Menstruo Mulierum«*, der Monatsblutung der Frauen, stammten und *»von den Teuffeln in dem Lufft außgebrütet«* würden.[10]

Dahinter verberge sich »die alte Mär von der ›Unreinheit‹ der Frau, deren Blut periodisch gereinigt werden müsse«, schreibt der Volkskundler Bernd Rieken. Nach der mittelalterlichen Lehrmeinung der Kirche erinnerte die Menstruation an den Sündenfall Evas. Die weibliche Monatsblutung galt bis ins 20. Jahrhundert als etwas Sündiges, Giftiges und Krankes. Erst im Zuge der Emanzipation änderte sich das.[11]

Geschichten über »Spinnenfrauen« stammen meist von Männern. Die Spinnen erfüllen darin oft die Rolle eines Drohbildes. Sie sollen die Frauen zu Tugendhaftigkeit anhalten und die patriarchalen Strukturen festigen. Simone de Beauvoir hat das bereits in ihrem Buch *Das andere Geschlecht* erwähnt. Den französischen Schriftsteller Stendhal zitierend, der in diesem Kontext wie ein feministischer Vordenker erscheint, schreibt sie:

> »Ein kleines Mädchen von zehn Jahren ist lebhafter und geistig durchgebildeter als ihr Bruder; mit zwanzig Jahren ist aus dem jungen Burschen ein Mann von Geist geworden und aus dem jungen Mädchen ›eine große, linkische Törin, die schüchtern ist und Angst vor einer Spinne hat‹; schuld daran ist die Erziehung, die sie erhalten hat.«[12]

Auf das Thema Spinnenangst (Arachnophobie) bin ich bereits (im Kapitel Angst) eingegangen, aber hier sei noch einmal wiederholt: Es kommt nicht von ungefähr, dass Frauen häufiger Spinnenphobien haben als Männer. Es spricht sehr viel dafür, dass diese ebenfalls anerzogen und nicht evolutionär bedingt ist. Denn dahinter verbergen sich oft Minderwertigkeitskomplexe von Männern und ihre Angst vor Machtverlust.[13]

Die ›Spinne‹ diente ihnen als willkommenes Drohbild. Dass einige Spinnenweibchen ihre Männchen nach der Paarung fressen, sei häufig als biologische Begründung genutzt worden, um unkonventionelle Frauen zu brandmarken, schreiben Katarzyna und Sergiusz Michalski in ihrer Kulturgeschichte der Spinnen.[14] »Frauenfeinde haben traditionell eine Vorliebe für die Spinnen-Allegorie in Form der blutsaugenden *Femme fatale.*«[15]

Der US-amerikanische Soziologe Lester Frank Ward blickte anders auf die weibliche Rolle in der Evolution. Er war ein Verfechter der ›gynäkozentrischen Theorie‹, wonach »das Weibchen das Hauptgeschlecht ist und den Hauptstamm der Entwicklung darstellt«. Dass bei vielen Säugetieren die Männchen größer, kräftiger und stärker sind, lag für Ward am »Aufkommen der ästhetischen Fähigkeit«:

> »Es […] war das Produkt eines geschärften Schönheitssinns, einer romantischen Partnerwahl der Weibchen höherer Tierarten. Diese herzlosen Koketten verurteilten die gemeineren und hässlicheren Verehrer wegen ihrer Reize zum ewigen Zölibat und ließen nur diejenigen zum Vorrecht der Elternschaft zu, die sich durch überlegene Tapferkeit, körperliche Schönheit, Größe oder andere anziehende Eigenschaften diesen Titel erkämpfen konnten.«[16]

Erst viel später sei die Idee der Vaterschaft erfunden worden. Ward kritisierte, dass zahlreiche Evolutionsbiologen seiner Zeit die Frauen vor allem als Mittel zur Fortpflanzung, aber nicht als selbstständige soziale Akteurinnen ansahen. Die Erfindung des »schwachen« Geschlechts war für ihn die Folge eines jahrhundertelangen Prozesses gesellschaftlicher Unterdrückung.

Die meisten beobachteten Geschlechtsunterschiede beim Menschen sah er als das Ergebnis von Traditionen, Sitten, Konventionen und Vorurteilen an. Vielleicht lag es an seinen Thesen, vielleicht auch an seiner Wortwahl. Vielleicht fühlten sich einige seiner Kritiker als jene »gemeineren, hässlicheren Verehrer« und unfreiwillig »ewig Zölibatären« angesprochen. Jedenfalls wurde Ward zu seinen Lebzeiten heftig angefeindet, oftmals missverstanden und nach seinem Tod bald vergessen.[17]

Ende des 19. Jahrhunderts schien die Zeit für derartige Ideen noch nicht reif. Erst Jahrzehnte später sollten sie, von anderen Vordenkerinnen neu formuliert, mehr Wirkung erzeugen. Zunächst diente die »männermordende« Spinne weiterhin als das frauenfeindliche Motiv schlechthin. In der Kunst und Literatur hatte es ohnehin schon eine lange erfolgreiche Karriere hinter sich – in Person der bereits erwähnten *Femme fatale.* Die Figur dieser »verhängnisvollen Frau« zieht sich durch die gesamte abendländische Kultur – von der griechischen Mythologie und der Bibel bis in die Moderne. Sie ist »so alt wie Eva und so aktuell wie die heutigen Filme, Comics und Groschenromane«.[18]

Ab dem späten 19. Jahrhundert gewann die *Femme fatale* in Europa zunehmend an Popularität. In Gestalt der ›Spinne‹ war sie fester Bestandteil der misogynen Stimmung in den Metropolen des *Fin de siècle.* Die weibliche Sexualität hatte damals den Ruf des Verkommenen und Amoralischen. In der französischen Kunst war das Spinnennetz etwa ein Symbol für Prostitution. Paris galt als sinnbildlicher Sündenpfuhl der Lust und des Lasters, in dem es angeblich nur so vor Verführerinnen, Mätressen und Kurtisanen wimmelte.[19]

Während im Privaten das Ideal der keuschen Gattin vorherrschte, waren beim männlichen Publikum in den Varietés und Theatern gerade gefährliche Frauenfiguren nach historischem Vorbild heiß begehrt. Die biblische Prinzessin Salomé avancierte zum meistzitierten christlich-weiblichen Mythos dieser Zeit. Der Sage nach soll sie ihrem Stiefvater, dem jüdischen König Herodes Antipas, und dessen Gästen mit ihrem Tanz so sehr den Kopf verdreht haben, dass Herodes versprach, ihr jeden Wunsch zu erfüllen. Da sie nicht wusste, was sie sich wünschen sollte, fragte sie ihre Mutter Herodias. Und die riet ihr, den Kopf Johannes' des Täufers zu fordern. Denn dieser hatte Herodias' Ehe mit Herodes als frevelhaft bezeichnet, da beide zuvor verschwägert gewesen waren, ihre Angetrauten aber füreinander verlassen hatten.[20] In einer Zeit, da alles Sexuelle und Frivole hinter verschlossenen Türen, versteckt im Dunkeln stattfinden musste, lieferte die Figur einer verführerischen wie verhängnisvollen Frau die perfekte Projektionsfläche unterdrückter Begierde.

Um die Jahrhundertwende begann die Gesellschaft sich zu wandeln; die gewohnten Rollenbilder gerieten nach und nach ins Wanken. Frauen verlangten mehr Selbstbestimmung und Rechte, weshalb die Kunstfigur der Salomé für viele Männer sowohl anziehend als auch abschreckend gewesen sein dürfte. Die gesellschaftlichen Umbrüche trugen dazu bei, dass sie nun überall historische Vorbotinnen dieser »Männerdämmerung« ausmachten – sei es nun in der Bibel, der griechischen Mythologie oder englischen Rittersagen. Und so mancher Mann fragte sich wohl: »Würden alle Frauen nun zu Salomés werden und sich ausziehen, bevor sie unverschämte Forderungen stellten?«[21]

Einigen Frauen verhalf dieser Mythos zum Karrieresprung, so auch Tilla Durieux. Die österreichische Schauspielerin war 1903 mit ihrer Darstellung der Salomé am Deutschen Theater in Berlin quasi über Nacht zum Star geworden. Bald war sie die meistporträtierte Frau ihrer Zeit.[22]

Noch berühmter – und vor allem berüchtigter – war nur eine Salomé-Interpretin, die selbst im wahren Leben auf tragische Weise mit ihrer Rolle zu verschmelzen schien. Männer hatte sie viele, Namen ebenso: Geboren wurde sie 1876 im friesischen Leeuwarden als Margaretha Geertruida Zelle. Später nannte sie sich Marguerite Campbell und Lady Gretha MacLeod. Der deutsche Geheimdienst führte sie unter dem Decknamen H 21. Am bekanntesten ist sie bis heute unter ihrem Künstlernamen, der aus dem Malaiischen stammt und übersetzt »Sonne des Tages« oder »Auge der Morgenröte« bedeutet: Mata Hari. Von 1905 bis zu ihrem frühen Tod 1917 verkörperte sie in verschiedensten Rollen »gefährliche« Weiblichkeit wie keine Zweite. Als Kleopatra eroberte sie Monte Carlo, mit ihrem Schlangentanz betörte sie Paris, und als schwarze Venus verzauberte sie das Publikum der Mailänder Scala.[23]

Aus ihren Eindrücken und Erlebnissen als Offiziersgattin in Niederländisch-Indien, dem heutigen Indonesien, schuf sie die Kunstfigur der dekadenten und verführerischen Fremden. Damit regte sie die erotischen Fantasien an, die europäische Männer sich zu dieser Zeit von exotischen Frauen machten. Egal, ob als ägyptische Königin oder fernöstliche Tempeltänzerin – die Details waren nicht so wichtig. Hauptsache, orientalisch.

Anfang des 20. Jahrhunderts, lange bevor der britische Historiker Edward Saïd den ›Orient‹ als eine Erfindung des Westens entlarvte, galt diese Region als verheißungsvoller Ort, wo sich »hinter den Schleiern […] eine tiefgründige, reichhaltige weibliche Erotik« verbarg. Der Orient war wie ein weißes Laken, das bereitet zu sein schien, um es mit den Vorurteilen und Fantasien weißer Männer zu beflecken. Frauenfiguren wie Kleopatra oder Salomé spielten darin eine bedeutende Rolle.[24] Und Mata Hari bediente sich ihrer wie keine andere.

Im Laufe ihres Lebens hatte sie mehrere Liebhaber unter hohen Offizieren, deutsche, französische, italienische und auch russische. Mit dem Ersten Weltkrieg geriet das zum Problem, denn das Fremde war nun nicht mehr verführerisch, sondern nur noch verdächtig.[25] Aus der Sünderin wurde ein Sündenbock. Nun war sie nicht mehr der viel gefeierte Star, sondern »eine finstere Salomé, die vor dem deutschen Herodes mit den Köpfen unserer Soldaten spielte«, wie es in einem französischen Zeitungsartikel hieß.[26]

Einmal zwischen die Fronten geraten, wurde Hari vom französischen Militärgericht unter dubiosen Umständen als vermeintliche Doppelspionin zum Tode verurteilt und 1917 hingerichtet. Genau genommen sei sie zweimal verurteilt worden, schreibt die Anthropologin Pat Shipman in ihrer Mata-Hari-Biografie: »Einmal für ihre Sexualität – was unbestritten war – und einmal für ihre zweifelhaft bewiesene Spionage.«[27]

SCHURKINNEN IM SCHEINWERFERLICHT

Ausgehend von der Kunst und Literatur des 19. Jahrhunderts setzte die *Femme fatale* Anfang des 20. Jahrhunderts ihren Siegeszug auch auf der Leinwand fort.[28] Was Mata Hari auf den Bühnen Europas war, das war Theda Bara in Hollywood – die Verkörperung der *Femme fatale* und das erste Sexsymbol des kommenden Massenmediums Kino. In dem Stummfilm *A Fool There Was* mimte sie einen der ersten *Vamps* der Filmgeschichte.[29] Das weibliche Pendant zum aristokratischen, männlichen Vampir war geboren. In der Folge wurde diese Figur auch im Film immer beliebter, vielfach kopiert und zum neuen Prototyp der lüsternen, männermordenden Frau erkoren. Das sollte sich auch auf andere Kulturkreise auswirken, wie wir noch sehen werden.

Am Beispiel dieses Films zeigt sich, wie stark der frühe Stummfilm noch von den »erotischen Mythen des 19. Jahrhunderts« geprägt war. Als Vorbild diente das gleichnamige Broadway-Stück von Porter Emerson Browne aus dem Jahre 1909. Dessen Titel geht auf den ersten Vers aus dem Gedicht *The Vampire* (1897) von Rudyard Kipling zurück. Kipling wiederum ließ sich von Philip Burne-Jones' Gemälde *The Vampire* (1896) inspirieren. Es zeigt eine blasse, mit leicht geöffneten Lippen lächelnde Frau im Nachthemd, die sich über einen schlafenden Mann beugt.[30]

Die Rolle des *Vamps* sollte Theda Bara Ruhm und Ruin bringen. Wie schon bei Mata Hari schienen auch in ihr Person und Rolle zu verschmelzen. Das lag vor allem an dem Image, das ihr die Produktionsfirma Fox samt Künstlernamen verpasst hatte. Tatsächlich hieß sie Theodosia Goodmann, sie war 1885 als Tochter eines jüdischen Schneiders in Cincinnati im Mittleren Westen der USA geboren und streng gläubig erzogen worden. Für die Vita eines *Vamps* war das zu profan, zu wenig mysteriös: Mal stand in den Magazinen und Zeitungen, sie sei die Tochter eines Artisten und einer ägyptischen Prinzessin, mal die eines Scheichs und einer französischen Schauspielerin. Genau wusste es niemand, aber das war auch nicht so wichtig – Hauptsache, exotisch. Es hieß, sie sei im Schatten der Sphinx geboren, beherrsche schwarze Magie, und ihr Name Theda Bara sei ein Anagramm für »Arab death«.[31] Zu Werbezwecken posierte sie wie die Vampirin in Burne-Jones' Gemälde oder als Kleopatra mit schlangenverziertem Kopfschmuck und spinnennetzartigem Umhang.[32] Ein Kritiker beschrieb sie 1926 als »tödliches arabisches Mädchen« voller »okkulter Kräfte« und »so giftig wie getrocknete Spinnen«.[33]

Doch das Gift ließ schon bald nach. Im selben Jahr spielte Bara in der Komödie *Madame Mistery* an der Seite von Oliver Hardy. Es war ihr letzter Auftritt. Mit dem Niedergang des Stummfilms verlor auch der klassische *Vamp* an Reiz und Schrecken. Hatte sie ein Jahrzehnt zuvor noch zu den reichsten und beliebtesten Schauspielerinnen Hollywoods gezählt, endete ihre Karriere nun jäh.[34]

In diesen zehn Jahren, in denen Baras Stern auf- und wieder verging, hatte sich die Welt grundlegend verändert – sowohl gesellschaftlich als auch politisch: Der Erste Weltkrieg hatte nicht nur Mata Hari den Kopf gekostet, sondern einen ganzen Kontinent verwüstet und die gewohnten Rollenbilder erschüttert. Das Militär – seit dem 19. Jahrhundert als »Schule der Männlichkeit« gepriesen – hatte Männer hervorgebracht, die verstört und entstellt von der Front heimkehrten. Dort trafen sie auf Frauen, die auf den Arbeitsmarkt und in neue Berufe drängten.

Die selbstständige und konsumorientierte ›Neue Frau‹ war auf dem Vormarsch. Um 1918/19 erlangten Frauen in zahlreichen Ländern Europas das Wahlrecht, 1920 zogen die USA nach. Nicht einmal die Ehe schien noch heilig. Sex wurde zum »Wesensmerkmal der Moderne«.[35] Er war nicht mehr nur zur Fortpflanzung da, sondern galt als gesund und sollte Spaß machen. Im Vergleich zur Generation ihrer Mütter hatten Frauen in den USA nun doppelt so häufig ihr erstes Mal bereits vor der Hochzeit. Dies wirkte sich auch auf die Darstellung von Beziehungskonstellationen in den Filmen Hollywoods aus. Die Ehe wurde nicht mehr nur als reine Zweckgemeinschaft, sondern vermehrt als romantische Partnerschaft dargestellt.[36]

Der *Vamp* schien veraltet. An seine Stelle trat der moderne *Flapper* – jungenhaft, quirlig, konsumorientiert, selbstbewusst und hedonistisch. Auch der *Vamp* selbst machte eine Metamorphose durch und erschien nun als *Spider Woman* auf der Leinwand. Nach mancher Definition bildet diese ›Spinnenfrau‹ den Übergang vom *Vamp* zur oft kriminellen, manipulativen *Femme fatale* des ›Film noir‹ in den vierziger Jahren. Doch trotz aller Unterschiede stehen sowohl die *Femme fatale* als auch der *Vamp* und die *Spider Woman* zu verschiedenen Zeiten und in verschiedenen Kulturformen – ob in der Malerei oder Literatur, im Theater oder Film – stets für das gleiche Motiv: die »gefährliche« Weiblichkeit.[37]

Obwohl ihre spinnenhaften Züge nicht immer so eindeutig zu erkennen waren wie in den folgenden Beispielen, so schwang der Bezug zur ›Spinne‹ dennoch stets mit, wenn Frauen als blutsaugend und männermordend dargestellt wurden.[38] Dem zugrunde liegt der Glaube, dass Spinnenweibchen ihre Sexualpartner nach der Kopulation stets verspeisen, was jedoch seltener vorkommt, als es die Legende weismachen will (siehe Kapitel Lust).

Völlig falsch ist hingegen, dass Spinnen ihren Opfern das Blut aussaugen. Das tun sie nicht. Da sie eine kleine Mundöffnung und eine äußerst schmale Speiseröhre besitzen, können sie nur flüssige Nahrung aufnehmen. Daher injizieren sie ihrer Beute ein Verdauungssekret, damit sich deren Körperinneres auflöst. Es ist also kein bloßes Blutsaugen, wie es Mücken oder Zecken tun, sondern ein Erbrechen, Auflösen, Durchkneten. Zurück bleibt keine Bisswunde, geschweige denn eine blutarme Hülle wie bei den Opfern des Vampirs, sondern bloß ein zerknüllter Rest. Es würde das romantisch-tragische Bild des blutleeren Mannes wohl zerstören, wenn wir uns die einst so virilen

Herren nur mehr als kleine Klumpen aus Designeranzug, Schuhen, Fußnägeln und Knochen vorstellten.

Aber zurück ins Hollywood der frühen Zwanziger. Der Krieg war vorbei, Börsencrash und Weltwirtschaftskrise noch fern. In dieser Zeit, die später die ›Zwischenkriegszeit‹ genannt wurde, stellten *Vamps*, *Flapper* und *Spider Women* »die traditionellen Vorstellungen von Maskulinität und Feminität in Frage«.[39] Und welches Tier verkörperte das besser als die ›Spinne‹?

Die neuen weiblichen Charaktere auf der Leinwand waren, wie gesagt, eine Folge sich verändernder Rollenbilder in der Gesellschaft. Befand sich der klassische Typus des *Vamps* auch auf dem Rückzug, so ganz verschwunden war er noch nicht. Louise Glaum war wohl eine seiner letzten Vertreterinnen. Ihre Darstellung im Film *Sex* (1920) stellt einen späten Höhepunkt dieses Typus dar. Zugleich brachte das Spinnen-Kostüm ihr den Beinamen *Spider Woman* ein, womit sie eine neue Form »gefährlicher Weiblichkeit« prägte.[40] Allein der Filmtitel *Sex* war manchen Zeitgenossen zu heikel. Im US-Staat Pennsylvania durfte er nur mit dem Zusatz *Crushed to Earth – am Boden zerschellt* veröffentlicht werden.[41] Damit war die Fallhöhe bemessen; ein lasterhaftes Happy End würde es nicht geben.

Wie erwähnt, spielt Glaum in *Sex* die Tänzerin Adrienne Renault, den Star eines New Yorker Nachtclubs, der abseits der Bühne Affären mit reichen Ehemännern hat. Das geht so lange gut, bis sie selbst in die »Ehefalle« tappt. Im Privaten wie im Beruf wird sie am Ende von ihrer jüngeren Konkurrentin Daisy Henderson ersetzt und bleibt alleine zurück. Die Kritiken priesen Glaums Spiel als »eine der gelungensten Vampir-Charakterisierungen« und sahen in ihr »einen weiteren *Vamp*, der der Sünde den Weg bereitet«.[42]

Während sie den *Vamp* mimt, der Zigarette raucht, Alkohol

trinkt und erst nachmittags frühstückt, stehen ihre beiden Kontrahentinnen im Film exemplarisch für die anderen weiblichen Rollenklischees dieser Zeit: Die betrogene Mrs. Overman verkörpert die klassische Frau viktorianischen Stils, die daheim im Nachthemd auf ihren Mann wartet und sich nur im hochgeschlossenen Kleid nach draußen wagt. Die Tänzerin Daisy Henderson wiederum symbolisiert den *Flapper*, die junge, ledige, moderne und konsumorientierte Frau, die ihr Glück in der Großstadt sucht. Sie lernt schnell, ihre Rolle als Verführerin auszuleben, und stiehlt Renault bald in jeder Hinsicht die Show. Sie übernimmt nicht nur die Marotten des *Vamps* – Zigaretten, Alkohol und ausschweifender Lebenswandel –, sondern auch dessen Privilegien – die Mode und den Beruf ebenso wie die Affären. Renault hingegen hat am Ende den Habitus der biederen Hausfrau angenommen.

Auch wenn der klassische *Vamp* in den zwanziger Jahren allmählich aus Hollywood verschwand, bedeutet das nicht, dass er erledigt gewesen wäre. In einer noch nicht vollends globalisierten und vernetzten Welt brauchten Mythen und Motive länger als heute, um sich zu verbreiten. Während der *Vamp* mancherorts veraltet schien und verschwand, tauchte er andernorts in neuer Gestalt auf.

DER *VAMP* REIST NACH WESTEN

Sieben Jahre nach dem Erscheinen von *Sex* und zehntausend Kilometer weiter westlich am anderen Ufer des Pazifiks griff der Regisseur Dan Duyu die Motive ›Spinnenfrau‹ und *Vamp* in seinem Film *The Cave of the Silken Web* (1927) auf. Es handelt sich um die erste Kino-Adaption des chinesischen Nationalepos

Die Reise in den Westen.[43] Darin begibt sich der buddhistische Mönch Tripitaka mit seinen Begleitern nach Indien, um heilige Schriften nach China zu bringen. Auf ihrem Weg müssen sie viele Abenteuer bestehen; eines führt sie zur Höhle von sieben schönen Frauen, hinter denen sich allerdings sieben ›Spinnengeister‹ verbergen. Unter dem Vorwand, Tripitaka mit ihrer Herrin zu verheiraten, locken sie den Mönch in ihre Gemächer. Ihr eigentliches Ziel ist es jedoch, ihn zu verspeisen, um so unsterblich zu werden.[44]

Die Verbindung von Weiblichkeit, Verführung und Todesgefahr mit dem Symbol der ›Spinne‹ findet sich vor allem in der abendländischen Kunst und Kultur, sowohl in Volkssagen als auch in Werken der Hochliteratur.[45] Selten wurde der *Vamp* im Kino aber so eindeutig und eng mit der Gestalt der ›Spinne‹ verwoben wie hier. Dass das Motiv ausgerechnet in einem chinesischen Stummfilm auftaucht, mag auf den ersten Blick verwundern. Es war jedoch auch außerhalb Europas seit vielen Generationen bekannt.

Der Film behandelt nur eine Episode, die sich auf zwei Kapitel des Romans beschränkt. Dieser entstand Ende des 16. Jahrhunderts und bezieht sich auf eine buddhistische Pilgergeschichte, die bereits im 7. Jahrhundert spielt. Im Roman kommen sieben weibliche Ungeheuer vor, die in einer Grotte am Fuße des Zwirnspinnhügels hausen.[46] Sie erscheinen den Pilgern zunächst als schöne, junge Frauen, entpuppen sich bald aber als menschenfressende ›Spinnengeister‹.[47]

In der chinesischen Kultur symbolisiert die ›Spinne‹ traditionell das Glück. Wird sie wie in diesem Fall aber mit dem Zusatz »Geist« verwendet, ergibt sich daraus eine negative Bezeichnung – hinter dem ›Spinnengeist‹ verbirgt sich eine weibliche Person, die sich verführerisch gibt, aber töten kann.

Als literarische Figur ist sie seit dem 5. Jahrhundert in China bekannt.[48]

Auch in anderen asiatischen Kulturen zeigen sich ähnliche Tendenzen: In Japan galten lebende Spinnen seit frühester Zeit als gutes Omen – etwa als Zeichen für die Ankunft eines Freundes. Als übernatürliches Wesen tauchte die ›Spinne‹ dort im frühen 14. Jahrhundert auf, was wiederum vermutlich auf den Einfluss der chinesischen Literatur zurückgeht.[49]

Die Verbindung von »gefährlicher Weiblichkeit« mit dem Motiv der ›Spinne‹ ist also nicht auf den europäischen Kulturraum begrenzt. Ob die Symbolik sich im östlichen Asien unabhängig entwickelte oder sozusagen importiert wurde, lässt sich im Nachhinein nicht mehr sagen. Da Europa und Asien bereits seit vorchristlicher Zeit Handel trieben, kam es vermutlich schon früh zu einem Austausch von kulturellen Errungenschaften wie Religionen, Geschichten oder einzelnen Motiven. Woher das Motiv des ›Spinnengeistes‹ ursprünglich auch stammt, fest steht, dass der frühe chinesische Film ohne europäische und amerikanische Einflüsse kaum denkbar wäre.

Zu Beginn des 20. Jahrhunderts war China stark vom westlichen Imperialismus geprägt. Großbritannien, Frankreich, aber auch das Deutsche Reich und Russland besaßen seit dem 19. Jahrhundert Vertragshäfen an der chinesischen Küste, von wo aus sie den Seehandel kontrollierten. Neben wirtschaftlicher Abhängigkeit sowie politischen und gesellschaftlichen Unruhen brachte diese Zeit aber auch wissenschaftlichen und kulturellen Fortschritt mit sich. So gelangte auch das Kino nach China.

Beim Publikum waren vor allem Kostüm-, Kampfkunst- und Geisterfilme beliebt. Anders als in der zeitgenössischen Literatur ging es im chinesischen Film nicht darum, eine ›nationale Vision‹ voranzutreiben, sondern altbekannte Erzählungen filmisch umzusetzen. Das Kino galt nicht als fortschrittlich, sondern rückwärtsgewandt. Viele der Pionierwerke, die Motive aus traditionellen Legenden und klassischen Romane aufgriffen, wurden später als »feudal«, »geschmacklos« oder »pornografisch« bezeichnet. Teils hängt dem frühen chinesischen Film der zwanziger Jahre noch heute der Ruf nach, rein kommerziell und unbedeutend für die chinesische Nationsbildung gewesen zu sein. Dennoch setzten viele Kostümfilme der zwanziger Jahre auf zeitgenössische Mode, expressionistische Bühnenbilder und nackte Haut, allen voran *The Cave of the Silken Web.*[50]

All das prägte die Filmkunst und langfristig auch die Gesellschaft, was sich besonders an den Schauspielerinnen zeigte. Noch zu Beginn dieses Jahrzehnts waren sie etwas völlig Untypisches in China. In Theater und Oper wurden ihre Rollen bis dahin von Männern gespielt. Das änderte sich nun.

Eine Pionierrolle nahm dabei die Hauptdarstellerin von *The Cave of the Silken Web* ein: Yin Mingzhu, auch bekannt als Pearl Ing, was eine Anspielung auf ihr Idol, den US-amerikanischen Stummfilmstar Pearl White, war.[51] Yin Mingzhu war von Hollywood und dessen Stars nicht nur beeinflusst. Wie ihre Idole sprach auch sie fließend Englisch; sie konnte schwimmen, tanzen, reiten und, was damals noch selten war, fuhr Auto. All das kam ihr vor der Kamera zugute, da sich das chinesische Kino damals stark an westlichen Rollenbildern orientierte. So wurden Charaktere aufgegriffen, die aus Hollywood bekannt und beim chinesischen Publikum beliebt waren. Eine davon war die verruchte und gefährliche, aber attraktive und moderne Frau – jene Rolle also, die Mingzhu hier verkörperte. Der Film war damals ein Wagnis; die Kostüme waren ungewohnt freizügig, und die »schockierende Verwandlung einer Frau in eine gewaltige Spinne« trug auch dazu bei.[52]

Wie sieben Jahre zuvor der Film *Sex*, setzt sich auch *Cave of the Silken Web* mit »gefährlicher« Weiblichkeit auseinander. Beide nutzen dazu das Motiv der ›Spinne‹. In *Sex* zeigt es sich sowohl plastisch in der Bühnenrolle der Nachtclubtänzerin Adrienne Renault als auch charakterlich in ihrem Liebesleben. Indem sie skrupellos, sexuell aktiv und gierig ist, bedient sie jene Eigenschaften, die von alters her den echten Spinnenweibchen zugeschrieben werden. In *The Cave of the Silken Web* erscheint die Frau nur noch als Tarnung für das männerfressende Monster des ›Spinnengeistes‹.

Man könnte einwenden, beide Filme seien frauenfeindlich, da sie von Männern ersonnen und gedreht wurden und nur deren Lüste und Ängste widerspiegelten. Doch sie stehen auch exemplarisch für eine Epoche des Films, in der Frauen erstmals nicht mehr nur passiv wirkten, sondern aktiv und mächtig sein konnten. Nach dem Zweiten Weltkrieg, als die Frauen aus den Fabriken und Büros wieder zurück an den heimischen Herd mussten, erstarrten auch die weiblichen Rollen wieder – in Sexgöttinnen, Ehe- und Jungfrauen.[53]

Die *Femmes fatales* des Stummfilms spielten mit den familiären und gesellschaftlichen Umbrüchen ihrer Zeit.[54] Zudem boten diese Rollen einigen Frauen überhaupt erst die Chance auf eine Karriere. Yin Mingzhu war der erste weibliche Filmstar Chinas; ohne ihr Geld und ihren Geschäftssinn hätte ihr Mann Dan Duyu kaum Filme wie *The Cave of the Silken Web* drehen können. Obwohl die weiblichen Figuren darin bedrohlich und negativ wirkten, gelten sie wegen ihrer körperbetonten Darbietungen heute als Vorbilder für die späteren Heldinnen der Martial-Arts-Filme.[55] Ihr Einfluss und ihre Leistungen sind daher nicht zu unterschätzen. In Shanghai ebenso wenig wie in Hollywood. Dort hatte Theda Bara bereits 1915, auf dem Höhepunkt ihrer Laufbahn, die gesellschaftliche Bedeutung ihrer Paraderolle erkannt:

> »Auf jede Vampirfrau kommen zehn Männer des gleichen Typs – Männer, die den Frauen alles nehmen – Liebe, Hingabe, Schönheit, Jugend, und nichts zurückgeben! V steht für Vampir, aber auch für Vergeltung. Der Vampir, den ich spiele, ist die Vergeltung meines Geschlechts an seinen Ausbeutern. […] ich habe vielleicht das Gesicht eines Vampirs, aber das Herz einer ›Feministin‹.«[56]

TOLKIENS SPINNENFRAU

So wie auch der erotische Film stets Ausdruck der vorherrschenden Sexualmoral seiner Zeit ist, so bildet die Fantasy-Literatur meistens konservative und akzeptierte Rollenbilder ab.[57] Unkonventionelles oder gar Abgründiges bleibt vage oder verbirgt sich hinter der Maske des Monsters. Besonders deutlich wird das in Mittelerde – jener Welt, die der britische Philologe und Schriftsteller John Ronald Reuel Tolkien für seinen Roman *Der Herr der Ringe* ersann. Tolkien, 1892 im späteren Südafrika geboren, war begeistert von nordischen Mythen, englischen Märchen sowie christlichen Motiven und geprägt von seinen Erlebnissen als Soldat im Ersten Weltkrieg.[58]

So wie die Armee damals noch ein Hort der Männer war, so spielt auch sein Roman in einer »homosozialen Welt«, in der sich die romantische Liebe streng nach christlichen Moralvorstellungen richtet. Dennoch oder gerade deshalb ist Mittelerde eine Welt »voller sexueller Spannungen und Aspekte unentwickelter erotischer Fantasie und Unterdrückung«, in der Frauen entweder Madonnen oder Huren sind.[59]

Während über die religiösen Bezüge und historischen Anspielungen in Tolkiens Werk schon viel geschrieben und spekuliert worden ist, ist dessen sexuelle Dimension kaum betrachtet worden. Auch dort taucht das Motiv »aggressiver« oder »gefährlicher« Weiblichkeit in Gestalt der ›Spinnenfrau‹ auf. Die bekannteste von ihnen ist Shelob, im Deutschen besser bekannt als Kankra. Sie ist ein spinnenhaftes Ungeheuer, das im Schattengebirge haust. Dort wacht sie über Cirith Ungol, den Pass der Spinne, der ins finstere Mordor führt und den die Hobbits Frodo und Sam auf ihrer Reise zum Schicksalsberg nehmen müssen.

Allein der Name der Wächterin hat im englischen Original eine sexuell-bedrohliche Intention: Tolkien kombinierte ihn aus dem weiblichen Personalpronomen *she* und dem altenglischen Wort für Spinne: *lob*. In der deutschen Übersetzung wurde daraus Kankra, was wiederum die weibliche Abwandlung des mittelhochdeutschen Wortes *Kanker* für Weberknecht ist.* Kankras Darstellung ist durchaus ambivalent. Einerseits ist sie weiblich und gefährlich; sie wird mit Boshaftigkeit, Eigensinn und Gier verbunden, sie saugt das Blut ihrer Opfer, und sie umgibt der Gestank von Unrat. All das sind klassisch-misogyne Merkmale, die wir aus anderen Werken bereits kennen. Andererseits wird sie ehrfürchtig auch »Hohe Frau« genannt. Möglicherweise nahm Tolkien bei ihrer Darstellung Bezug auf Kali, die hinduistische Göttin des Todes.[60]

Obwohl große Spinnenwesen in Tolkiens Gesamtwerk häufig vorkommen, sei deren Bedeutung bislang kaum betrachtet worden, schreibt der Wissenschaftsjournalist Henry Gee. Dass

* Weberknechte sind genau genommen keine Spinnen. Sie bilden innerhalb der Klasse der Spinnentiere – neben Webspinnen, Skorpionen, Pseudoskorpionen und Milben – eine eigene Ordnung.

Tolkien als Kind von einer Spinne gebissen worden sein soll, genügt ihm nicht als Erklärung. Für ihn sind Tolkiens Spinnen deutlich vielschichtiger. Sie verkörpern die allgemeine »Furcht vor Arthropoden« und die diffuse Angst vor dem »Bösen an sich« im christlichen Sinne.[61]

> »[W]ie alle unvergänglichen männermordenden Schönheiten der Literaturgeschichte [...] wickeln sie Männer um ihre Finger, lassen sich aber nicht einfangen, und diese Freiheit bezieht sich auch auf ihre Sexualität.«[62]

Die britische Literaturwissenschaftlerin Alison Milbank geht in Bezug auf Kankra noch weiter. Sie stelle eine »äußerst überzeugende freudianische *Vagina dentata*« dar, eine »alte mütterliche Kraft, die die männliche Macht und Identität verschlingt«.[63]

Alles in allem bedient Kankra die Angst also auf dreierlei Weise: auf visuelle – indem sie als übergroßes Spinnenmonster erscheint; auf transzendentale – indem sie das absolut Böse und Teuflische verkörpert; und auf sexuelle – indem sie als männermordendes Weibchen die Angst vor der Kastration schürt und damit das auslöscht, was einen Mann, sehr instinktiv und reduziert betrachtet, zum Manne macht.

EVOLUTION EINES FEMINISTISCHEN TIERS

Zur Kastrationsangst sowie zu Sigmund Freuds Sicht auf die Beziehung der Motive ›Mutter‹ und ›Spinne‹ kommen wir später (im Kapitel Mutter). Fürs Erste lässt sich jedoch festhalten, dass die ›Spinnenfrau‹ für das männliche Geschlecht etwas zutiefst Bedrohliches war und geblieben ist. Meistens stand sie abschreckend für unkonventionelle Frauen, die sich nicht so verhalten, wie es die Männerwelt erwartet – und deshalb bestraft werden müssen.

Bis hierhin überwiegen die Einschätzungen von Männern. Denn sowohl in der Wissenschaft als auch in der Kunst waren es über Jahrhunderte vor allem sie, die das Narrativ von ›gefährlicher Weiblichkeit‹ aufrechterhielten und bestimmten. Die Perspektive von Frauen kam dabei selten vor. Kommen wir daher nun zur weiblichen Sicht. Die feministische Philosophin und Schriftstellerin Simone de Beauvoir, die bereits zu Beginn dieses Kapitels kurz zu Wort kam, greift in ihrem Werk *Das andere Geschlecht* mehrfach die Beziehung zwischen ›Spinne‹ und ›Frau‹ auf. An einer Stelle scheint sie sowohl der Bäuerin Christine aus Gotthelfs *Schwarzer Spinne* als auch Mata Hari und Theda Bara zur Seite springen zu wollen:

> »Die Frau, die auf eigene Hand ihre Reize nutzt als Abenteuerin, als Vamp oder als ›femme fatale‹, bleibt ein beunruhigender Menschentyp. In der Intrigantin der Hollywood-Filme lebt noch die Gestalt der Circe fort. Frauen sind als Hexen verbrannt worden, einfach weil sie schön waren, und in der prüden Verkrampfung der Provinztugendwächterinnen leichtlebigen Frauen gegenüber schwingt noch ein uraltes Grauen mit. […] Das hegende, ergebene, geduldige Weibchen hat sich in ein gieriges, reißendes Tier verwandelt. […] An die Stelle des Mythos von der fleißigen Ameise, der mütterlichen Glucke tritt nun der von dem alles verzehrenden Insekt, der Gottesanbeterin, der Spinne.«[64]

Zwar sind Spinnen keine Insekten, aber de Beauvoirs Einwand trifft einen wunden Punkt – den argwöhnischen Blick des Christentums auf Frauen wie auf Spinnen. Über die Fortpflanzung schreibt sie:

> »Bei dem Worte ›Weibchen‹ hebt in ihm [dem Mann, Anm.] ein toller Tanz von Vorstellungen an: ein enormes rundes Ovulum schlingt die beweglichen Spermatozoen in sich hinein, wobei es sie wehrlos macht; […] die liebesgesättigte Spinne gewisser Arten, zermalmt ihren Partner und verschlingt ihn […]. Wenn der Mann die Frau als willenlos, ungeduldig, listig, einfältig, fühllos, lüstern, wild, demütig bezeichnet, läßt er seine Vorstellung von sämtlichen Weibchen der Tierwelt in sie eingehen.«[65]

Der Soziologe Lester Ward, Verfechter der »gynäkozentrischen Theorie«, hätte ihr wohl zugestimmt. Doch es mussten erst weitere Frauen kommen – Schriftstellerinnen und Künstlerinnen vor allem – und den Männern das missbrauchte Spinnen-Symbol entreißen, mit dem sie so lange gebrandmarkt worden waren. Sie mussten es zurückgewinnen und umdeuten. Die österreichische Schriftstellerin Elfriede Jelinek hat in einer Rede anlässlich des Berliner Theatertreffens 2010 den antiken Wettstreit zwischen Athene und Arachne neu interpretiert. Indem sie sich sowohl in Athene als auch Arachne hineinversetzte, verwob sie die beiden Perspektiven miteinander und schuf so einen Monolog über weibliche Konkurrenz und Selbstkritik:

> »[D]er Erfolg der andren kränkt nur mich, die vermännlichte Alte, und ich zerreiße das Gespinst der anderen, jeder anderen, aus Mißgunst […], genau dorthin führt der Wettbewerb, dorthin führt Konkurrenz, wenn man nicht gewonnen hat […]. Ich schlag sie auf die Stirn, die Gewinner, ich hau sie raus, ich trete ihnen gegen die Schienbeine, […] ich kann ihre Knochen nicht erreichen, obwohl ich sie trete und trete, obwohl ich sie mit traurigem Gift berühre, mit meinem traurigen armen Gift, und sehen Sie, da geschieht eine wunderbare Verwandlung, wie sie nur

> die Kunst schafft, ich berühre andre mit Gift, aber mir schwinden die Haare, [...] klein wird alles an meinem Körper, es schrumpft, schmächtige Finger bekommt an der Stelle der Beine die Seite: sonst ist alles nur Bauch. [...] Aus dem noch sende ich immer Fäden, immer noch Fäden, [...] ich sende die Fäden und füge mit Fleiß [...] als Spinne die alten Gewebe, aber die schauen dann ganz neu aus. Aus der alten Spinne die neuen Fäden, wäre das nichts für Sie? Nein, das wäre nichts für Sie [sic]. Aber für mich ist es auch nicht.«[66]

Jelinek schreibt über das Altern, das Eifern und Scheitern als ›Frau‹. Als feministische Autorin dient ihr die ›Spinne‹ nicht mehr als Druckmittel, sondern als Drohgebärde. Während Autoren wie Ovid, Gotthelf oder Tolkien den Frauen zuriefen, *Werdet nicht so*, entgegnet sie ihnen: *So bin ich.*

Wann immer sich Frauen auf die ›eigentlichen‹ spinnenhaften Tugenden im Arachne'schen Sinne besannen und lose Enden zu etwas Neuem verknüpften – konnten sie sich von den patriarchalen Fesseln lösen, zumindest zeitweise. Oft genug ist es noch immer so, wie es schon der französische Schriftsteller Stendhal formulierte:

> »Alle genialen Begabungen, die als Frauen auf die Welt kommen, sind für das Glück der Allgemeinheit verloren; sobald der Zufall ihnen hervorzutreten erlaubt, legen sie hervorragende Proben ihrer Talente ab.«[67]

Eine solche Lebenskünstlerin lernen wir im letzten Kapitel kennen. Ende des 17. Jahrhunderts entschließt sie sich, alle Bande in die Heimat zu kappen und mit ihrer Tochter zu einer Abenteuerreise in eine fremde Welt aufzubrechen. Als sie Jahre später zurückkehrt, hat sie Eindrücke und Bilder im Gepäck, die unser Denken und Sprechen über Spinnen bis heute prägen.

8
MUTTER

TRIEBE, TRÄUME, TUGENDEN

»Es hat lange gedauert, bis ich begriff, daß sein Wachstum nicht mein Wachstum ist. Ich wuchs in ihm, aber er nicht in mir. Da hab ich mich gehäutet. Jetzt frieren wir beide.«
Margot Schröder, *Die Vogelspinne*

Sie ist schon von Weitem zu sehen. Ihr gedrungener Leib thront hoch oben über dem Boden, auf acht knorrigen, starren Beinen, die einen kuppelartigen Raum bilden. Steht man darunter inmitten und schaut hinauf, fällt der Blick auf das, was sie schützend unter ihrem Bauch trägt – ihre Brut. Bezeichnend ihr Name: *Maman*. Mutter.

Nirgends ist die Verbindung von ›Mutter‹ und ›Spinne‹ wohl so stark und bejahend dargestellt wie im Werk der französischen Künstlerin Louise Bourgeois. Mehr noch, hier gehen ›Mutter‹ und ›Spinne‹ nicht nur eine symbolische Symbiose ein, sondern sind ganz und gar eins. 1999 schuf Bourgeois diese neun Meter hohe und acht Tonnen schwere Skulptur, die wie eine Fantasy-Variante eines überdimensionierten Weberknechts wirkt. Im Schutze ihrer acht stählernen Beine birgt sie einen Sack mit Eiern aus Marmor. Das Original befindet sich im Besitz der Tate Gallery of Modern Art in London. Doch Bourgeois hat mehrere Repliken erstellt, sodass ihre *Mamans* vielerorts das Stadtbild prägten oder noch immer prägen, ob in Bilbao, St. Petersburg, Ottawa, Seoul oder Tokio, in Buenos Aires, Zürich oder Hamburg. Oft rufen sie Verwirrung hervor, weil sie sowohl ›Angst‹, ›Gefahr‹, aber auch ›Schönheit‹ ausstrahlen.

Für Bourgeois selbst ist *Maman* weniger ambivalent. Sie verbindet damit eine positive Botschaft und Dankbarkeit. Seit den vierziger Jahren prägten Spinnen ihre Kunstwerke – von Bildern, Tapisserien über Plastiken bis hin zu ganzen Rauminstallationen. Anfangs auf kleine Zeichnungen beschränkt, wurden die Spinnen mit der Zeit immer größer, bis sie schließlich übermenschliche Größe in Gestalt der Mutterspinne erreichten. Mit ihrer überlebensgroßen Gestalt mögen sie auf manche Betrachterin tatsächlich einschüchternd wirken, doch für Bourgeois haben die *Mamans* eine durchweg positive Bedeutung. Sie sind, wie der Name schon andeutet, eine Hommage an ihre Mutter.

Bourgeois, 1911 in Paris geboren, erfährt schon als Kind, was es heißt, nur geduldet zu sein. Ihr Vater hat sich einen Sohn gewünscht. Von seiner Tochter erwartet er, dass sie sich so unauffällig wie möglich verhält, und vergnügt sich derweil mit dem Kindermädchen. Halt gibt ihr nur die Mutter:

> »Wie eine Spinne war meine Mutter eine Weberin. Meine Familie befasste sich mit der Restaurierung von Wandteppichen, und meine Mutter war für die Werkstatt verantwortlich. Meine Mutter war wie Spinnen sehr schlau. Spinnen sind freundliche Geschöpfe, die Mücken fressen. Wir wissen, dass Mücken Krankheiten verbreiten und daher unerwünscht sind. Spinnen sind also hilfreich und beschützerisch, genau wie meine Mutter.«[1]

Nach dem Tod ihrer Mutter im Jahre 1932 versucht die damals 21 Jahre alte Bourgeois, sich das Leben zu nehmen. Sie überlebt, geht später mit ihrem Mann, einem Museumskurator, in die USA. Mit ihm adoptiert sie einen Sohn und bekommt noch zwei leibliche Kinder. Von ihrem teils schwierigen Verhältnis zu ihrem jüngsten Sohn Alain zeugen einige Kunstwerke; immer wieder geht es in ihrem Werk um traumatische Familienkonstellationen in engen Räumen.[2] Und um ihre Mutter. Sie bleibt stets fester Bestandteil ihrer Kunst, wie zuvor in ihrem Leben.

Bourgeois' Blick auf die ›Spinne‹ als Mutter ist ein besonderer. Denn die westliche Kultur ist übervoll vom Gegenteil. Allzu viel ist geredet und geschrieben worden über die fast schon sprichwörtliche Gier der Spinnenweibchen, die auch vor ihren Sexualpartnern nicht haltmachen. Über Jahrtausende hinweg musste die ›Spinne‹ als Symboltier der *Femme fatale* herhalten. Und damit nicht genug: »Die Verquickung von gefährlicher Weiblichkeit, Spinne und Gewebe sollte – verstärkt durch die psychoanalytische Lesart der bösen, phallischen Mutter bei Karl Abraham [...] – bis in die Moderne überleben«, schreibt die Literaturwissenschaftlerin Szilvia Gellai.[3]

IM ZEICHEN DER SPINNE

Die ›Spinne‹, so lautete das weitverbreitete Vorurteil, mordet ihre Männer und malträtiert ihre Kinder, vor allem ihre Söhne. Befeuert wurde dies lange auch von Psychologen und Psychiatern. Aber dazu später mehr.

Es ist vor allem eine von Männern geprägte Sicht. Wenn es um den Bezug zwischen ›Spinne‹ und ›Mutter‹ geht, kommt man aber an Frauen kaum vorbei, wie das Beispiel Bourgeois schon gezeigt hat. Ich habe im vorigen Kapitel (Lust) mehrere Frauen vorgestellt, die für ihre unkonventionelle Lebensweise von Männern verteufelt und mit der ›Spinne‹ assoziiert wurden. Schauen wir uns nun eine Frau an, die in mehrfacher Hinsicht als Mutter gelten kann.

Sie ist eine Frau mittleren Alters, Mutter zweier Töchter, alleinerziehend. Ihren Mann hat sie vor längerer Zeit verlassen –

den soll der Teufel holen. Eine Weile lebt sie wieder bei ihrer Mutter, anschließend in den Niederlanden in einer christlichen Sekte. Doch auch davon hat sie irgendwann die Nase voll. Zeit, was Neues zu wagen. Auf zu neuen Ufern.

Geboren wurde Maria Sibylla Merian 1647, ein Jahr vor dem Ende des Dreißigjährigen Kriegs, in eine wohlhabende Familie im barocken, aber liberalen Frankfurt am Main. Ihr Talent hat sie wohl vom Vater, einem Schweizer Kupferstecher und Verleger. Als junger Mann hat er eine Ausgabe von Ovids *Metamorphosen* illustriert. Seine Tochter wird später ihr berühmtestes Werk ebenfalls *Metamorphosen* nennen.

Von klein auf zeichnet und malt sie, anfangs Blumen, doch dabei bleibt es nicht. Bald zeichnet sie auch die Insekten, die sie auf den Blüten und Blättern findet. Sie sammelt sie, füttert sie mit Pflanzen und zieht sie in kleinen Holzschachteln auf. Bis sie sich verpuppen und schließlich als voll entwickelte Schmetterlinge und Falter schlüpfen. Sie ist damit eine der Ersten, die beweist, dass Insekten nicht durch »Urzeugung« entstehen, sondern aus Eiern schlüpfen. So bereitet sie der modernen Insektenkunde und der Entwicklungsbiologie mit den Weg.

Die heimischen Arten sind ihr irgendwann nicht mehr genug. Mit 52 Jahren verkauft sie ihren gesamten Hausstand, verfasst ihr Testament und bricht auf in eine fremde Welt. An der Schwelle zum 18. Jahrhundert segelt sie mit ihrer jüngsten Tochter von Amsterdam nach Surinam, um dort die tropische Flora und Fauna zu studieren. Vor allem möchte sie die Entwicklung der exotischen Insekten vom Ei bis zum voll entwickelten Falter studieren, so wie sie es schon an Tag- und Nachtfaltern in Europa getan hat. In Südamerika zeichnet sie alle möglichen Tiere, von Insekten über Amphibien bis zu Reptilien. Eines ihrer wohl bekanntesten und prägendsten Werke ist ein Kupferstich, der mehrere Spinnen auf einem Guavenbaum zeigt. Eine hockt in ihrem Radnetz und bewacht einen Kokon, eine andere hat soeben auf einem Ast einen Kolibri erbeutet.

Lange wurde in der Literatur und Wissenschaft darüber diskutiert, ob dies eine Fantasie Merians oder einer wahren Begebenheit nachempfunden sei. Wie mittlerweile bekannt, gibt es dafür eine einfache Erklärung: Um die Halme ihrer Nester miteinander zu verkleben, bedienen sich Kolibris bei den Gespinsten von baumbewohnenden Vogelspinnen, die oft in Astlöchern und Spalten hoch oben in den Bäumen hausen. Das Schwirren der Flügel des Kolibris vor dem Eingang ist für eine Vogelspinne willkommene Einladung. Ob Merian dieses Geschehen selbst mit angesehen hat oder ob die Indigenen, die sie auf ihren Expeditionen in den Regenwald Surinams begleiteten, ihr davon erzählten, ist im Nachhinein schwer zu sagen. Jedenfalls veranlasste ihre Zeichnung rund 50 Jahre später den schwedischen Naturforscher Carl von Linné zur Namensgebung für diese Spinne – *Aranea avicularia*, zu Deutsch: Vogelspinne. Was damals noch als einzelne Art galt, stellte sich später als große Familie mit derzeit etwa tausend bekannten Arten weltweit heraus. Maria Sibylla Merian schuf das Bild, das diesen Spinnen ihren Namen gab. Wir können sie daher als »Mutter der Vogelspinne« bezeichnen.[4]

Davon war im Jahre 1717, als Merian in Amsterdam mit 69 Jahren zwar arm an Erspartem, aber reich an Erlebtem starb, noch nichts zu ahnen. Die Entomologie, in dessen Schatten die Arachnologie noch lange stehen sollte, befand sich noch am Anfang. Und wie so vieles war sie stark von christlichen Moralvorstellungen geprägt.

Dies begann sich im 18. Jahrhundert allmählich zu ändern. Mit dem Aufschwung der Naturwissenschaften und dem Ideal der Aufklärung von der Gleichheit der Menschen verlor die religiöse Sicht auf die Welt langsam an Bedeutung. Die Fortpflanzung des Menschen und anderer Tiere erklärte man sich zunehmend wissenschaftlich. Allerdings führte dies auch dazu, dass die biologischen Unterschiede der Geschlechter hervorgehoben und hierarchisiert wurden – in männlich-aktiv und weiblich-passiv.[5] Da wundert es nicht, dass der Sex der Spinnen, vor allem das teils aggressive Verhalten ihrer Weibchen, die Naturwissenschaftler des 18. Jahrhunderts zum Teil verstörte: Der schwedische Entomologe Carl de Geer beobachtete die Paarung zweier Spinnen und sah mit an, wie das Weibchen das Männchen in ein Netz wickelte und dann verschlang. Ein Anblick, der ihn, wie er schrieb, mit Entsetzen und Empörung erfüllte.[6]

Dass menschliche Frauen und Säuglinge die Geburt oft nicht überlebten, schien in einer männerdominierten Welt hinnehmbar. Dass es aber Arten gab, bei denen die männlichen Wesen Opfer ihrer Partnerinnen wurden, kam so manchem Herrn wohl etwas zu makaber und grausig vor.

Das scheinbare Missverhältnis zwischen den Geschlechtern der Webspinnen beschäftigt die Menschen seit Langem. Denn bis auf sehr wenige Ausnahmen gilt es für die gesamte Ordnung.[7] Noch immer ist unklar, wie es zu diesen Unterschieden kam. Charles Darwin und einige Zeitgenossen, wie der britische Arachnologe Octavius Pickard-Cambridge, sahen im Größenunterschied einen entscheidenden evolutionären Vorteil der kleineren Männchen, die so leichter aus den Fängen des stärkeren Weibchens nach der Paarung entkommen könnten.[8] Eine andere Theorie besagt, dass es den kleineren Männchen von baumbewohnenden Arten leichterfällt, sich mithilfe eines ausgeworfenen Ankerfadens und des Windes, Stichwort *Bal-*

looning, schneller fortzubewegen und so auf möglichst viele Weibchen zu treffen.[9]

Was die Spinnenmännchen dazu veranlasste, zu verzwergen, bleibt eine offene Frage. Eine andere ist, wie es dazu kam, dass die Weibchen so groß wurden. Und was es ihnen bringt, ihre Männchen zu fressen. Wenn Spinnenweibchen dies tun, dann nicht aus Gier oder Mordlust und längst nicht so oft wie gern behauptet. Denn die meisten Fälle von tödlichem Spinnen-Sex stammen aus Beobachtungen in Menschenobhut und haben häufig einen profanen Grund – die Männchen konnten in den begrenzten Boxen und Becken nicht weit genug fliehen.[10]

Um auch in der freien Wildbahn nicht gefressen zu werden, haben sich mache Spinnenmännchen spezielle Taktiken zugelegt. Die in unseren Gärten heimische List- oder Brautgeschenkspinne *(Pisaura mirabilis)* verdankt ihren Namen dem Verhalten der Männchen: Sie versuchen, die Weibchen mit einem in Seide eingesponnenen Beutetier zu bezirzen. Während das Weibchen sich über die Beute hermacht, begattet das Männchen sie ungefährdet. Ist alles vorbei, versucht es aber, ihr das Geschenk wieder zu entreißen, um es bei der Nächsten damit erneut zu probieren.[11]

So absurd es auch klingen mag, für Männchen kann es sogar von Vorteil sein, vom Weibchen gefressen zu werden. Da sich Spinnenweibchen mit mehreren Männchen paaren, bevor sie Eier legen, stammt der Nachwuchs meist von mehreren Vätern. Die Phase der Eiablage und des Kokonbaus ist äußerst kräftezehrend, da das Weibchen in dieser Zeit nicht frisst. Gut genährt hat das Weibchen aber mehr Energie, um noch mehr Eier zu legen. So erhöht sich für das Männchen wiederum die Wahrscheinlichkeit, dass der Nachwuchs von ihm stammt. Die Evolution fragt nicht nach dem Sinn, sondern nur nach dem

Weg. Was nicht stört, wird vererbt: Während kleinere Spinnenmännchen im Laufe der Jahrmillionen Vorteile hatten, konnten größere Weibchen mehr Eier produzieren.[12]

VON »PHALLISCHEN MÜTTERN« UND FLIEGENDEN UNTERTASSEN

Das Paarungsverhalten der Spinnen, vor allem aber der Aberglaube an ihre teuflische Abstammung sowie ihre angebliche »Mordlust« hatten Einfluss auf den Volksglauben und damit auch auf andere Zweige der Wissenschaften. Karl Abraham, Psychiater und Wegbereiter der Psychoanalyse in Deutschland, schrieb 1922 über die *Spinne als Traumsymbol*, dass diese in den Träumen seiner Patienten für die unterbewusste Angst stünde, beim inzestuösen Sex mit der eigenen Mutter ermordet zu werden. Im Grunde waren es drei Träume desselben Patienten, auf die er seinen Artikel stützte. Abraham bezog sich auf eine Bemerkung Sigmund Freuds, wonach ›die Spinne‹ »die Mutter, und zwar die böse, vom Kinde gefürchtete Mutter« darstelle, da sie kleinere Tiere jage. Abraham war zunächst skeptisch, schließlich gebe es auch andere »Lebewesen, die Jagd auf wehrlose, kleinere machen«. Er vermutete deshalb, dass diese Bedeutung »nicht für alle Fälle paßt oder doch nicht alleine ausreicht«. Er hielt das Symbol für mehrdeutig, doch die Ursachen für die Spinnen, die die Menschen in ihren Träumen heimsuchen, blieben zunächst unklar; die Literatur dazu war dürftig, und die Berichte seiner Kollegen waren Abraham zu oberflächlich oder speziell.

So blieben ihm nur die drei Träume seines Patienten, in denen Spinnen vorkamen. Im ersten sitzt eine Spinne an der Zimmerdecke und wird vom Dienstmädchen gegen den Willen des Patienten mit einem Besen erschlagen. Nach Abraham stellt die Spinne die Mutter und der Besen ein Phallussymbol dar. Ob im zweiten Traum im Beisein seiner Frau oder Mutter eine penisförmige Spinne (Phallussymbol) aus einem Aktenschrank springt und ihn durchs Zimmer verfolgt oder ob die Spinne, wie im dritten Traum, an einem Faden über dem Bett (Sie ahnen es: Phallussymbol) baumelt, während sich übers Laken ein ganzes Gespinst (das weiblich Genitale) legt – stets geht es um den Sex mit der »vermännlichten« mächtigen Mutter. Dennoch fand Abraham in den drei Träumen genügend Unterschiede, um zu dem Schluss zu kommen, dass das Symbol der Spinne vielleicht facettenreicher sei als bislang angenommen:

»Die Bedeutung der Spinne in der Volkspsychologie ist von psychoanalytischer Seite noch kaum gewürdigt. Daß sie sowohl als glückbringendes wie als unglückbringendes Zeichen gilt, darf wohl als Ausdruck einer allgemein verbreiteten ambivalenten Einstellung der Menschen zu diesem Tier angesehen werden.«[13]

Prominente Erwähnung fanden seine Annahmen bei Sigmund Freud, der darin vor allem »den Schrecken vor dem Mutterinzest und das Grauen vor dem weiblichen Genitale« erkannte.[14] Um das noch einmal zu verdeutlichen: Abraham stellte also eine Hypothese auf, die auf einer These Freuds beruhte. Und Freud wiederum zitierte von Abraham das, was seine eigene ursprüngliche These bestätigte. Mit der Wissenschaft ist es manchmal wie beim Billard: Wo der direkte Weg versperrt ist, hilft mancher sich, indem er über Bande spielt. So wundert es kaum, dass sich das Bild von der archetypischen, bösen Mutter durchgesetzt hat. Vielleicht lag es auch daran, dass es sich bei dem Beispiel nur um einen einzigen männlichen Patienten handelte. Bei Frauen dürfte sich das Bild anders darstellen – oder wie es der Literaturwissenschaftler Raimar Zons formuliert: »Da wundert uns nur noch, dass wir Spinnenphobien so viel häufiger bei Mädchen und Frauen als bei Knaben und Männern beobachten können.«[15]

Ob Abraham und Freud womöglich auch von den eigenen Beziehungen zu ihren Müttern auf die ihrer Patienten schlossen, ist nicht überliefert. Abrahams Wunsch, seine Beobachtungen sollten »zur Veröffentlichung ähnlicher und ergänzender Analysen« anregen, wurde drei Jahrzehnte später erfüllt.[16]

In seinem Werk *Ein moderner Mythus* beschrieb der Schweizer Psychiater und Psychoanalytiker Carl Gustav Jung mehrere Träume von Patientinnen, in denen Spinnen vorkamen. Eine Patientin sah im Traum »eine große metallene fliegende Spinne mit großen dunklen Augen«, eine Art fliegende Untertasse, aus deren Rumpf ein Gebet ertönte: »Führe uns hinunter und halte uns (sicher) unten … Trage uns in die Höhe!« Anschließend flog die Spinne zu einem Haus, in dem politische Entscheidungen getroffen wurden, wohl in der Absicht, die Entschlüsse positiv zu beeinflussen, wie Jung schrieb.[17] Dennoch ging er anschließend vor allem auf das negative Spinnenbild unseres Kulturkreises ein, das meist mit Angst und Aberglauben verbunden sei:

»Die Spinne und alle anderen Tiere, die kein warmes Blut oder kein zerebrospinales Nervensystem besitzen, funktionieren als Traumsymbole in der Rolle von Vertretern einer uns zutiefst fremden psychischen Welt.«[18]

Dies ließ Jung zu dem Schluss kommen, dass die Spinne hier für das nicht kontrollierbare Unbewusste stehe.[19]

DAS MYSTERIUM DER »MATRIPHAGIE«

Ganz egal, ob es nun um phallische Frauen oder fliegende Untertassen geht, so fällt doch auf, dass diese Art der Deutungen meist von Männern stammen. Wie die zoologische Spinnenforschung zeigt, ist die ›Spinne‹ als Sinnbild für übergriffige, menschliche Mütter allerdings ungenau und vor allem ungerecht. Denn einige Spinnenmütter verteidigen ihre Brut hartnäckig, manche opfern sich sogar für sie auf, mit Haut und Haaren.

Spinnen gelten als einzelgängerische Kannibalinnen, auf einen großen Teil der Arten trifft das die meiste Zeit über auch zu. Doch anders als das Klischee von der gnadenlosen Gattenmörderin ist allgemein wenig darüber bekannt, dass zahlreiche Spinnen ausgeprägte Mutterinstinkte zeigen. Viele verteidigen ihren Kokon gegen Feinde und beschützen ihre Jungen auch nach dem Schlupf. Wolfsspinnen-Weibchen etwa tragen sie eine Zeit lang auf dem Rücken mit sich herum. Bei den bereits erwähnten Listspinnen baut das Weibchen den Jungen ein zeltartiges Netz, in dem diese die ersten Tage ihres Lebens geschützt verbringen. Bei anderen Arten füttern die Mütter ihren Nachwuchs mit vorverdauter oder frisch erbeuteter Nahrung. Dieses Verhalten findet sich in den verschiedensten Spinnenfamilien wie Vogelspinnen, Trichterspinnen oder Kugelspinnen.[20] Bei der Gewöhnlichen Bodentrichterspinne *(Coelotes terrestris)* zeigen die Jungtiere sogar ein ausgeprägtes Bettelverhalten. Die Haubennetzspinnen der Gattung *Phylloneta*, harmlose Verwandte der Schwarzen Witwen *(Latrodectus)*, füttern ihren Nachwuchs mit hochgewürgtem Futterbrei – auch als Regurgitation bezeichnet. Erforscht wurde dies, indem man Muttertieren der Kleinen Haubennetzspinne *(Phylloneta sisyphia)* radioaktiv markierte

Fliegen zu fressen gab. Die strahlende Substanz fand sich später in den Jungtieren wieder.[21]

Einige Arten bilden sogar Mütterkolonien, in denen der Nachwuchs gemeinsam heranwächst, wie etwa bei *Stegodyphus dumicola.* Diese Vertreterin der Röhrenspinnen lebt in Trockengebieten im südlichen Afrika, wo sie auch *family spider* genannt wird. Die Weibchen bilden Kolonien von bis zu 200 Tieren, indem sie gemeinschaftliche Netze im dornigen Gestrüpp errichten. Die Insekten, die sich darin verfangen, dienen allen als Futter. Indem die Muttertiere mehr weiblichen als männlichen Nachwuchs hervorbringen, begrenzen sie die Zahl überflüssiger Männchen. So entstehen lange zurückreichende Mutterlinien. In dieser Form des Zusammenlebens bestehen sie seit zweieinhalb Millionen Jahren und trotzen dem widrigen Klima der Namib-Wüste. Ein »generationenübergreifendes Sozialleben« kommt jedoch nicht zustande. Wie viele Spinnen werden sie nicht sehr alt; sie leben nur ein Jahr. Nach dem Tod der Mütter übernimmt die Kindergeneration das Gespinst und pflanzt sich untereinander fort. Die geschlechtsreifen Weibchen einer Generation helfen sich beim Kokonbau und sterben nach dem Schlupf der Jungen, denen sie danach noch als Futter dienen. Auch die »Tanten«, die nichtträchtigen Schwestern der Eier legenden Weibchen, opfern sich für die nächste Generation und lassen sich fressen.[22]

Dieses Phänomen, auch ›Matriphagie‹ oder ›Gerontophagie‹ genannt, kommt im Tierreich recht selten vor. Doch wir müssen nicht nach Namibia reisen, um es zu beobachten; es geschieht jedes Jahr in unseren Wäldern und Gärten, an unseren Gemäuern und unter unseren Fenstern. Hier leben die nur rund einen Zentimeter großen Finsterspinnen der Gattung *Amaurobius* unter Holz und Steinen, in Ritzen und Spalten.

Mit etwas mehr als einem Jahr sind sie geschlechtsreif. In ihrem zweiten Frühjahr paaren sie sich, anschließend baut das Weibchen einen Kokon, in den es rund 40 Eier legt. Diese bewacht es so lange, bis die Jungen schlüpfen. Anschließend sorgen Enzyme in seinem Körper dafür, dass dieser sich allmählich auflöst. Die sterbende Mutter dient ihrem Nachwuchs als erste Nahrung. So gestärkt können die Jungspinnen ihr Leben als Einzelgängerinnen starten und den zweijährigen Kreislauf von Neuem beginnen lassen.[23]

Obwohl weniger als ein Tausendstel der rund 52 000 bestimmten Arten sozial lebt, findet sich dieses Verhalten in den verschiedensten Spinnenfamilien, bei Kugelspinnen und Röhrenspinnen ebenso wie bei Radnetzspinnen und Vogelspinnen. Es spricht daher einiges dafür, dass es sich im Laufe der Evolution unabhängig voneinander entwickelte.[24]

Forschungen legen nahe, dass das nicht-territoriale, soziale Zusammenleben wie bei der sogenannten *familiy spider (Stegodyphus dumicola)* in Namibia dann entsteht, wenn es lange Abstammungslinien von Muttertieren gibt, die sich intensiv gemeinsam um den Nachwuchs kümmern. Kolonien von Spinnen, in denen jede einzelne von ihnen ihr eigenes Territorium behält, scheinen hingegen eher sporadisch aufzutreten, etwa dann, wenn es die ökologischen Bedingungen ermöglichen oder erfordern.[25] Auf die Mütter kommt es also an.

Das Muttersein mag ein Instinkt sein. Aber er ist nicht nur den sogenannten höher entwickelten Lebewesen zu eigen. Das rüttelt an der überhöhten Position, die sich Menschen im Laufe von Jahrhunderten angedichtet haben. Für Horst Stern schien die Sache klar zu sein. Am Ende seines berühmten und bis heute viel gelobten Dokumentarfilms *Leben am seidenen Faden* kommt er auf die sozialen Fähigkeiten der weiblichen Spinnen zu sprechen. Trotz aller mütterlichen Eigenschaften seien diese …

»[…] doch nur Marionetten, die an den Drähten von Außenweltreizen hängen. Eier, Kokons und die Jungen sind nichts als optisch, geruchlich oder durch Fühlen erkannte Reizquellen, auf die sie automatenhaft mit den passenden Mutterhandlungen reagieren.«[26]

Wahrscheinlich folgte Stern einer guten Absicht, versuchte er doch, dem tradierten Schreckens- und Ekelbild von der teuflischen ›Spinne‹ die nüchternen Fakten entgegenzusetzen. Vor lauter Fakten hat Stern jedoch die Empathie vergessen. Und so sagt es wohl mehr über ihn, seine Zeit und die damalige Sicht auf Tiere aus als über die Spinnen selbst. Es scheint, als sei auch mehr als drei Jahrhunderte nach dem Philosophen René Descartes, der Tiere als belebte Automaten ansah und ihnen ein Seelenleben absprach, nicht allzu viel neues Wissen hinzugekommen.[27] Die moralische Kluft, die Descartes zwischen Mensch und Tier sah, ist trotz aller Erkenntnisse aus Zoologie, Evolutions- und Verhaltensforschung noch längst nicht zugeschüttet. »Gegen Spinnenfurcht hilft nur Spinnenwissen«, sagt Stern am Ende. Doch Wissen und Vernunft allein, das hat sich gezeigt, reichen nicht. Es braucht mehr – den Versuch des

Verstehens. Und es braucht Empathie. Ohne sie ist Wissen so wenig wert, wie in einem Buch zu lesen, dessen Sprache man nicht spricht. Also Empathie und keine Furcht, wenn, dann Ehrfurcht vor diesen Wesen, die bereits so viel länger auf Erden leben, als wir es wohl je schaffen werden.

Die Spinnen werden uns wohl niemals verraten, wie sie Seide spinnen, geschweige denn wie (menschliche) Gesellschaften zu gestalten oder Geschlechterkämpfe zu schlichten sind. Was sie uns aber vorleben, ist es, bei sich zu bleiben und auf die eigenen Stärken zu setzen. So wie sie es seit Jahrmillionen tun.

In ihrem Gedicht *Ode à ma mère* nennt Louise Bourgeois ihre Mutter »[m]eine beste Freundin«. Sie beschreibt sie als »bedächtig, klug, geduldig, beruhigend, vernünftig, zierlich, subtil, unverzichtbar, ordentlich und so nützlich wie eine Spinne«.[28]

Sie hatte von ihrer Mutter etwas gelernt, das sie in den Spinnen wiedererkannte, ohne diese zu vermenschlichen. Eine Spinnentugend, wenn man so will. Eine solche erlernte auch ich von meiner Mutter, als ich mir als Achtjähriger eine Vogelspinne als Haustier wünschte. Was Kinder von ihren Eltern lernen, ist nicht immer das, was diese bezwecken. Oft ist es Nebensächliches, das später große Wirkung entfaltet. Meine Mutter trug mir auf, mich zu gedulden, bis ich alt genug sei. Damit ich lernte, was es heißt, auf etwas, das einem wichtig ist, zu warten. Und so wartete ich.

Das Warten hat sich gelohnt; es blieb nicht bei der einen Spinne, es wurde zu einer Leidenschaft, die schließlich zu diesem Buch führte. All das hat meine Mutter nicht bezweckt, aber dennoch hat sie ihren Anteil daran. Wofür ich ihr von Herzen danke und weshalb ich ihr dieses Buch widme.

DANK

Auch wenn der Grundstein zu diesem Buch viel früher gelegt worden ist, so hat die konkrete Arbeit daran, das Recherchieren und Schreiben, im Sommer 2020 begonnen. Auf diesem langen Weg haben mir viele Menschen mit Rat und Tat zur Seite gestanden, wofür ich mich ebenfalls bedanken möchte.

Zunächst einmal danke ich meiner Lektorin Nicola von Bodman-Hensler vom Hanser-Verlag für ihr Vertrauen und die Unterstützung meiner Arbeit. Außerdem danke ich Annika Domainko, die ebenfalls an der Entstehung beteiligt war. Ebenso danke ich Christine Reisach und Martina Arendt für die wieder einmal gelungene Feinabstimmung am Ende.

Sehr unterstützt hat mich insbesondere Peter Jäger, indem er mir Fachfragen beantwortete, Literatur beschaffte, Kontakte herstellte und mir im Rahmen einer Veranstaltung im Senckenberg-Forschungsinstitut die Möglichkeit gab, erste Ergebnisse meiner Recherche vorzustellen. Peter Klaas danke ich sehr für ein langes, erhellendes Gespräch sowie den Besuch in seinem »Palast«.

Für Hinweise auf Spuren der Spinnen in den Kulturen überall auf der Welt danke ich Darko D. Cotoras, Shlomo Raskin, Emre Tanyeli und Tong Yali. Für das Empfehlen und Beschaffen von Literatur zur Geschichte der Terraristik danke ich Jens Crueger und Manfred Niekisch.

Bedanken möchte ich mich auch bei Anna Bartz und André Wannemüller, die mir von ihren Forschungen an und Erkenntnissen über Spinnen im Bereich der Medizin und Psychologie berichteten. Ebenfalls Anregungen lieferten mir die Gespräche mit Dominik Hünniger und Mieke Roscher.

Ganz besonders danken möchte ich Emine Sevgi Özdamar, die bereit war, mir von ihrer ganz persönlichen Beziehung zu den Spinnen zu erzählen. Wie ich erst später erfuhr, glauben auch die Menschen in manchen Gegenden Anatoliens, dass der Anblick einer Spinne ein gutes Omen sei. Es gibt dazu sogar ein eigenes Sprichwort, und so wünsche ich ihr: Örümcekler her zaman senin yakınlığını arasın! Mögen die Spinnen stets Ihre Nähe suchen!

Und zu guter Letzt seien hier auch noch all die Spinnen erwähnt, die mir, seit ich denken kann, täglich begegnen. Mag ich auch nur ein Schatten auf ihrem Weg sein, mir zaubert die Begegnung mit ihnen jedes Mal ein Lächeln ins Gesicht.

ANMERKUNGEN

1 NÄHE

1 Horst Stern/Ernst Kullmann, Leben am seidenen Faden. Die rätselvolle Welt der Spinnen, München 1981, 105–106.
2 Übers. n. Esther Woolfson, Field Notes From a Hidden City. An Urban Nature Diary, Berkeley 2014, 148–149: »*I've always had an amicable relationship with spiders, if ›relationship‹ is the correct word. I fully accept that it's one-sided, that their sole requirement is for me to stay as far away from them as possible, but I like and admire them as I'd admire anything described as ›small upon the earth but exceeding wise‹ […]. You may, I think, live more easily in the world if you like spiders.*«
3 Vgl. Chris Philo/Chris Wilbert, Animal spaces, beastly places. An introduction, in: Dies. (Hg.), Animal Spaces, Beastly Places. New geographies of human—animal relations, London/New York 2000, 1–35, 13.
4 Stern/Kullmann, Leben, 105.
5 Zit. n. Roland Borgards/Esther Köhring/Alexander Kling (Hg.), Texte zur Tiertheorie, Ditzingen 2015, 286.
6 Vgl. u. a. Markus Wild, Tiere sind wie Menschen, weil Menschen Tiere sind, in: TIERethik 7 (2015) 10, 39–54; Eric T. Olson, Animalismus als Theorie der menschlichen Person, in: ethica 33 (2019), 99–107.
7 Roland Borgards (Hg.), Tiere. Kulturwissenschaftliches Handbuch, Stuttgart 2016, 1.
8 Vgl. Eva Meijer, Die Sprachen der Tiere (*Naturkunden 44*), Berlin 2018, 13.
9 Vgl. Sandra Swart, »The World the Horses Made«. A South African Case Study of Writing Animals into Social History, in: International Review of Social History 55 (2010), 241–263.
10 Sue Donaldson/Will Kymlicka, Zoopolis. Eine politische Theorie der Tierrechte, Berlin 2013, 467–470.
11 Borgards, Tiere, VII.

2 WERK

1 Vgl. u. a. James Hall, ›Here, in Her Hairs/The Painter Plays the Spider …‹. Spider Metaphors in William Shakespeare and Nicholas Hilliard, in: Oxford Art Journal 44 (2021) 1, 23–46, 33–34.

2 Zur Evolution des Netzes vgl. Interview mit Peter Jäger, geführt von Jan Mohnhaupt, 19.06.2023, Aufzeichnungen beim Autor; Hendrik Bargel/Charlotte Hopfe/Thomas Scheibel, Proteinfasern als Hochleistungsmaterial. Evolution, Eigenschaften und Anwendungen von Spinnenseide, in: Biologie unserer Zeit 50 (2020) 6, 434–443; zur Häufigkeit des Radnetzes vgl. Stern/Kullmann, Leben, 24.

3 Bargel/Hopfe/Scheibel, Proteinfasern, 435; Wolfgang Nentwig/Jutta Ansorg/Angelo Bolzern et al., Spinnen – Alles, was man wissen muss, Berlin 2022, 93.

4 Zu den Eigenschaften der Spinnenseide vgl. u. a. Delta Willis, Der Delphin im Schiffsbug. Wie Natur die Technik inspiriert, Basel 1997, 25; Nentwig/Ansorg/Bolzern et al., Spinnen. Alles, was man wissen muss, 84–88; Christina Allmeling/Kerstin Reimers/Peter M. Vogt, Wunderwerkstoff der Natur. Spinnenseide in der plastischen Chirurgie, in: Chemie in Unserer Zeit 41 (2007) 6, 428–434, 428–429; zum Weltrekord vgl. Westdeutscher Rundfunk, Weltweit einmaliger Rekord für die ARD-Sendung »Kopfball«. Seil aus Spinnenseide kann einen Menschen halten, Presseportal, URL: https://www.presseportal.de/pm/7899/1732419 (abgerufen am 26.02.2024).

5 Interview mit Anna Bartz, geführt von Jan Mohnhaupt, 25.07.2023 und 26.02.2024, Aufzeichnungen beim Autor; vgl. auch UKB Newsroom, Spinnenseide zur Heilung von Knochen und Knorpel, Universitätklinikum Bonn, URL: https://www.ukbnewsroom.de/spinnen seide-zur-heilung-von-knochen-und-knorpel/ (abgerufen am 26.02.2024).

6 Julius Berendes (Hg.), Des Pedanios Dioskurides aus Anazarbos Arzneimittellehre in fünf Büchern. Zweites Buch, Stuttgart 1902, 172–173.

7 Übers. n. Eleazar Albin, A Natural History of Spiders, and Other Curious Insects, London 1736, 4: »*Their web, with the addition of frog-spawn is a most excellent styptick for bleeding at the nose, or any slight wound of the body.*«

8 Zu Browne vgl. William B. Ashworth Jr, Natural History and the Emblamatic World View, in: Donald Preziosi/Claire Farago (Hg.), Grasping the World. The Idea of the Museum, Oxford/New York 2018, 144–158, 151;

zur kritischen Einordnung Albins vgl. u. a. William S. Bristowe, Spiders, London/New York 1947, 6–7; Jakob E. Walter, A Look at Arachnology in the 18th Century, in: Ekológia 19 (2000) 3, 281–282.

9 Zu Westafrika vgl. Rebekah Higgitt, From cobwebs to silk. A world of human uses for spider thread, The Guardian, URL: https://www.theguardian.com/science/the-h-word/2016/oct/03/cobweb-silk-science-technology-spider-thread (abgerufen am 29.11.2023); zu Vanuatu vgl. Eleanor Morgan, Sticky Layers and Shimmering Weaves. A Study of Two Human Uses of Spider Silk, in: Journal of Design History 29 (2015) 1, 8–23, 9–10; zu Neuguinea vgl. H. V. Weems/G. B. Edwards, Golden silk spider, University of Florida Institute of Food and Agriculture Sciences, URL: https://entnemdept.ufl.edu/creatures/misc/golden_silk_spider.htm (abgerufen am 27.11.2023).

10 Zit. n. Klaus Lindemann/Raimar Stefan Zons (Hg.), Lauter schwarze Spinnen. Spinnenmotive in der deutschen Literatur. Eine Sammlung, Bonn 1990, 135.

11 Vgl. u. a. Sebastian Gießmann, Die Verbundenheit der Dinge. Eine Kulturgeschichte der Netze und Netzwerke, Berlin 2016, 110–114; Katarzyna Michalski/Sergiusz Michalski, Spider, London 2010, 79–80.

12 Zit. n. Lindemann/Zons, Lauter, 135.

13 Zit. n. Hermann Grothe, Bilder und Studien zur Geschichte vom Spinnen, Weben, Nähen, Berlin 1875, 114.

14 Vgl. Francois Xavier Bon, A discourse upon the usefulness of the silk of spiders. By Monsieur Bon, President of the Court of Aydes and Finances, and President of the Royal Society of Science at Montpellier. Communicated by author, in: Philosophical Transactions of the Royal Society 27 (1710), 2–16, 11–14.

15 Paul Mazliak, La biologie au Siècle des Lumières, Paris 2006, 40; Eleanor Morgan, Grossamer Days, Spiders, Humans and Their Threads, London 2016, 64; Kurt Floericke, Spinnen und Spinnenleben, Stuttgart 1919, 73.

16 Vgl. Morgan, Sticky, 13; vgl. Floericke, Spinnenleben, 73–74.

17 Zur Geschichte der Nutzung von Spinnenseide vgl. Nentwig/Ansorg/Bolzern et al., Alles, 85–91; Floericke, Spinnenleben, 73–74; O. A., Rival of the Silkworm, in: The Literary Digest 23 (1900), 697.

18 Zu Peers' und Godleys Spinnen-Kleidung vgl. Nentwig/Ansorg/Bolzern et al., Alles, 86–88; Higgitt, Cobwebs, theguardian.com.

19 Zur Spinnenseide in der Astronomie vgl. Rudolf Wolf, Handbuch der Astronomie, ihrer Geschichte und Litteratur. Drittes Buch: Theorie der Instrumente und Messungen, Zürich 1892, 22–23; Franz M. Feld-

haus, Lexikon der Entdeckungen und Erfindungen auf den Gebieten der Naturwissenschaften und Technik, Heidelberg 1904, 52; Nentwig/Ansorg/Bolzern et al., Alles, 87.

20 Vgl. Shigeyoshi Osaki, Spider Silk Violin Strings with a Unique Packing Structure Generate a Soft and Profound Timbre, in: Physical Review Letters 108 (2012) 15, Art. 154301; Jason Palmer, Spider silk spun into violin strings, BBC, URL: https://www.bbc.com/news/science-environment-17232058 (abgerufen am 06.12.2023).

21 Interview Bartz, 25.07.2023.

22 Etymologisches Wörterbuch, Stichwort »Kunst«, 745.

23 Theodor W. Köhler, Homo animal nobilissimum. Konturen des spezifisch Menschlichen in der naturphilosophischen Aristoteleskommentierung des dreizehnten Jahrhunderts. Teilband 2.1 (*Studien und Texte zur Geistesgeschichte des Mittelalters 114/1*), Leiden/Boston 2014, 129.

24 Vgl. ebd., 112.

25 Zit. n. Ekkehard Martens, Der Faden der Ariadne. Über kreatives Denken und Handeln *(Bibliothek Metzler 4)*, Stuttgart 1991, 37; vgl. auch Borgards, Tiere, 211 und 220.

26 Vgl. Bernd Rieken, Arachne und ihre Schwestern. Eine Motivgeschichte der Spinne von den ›Naturvölkermärchen‹ zu den ›Urban Legends‹ *(Internationale Hochschulschriften 403)*, Münster/New York/München/Berlin 2006, 124.

27 Zum Symbol der Schöpfung vgl. u. a. Jürgen Döring, Der Mensch-Tier-Vergleich. Die Spinnen als Zeichen, in: Gerhard Langemeyer (Hg.), Bild als Waffe. Mittel und Motive der Karikatur in fünf Jahrhunderten [Katalog zur Ausstellung im Wilhelm-Busch-Museum, Hannover (7. Oktober bis 2. Januar 1985), im Museum für Kunst und Kulturgeschichte der Stadt Dortmund (18. Januar bis 10. März 1985), in der Kunstsammlung der Universität und dem Kunstverein Göttingen (17. März bis 30. April 1985) und im Münchner Stadtmuseum (9. Mai bis 28. Juli 1985)], München 1985, 238–249, 238; zum Symbol des Gesetzes vgl. Michalski/Michalski, Spider, 57–58.

28 Vgl. Köhler, Homo, 114–118.

29 Vgl. ebd., 372.

30 Zit. n. Borgards, Tiertheorie, 43–44; auf Montaigne bezieht sich wohl auch Hans Jakob Christoffel von Grimmelshausen, Der abenteuerliche Simplicissimus Deutsch, Berlin 2018, 153.

31 Vgl. Martens, Ariadne, 19–20.

32 Karl Marx, Das Kapital, Band 1, Berlin 1947, 186.

33 Jean-Henri Fabre, Spinnen, Berlin 2019, 144–146.

34 Zit. n. Torsten Meyer, Das Netzwerk-Sujet, in: Florian Kiefer/Jens Holze (Hg.), Netzwerk als neues Paradigma? Interdisziplinäre Zugänge zu Netzwerktheorien (*Medienbildung und Gesellschaft* 39), 39–63, 41.

35 Vgl. Willis, Schiffsbug, 17; vgl. Sascha Roesler, Bauen ohne Hand und Hirn. Anmerkungen zum Begriff der Tierarchitektur, in: Tierstudien 1 (2012), Animalität und Ästhetik, 93–104, 101.

36 Tomas Saraceno/Peter Jäger, Unser Kosmos ist (fast) wie ein Spinnennetz, in: Senckenberg 142 (2012) 5/6, 220–227, 226; vgl. auch Saraceno, *14 Billions (Working Title)*, URL: https://studiotomassaraceno.org/14-billions-working-title/ (abgerufen am 23.11.2023).

37 Kito Nedo, Arachnophilia, Süddeutsche Zeitung, 18.12.2019, URL: https://www.sueddeutsche.de/kultur/portraet-des-kuenstlers-tomas-saraceno-arachnophilia-14728417 (abgerufen am 23.11.2023); vgl. auch Verena Emke, Im Zeitalter der Luft, Zeit Online, 09.09.2017, URL: https://www.zeit.de/kultur/kunst/2017-09/tomas-saraceno-kunstprojekt-luft-raum fahrt-nachhaltigkeit-suedkorea-gwangju/komplettansicht (abgerufen am 23.11.2023).

38 Zu Details und Ergebnissen der Versuche vgl. Hans M. Peters/Peter N. Witt/Dieter Wolff, Die Beeinflussung des Netzbaus der Spinnen durch neurotrope Substanzen, in: Zeitschrift für vergleichende Physiologie 32 (1950), 29–45; Hans M. Peters/Peter N. Witt, Die Wirkung von Substanzen auf den Netzbau der Spinnen, in: Experientia 5 (1949) 4, 161–162; Peter Witt, Spider Webs and Drugs, in: Scientific American 191 (1954) 6, 80–86; ders., Drugs Alter Web-building of Spiders. A Review and Evaluation, in: Behavioral Science 16 (1971) 1, 98–113.

39 Übers. n. Todd Collins, Raleighite behind Skylab spiders, in: Raleigh Times, 25.07.1973.

40 Übers. n. Witt, Drugs, 86.

41 Vgl. Collins, Raleighite, 1973.

42 Zur Geschichte der Tiere im All vgl. Tara Gray, A Brief History of Animals in Space, NASA, URL: https://history.nasa.gov/animals.html; Eric Betz, The First Earthlings Around the Moon Were Two Soviet Tortoises, Discover Magazine, https://web.archive.org/web/20190928192410/http://blogs.discovermagazine.com/crux/2018/09/18/zond-5-soviet-tortises-around-the-moon/#.XY-zdJd_r2c; Mats Schönauer, Leben im All, Zeit Online, URL: https://www.zeit.de/2023/34/weltall-astronauten-tiere-weltraumforschung (alle abgerufen am 07.12.2023).

43 Zum Raumflug von Arabella und Anita vgl. Lee R. Summerlin, Skylab,

Classroom in Space, Washington D. C. 1977, 41–49; John Uri, Skylab 3. Return to Skylab, NASA, URL: https://www.nasa.gov/history/skylab-3-return-to-skylab/ (abgerufen am 08.12.2023), Elena Passarello, Berühmte Tiere der Menschheitsgeschichte, München 2018, 159–173.

44 Zum zweiten Spinnen-Raumflug vgl. Samuel Zschokke/Stefanie Coutryman/Paula E. Cushing, Spiders in space – orb-web-related behaviour in zero gravity, in: The Science of Nature 108 (2021) 1, 1–10.

45 Ein Video zum Aufbau der Versuchsboxen findet sich hier: NASA's Johnson Space Center, Expedition 27: Spiders in Space, YouTube, 2 Min., USA 2011, URL: https://www.youtube.com/watch?v=6USwy2NdO5c (abgerufen am 08.12.2023).

46 Vgl. Zschokke/Countryman/Cushing, Gravity, 1–10; das Video findet sich hier: BioServe Space Technologies, Spiders in Space, Esmerelda [sic] builds a web in Space, YouTube, 7 Min., USA 2011, URL: https://www.youtube.com/watch?v=dc6YKpwcfNY (abgerufen am 08.12.2023).

47 Vgl. Rieken, Arachne, 38.

3 LEIB

1 Zur Skulptur vgl. o. A., Pascali, Pino, La vedova blu, 1968, Mumok, URL: https://www.mumok.at/de/la-vedova-blu (abgerufen am 15.12.2023).

2 Hundert Jahre später erschien eine kommentierte deutsche Übersetzung, vgl. Friedrich Heinrich Wilhelm Martini/Johann August Ephraim Goeze (Hg.), Des Martin Listers Naturgeschichte der Spinnen überhaupt und der Engellaendischen Spinnen insonderheit, Quedlinburg/Blankenburg 1778.

3 Vgl. Walter, Arachnology, 281–282.

4 Vgl. Borgards, Tiere, 140 und 146; Interview mit Dominik Hünniger, geführt von Jan Mohnhaupt, 12.06.2023, Aufzeichnung beim Autor; zur Einteilung und Fortpflanzung der Spinnen bei Aristoteles vgl. Anton Schneider, Monographie der Nematoden, Berlin 1866, 2; Wilhelm Capelle, Das Problem der Urzeugung bei Aristoteles und Theophrast und in der Folgezeit, in: Rheinisches Museum für Philologie 98 (1955) 2, 150–180, 159–160.

5 Zu Konrad v. Megenberg und Paracelsus vgl. Lindemann/Zons, Lauter, 46 und 54; zu Edward Topsell vgl. ders., History of Four-footed Beasts and Serpents, London 1658, 1072; Bristowe, Spiders, 5–6.

6 Interview D. Hünniger, 12.06.2023.

7 Vgl. Simone de Beauvoir, Das andere Geschlecht. Sitte und Sexus der Frau, Reinbek 1984, 199; zum »kleinen widerlichen Insekt« siehe Döring, Zeichen, 238; das »achtbeinige Insekt« findet sich bei Gießmann, Verbundenheit, 53.

8 Zum Alter der Spinnen vgl. u. a. Nicole L. Garrison/Juanita Rodriguez/Ingi Agnarsson et al., Spider phylogenomics. Untangling the Spider Tree of Life, in: PeerJ 4 (2016), e1719, 1–3; Paul A. Zahl, What's So Special About Spiders?, in: National Geographic 140 (1971) 2, 190–219, 198, Nentwig/Ansorg/Bolzern et al., Alles, 14; zum ältesten Fossil Deutschlands vgl. Jason A. Dunlop, The first Palaeozoic spider (Arachnida: Araneae) from Germany, in: PalZ 97 (2023), 497–504, 497–498.

9 Zum Arten-Boom vgl. Garrison/Rodriguez/Agnarsson et al., Phylogenomics, 1.

10 Vgl. Ralf Stork, Auferstanden aus Mondlandschaften, in: Spektrum.de, URL: https://www.spektrum.de/news/ehemalige-bergbau-gelaende-ziehen-seltene-arten-an/1538967 (abgerufen am 17.12.2023).

11 Zum ›Ballooning‹ vgl. u. a. Anna Marie Roos, Web of Nature: Martin Lister (1639–1712), the First Arachnologist (*History of Science and Medicine Library 22; Medieval and Early Modern Science 16*), Leiden/Boston 2011, 106–107; R. A. Ellis, Im Spinnenland (*Schriften des Deutschen Lehrer-Vereins für Naturkunde 27*), Stuttgart 1913, 33.

12 Peter Jäger, Spiders as Kitesurfers, in: Newsletter of the British Arachnological Society 126 (2013), 11; Interview mit dems., geführt von Jan Mohnhaupt, 19.06.2023, Aufzeichnungen beim Autor.

13 Zur Warmhaus-Riesenkrabbenspinne vgl. Interview P. Jäger, 19.06.2023; vgl. P. M. C. Croeser, A revision of the African huntsman spider genus Palystes L. Koch, 1875 (Araneae: Heteropodidae), in: Annals of the Natal Museum (1996) 37, 1–122, 107; Emmanuel Delfosse, Répartition, taxinomie et biologie de l'Araignée des régimes de bananes *Heteropoda venatoria* (Linné, 1767) (Arachnida: Araneae: Heteropodidae), in: Le bulletin d'Arthropoda 24 (2005) 2, 3–17, 3–4.

14 »Erfolgsmodell der Evolution« zit. n. Nentwig/Ansorg/Bolzern et al., Alles, 14; zur Zahl der bekannten Spinnenarten vgl. World Spider Catalog, Natural History Museum Bern, URL: http://wsc.nmbe.ch (abgerufen am 18.12.2023); Schätzung laut Jäger, 19.06.2023.

15 Zit. n. Ellis, Spinnenland, 103; vgl. Stern/Kullmann, Leben, 129–130; Interview P. Jäger, 19.06.2023.

16 Vgl. Franziska Witschi, Spinnen (*Schriftenreihe der Vontobel-Stiftung*

1740), Zürich 2006, 45; Martin Nyffeler/Klaus Birkhofer, An estimated 400–800 million tons of prey are annually killed by the global spider community, in: The Science of Nature 104 (2017), Artikel-Nr. 30.

17 Vgl. Nentwig/Ansorg/Bolzern et al., Alles, 159–160.

18 Deutsche Presse-Agentur (DPA), Spinnenarten in MV: jede zehnte Art vom Aussterben bedroht, in: Zeit Online, 18.01.2023, URL: https://www.zeit.de/news/2023-01/18/spinnenarten-in-mv-jede-zehnte-art-vom-aussterben-bedroht (abgerufen am 18.12.2023); O. A., Rette die Spinnen!, in: Deutschlandfunk Nova, 07.11.2019, URL: https://www.deutschlandfunknova.de/beitrag/artenvielfalt-spinnen-in-deutschland-bedroht (abgerufen am 18.12.2023).

19 Vgl. Jan Mohnhaupt, Schneller Sex, schnell weglaufen, in: Der Tagesspiegel, 20.06.2016, URL: https://www.tagesspiegel.de/gesellschaft/schneller-sex-schnell-weglaufen-5474719.html (abgerufen am 19.12.2023).

20 Zu arktischen Wolfsspinnen vgl. Amanda M. Koltz/Aimée. T. Classen/Justin P. Wright, Warming reverses top-down effects of predators on belowground ecosystem function in Arctic tundra, in: PNAS 115 (2018) 32, 7541–7549; Theresa Machemer, Klimawandel lässt Spinnen wachsen – und das hat Vorteile, in: National Geographic, 25.07.2018, URL: https://www.nationalgeographic.de/tiere/2018/07/klimawandel-laesst-spinnen-wachsen-und-das-hat-vorteile (abgerufen am 18.12.2023).

21 Peter Jäger, A new species of Heteropoda (Araneae, Sparassidae, Heteropodinae) from Laos, the largest huntsman spider?, in: Zoosystema 23 (2001) 3, 461–465.

22 Chris A. Hamilton/Brent E. Hendrixson/Jason E. Bond, Taxonomic revision of the tarantula genus Aphonopelma Pocock, 1901 (Araneae, Mygalomorphae, Theraphosidae) within the United States, in: ZooKeys 560 (2016), 1–340, 169.

23 Daniel Lingenhöhl, Stars als Spinnen, Spektrum – Die Woche 29 (2009), URL: https://www.spektrum.de/news/stars-als-spinnen/1001741 (abgerufen am 20.12.2023).

24 Zu Jägers Namensgebungen vgl. u. a. ebd.; dpa, Noch mehr prominente Spinnenarten, in: Magdeburger Volksstimme, 13.03.2021, 2; Burkhard Straßmann, Die spinnen, die Menschen, Die Zeit, 27.03.2021, URL: https://www.zeit.de/2021/13/spinnen-insekten-nahrungsketten-vogelspinne-forschung-arten (abgerufen am 20.12.2023).

25 Floericke, Spinnenleben, 45.

26 Fred R. Wanless, A revision of the spider genus Portia (Araneae: Salticidae), in: Bull. Br. Mus. Nat. Hist. (Zoology) 34 (1978) 3, 83–124, 85.

27 Franz Doflein verwendete den damals gültigen Artnamen *Dendryphantes nidicolens.*

28 Ders., Mazedonien. Erlebnisse und Beobachtungen eines Naturforschers im Gefolge des deutschen Heeres, Jena 1921, 304.

29 Vgl. Oskar Drees, Untersuchungen über die angeborenen Verhaltensweisen bei Springspinnen (Salticidae), in: Zeitschrift für Tierpsychologie 9 (1952) 2, 169–207, 170; er verwendete den damals gültigen Artnamen *Epiblemum scenicum.*

30 Ebd., 175–176.

31 Ebd., 205–206.

32 Ellis, Spinnenland, 90.

33 Vgl. Duane P. Harland/Robert R. Jackson, ›Eight-legged cats‹ and how they see – a review of recent research on jumping spiders (Araneae: Salticidae), in: Cimbebasia 16 (2000), 231–240, 231.

34 Vgl. Karl Lentzner, Ophelia und Porzia. Zwei Shakespeare'sche Frauen-Charaktere. Nach Briefen von Helena Faucit Martin, Leipzig 1890, 36.

35 William Shakespeare, Der Kaufmann von Venedig, Leipzig 1900, 59; vgl. engl. Original ebd.: »*Here in her hairs / The painter plays the spider, and hath woven / A golden mesh to entrap the hearts of men / Faster than gnats in cobwebs.*«

36 Vgl. Hall, Metaphors, 34–37.

37 Wanless, Portia, 84.

38 Zur »aggressiven Mimikry« vgl. u. a. Nentwig/Ansorg/Bolzern et al., Alles, 149; Robert R. Jackson/Simon D. Pollard, Predatory Behaviour of Jumping Spiders, in: Annual Review of Entomology 41 (1996), 287–308, 292.

39 BBC Earth, The Hunt, YouTube, URL: https://www.youtube.com/watch?v=UDtlvZGmHYk (abgerufen am 21.12.2023).

40 Für alle Infos zum Jagdverhalten der Gattung *Portia* vgl. Harland/Jackson, Cats, 231–237; Jackson/Pollard, Behaviour, 287–294; Nentwig/Ansorg/Bolzern et al., Alles, 149.

41 Vgl. Daniela C. Rößler/Kris Kim/Massimo de Agrò et al., Regularly occurring bouts of retinal movements suggest an REM sleep–like state in jumping spiders, in: PNAS 119 (2022) 33, Art. e2204754119.

42 Interview P. Jäger, 19.06.2023.

4 SPRACHE

1 Zur Orakelspinne vgl. Johannes Ittmann, Orakelwesen im Kameruner Waldland, in: Anthropos 55 (1960) 1/2, 114–134, 123–124; zur Urspinne vgl. Pedro Mege Rosso, Mitos y ritos herméticos de las maestras textileras mapuches, in: Aisthesis 62 (2017), 151–171, 152; zur Hausspinne vgl. Emine Sevgi Özdamar, Das Leben ist eine Karawanserei, hat zwei Türen, aus einer kam ich rein, aus der anderen ging ich raus, Köln 1994, 27.

2 Zu »picacaballo« und »matacaballo« vgl. Carlos G. Perna/Carolin S. Scipioni, Wörterbuch der nicaraguanischen Alltagssprache. Nica–Deutsch, o. Ort 2020, 204; zur »Karakurte« vgl. Ingeborg Hauenschild, Die Tierbezeichnungen bei Mahmud al-Kaschgari. Eine Untersuchung aus sprach- und kulturhistorischer Sicht (*Turcologica* 53), Wiesbaden 2003, 71.

3 Vgl. Rieken, Arachne, 108.

4 Zu *Maya* vgl. u. a. Martens, Ariadne, 68–70; Paul Michael Lützeler, Bürgerkrieg global. Menschenrechtsethos und deutschsprachiger Gegenwartsroman, Leiden 2009, 161; Rolf Cantzen, »Sie wob ihr Netz aus Gift«. Spinnen in der Literatur, Radiofeature Deutschlandfunk Kultur, URL: https://www.deutschlandfunkkultur.de/spinnen-in-der-literatur-sie-wob-ihr-netz-aus-gift-100.html (abgerufen am 09.11.2023).

5 Zu den Bantu vgl. Rieken, Arachne, 27–29; zu den Jukun vgl. Lou Lichtveld, Op zoek naar de spin, in: De West-Indische Gids 12 (1931), 209–230, 214.

6 Vgl. ebd., 216–222; vgl. Johannes Ittmann, Die Religionen im vorderen Kamerun. Die Entstehung der Welt, Kameruner Manuskripte. URL: https://www.johannes-ittmann.de/site/b3_kap1.htm (abgerufen am 12.10.2023).

7 Zur Spinne als Sonnensymbol vgl. Lichtveld, Spin, 305; zu »Erlösertier« und »Mittlerin« vgl. ebd., 222–223.

8 Vgl. Luc Bouquiaux, Linguistique et Ethnolinguistique. Anthologie d'articles parus entre 1961 et 2003, Paris 2004, 435–436; ders., Dictionnaire Sango-Francais, Paris 1978, 338.

9 Zu afrikanischen Märchen vgl. Rieken, Arachne, 29–38.

10 Vgl. Bouquiaux, Linguistique, 436.

11 Vgl. Ittmann, Orakelwesen, 123–126; zur heute noch gängigen Zeremonie vgl. Festival La Manufacture d'idées, Tisser des liens, Studio Tomás Saraceno, 105 Min., Frankreich 2021, URL: https://studiotomassaraceno.org/festival-la-manufacture-didees/ (abgerufen am 07.01.2024), 48:30–54:20 min.

12 Zit. n. Hans J. Melzian, Die Stimme Afrikas. Zehn Sprichwörter und ein Märchen aus dem Duala, in: Africa. Journal of the International African Institute, 2 (1929) 1, 71–73, 72–73.

13 Übers. n. Bouquiaux, Linguistique, 449: »*Araignée, filant son fil entre le ciel et la terre, premier esprit crée, premier ancêtre des hommes, premier souffle de vie. Serait-ce là un symbole si étonnant?*«

14 Vgl. Lichtveld, Spin, 209–215.

15 Für den Hinweis auf die Bedeutung der Spinne in der Kultur der Mapuche danke ich Darko D. Cotoras.

16 Mege Rosso, Mitos, 151–171, 152.

17 Vgl. ebd., 151–171; Pilar Navarete, Heirs of Llalliñ: Mapuche women weavers find the end of the rainbow, Garland Magazine, URL: https://garlandmag.com/article/heirs-of-llallin/ (abgerufen am 13.10.2023).

18 Mege Rosso, Mitos, 161–165.

19 Vgl. Rieken, Arachne, 64–65; Heidelis Bode-Paffenholz, Indianische Frauen Nordamerikas (*Forum Frauengeschichte 20*), Pfaffenweiler 1997, 96.

20 Vgl. Rieken, Arachne, 49–53; Bode-Paffenholz, Indianische, 28.

21 Rieken, Arachne, 67.

22 Vgl. Günter Schmidt, Die Vogelspinnen. Eine weltweite Übersicht (*Die Neue Brehm-Bücherei 641*), Hohenwarsleben 2003, 14; im amerikanischen Englisch wird neben dem Begriff *tarantula* auch *birdeater* verwendet.

23 Vgl. Wolfgang Bücherl, Südamerikanische Vogelspinnen (*Die Neue Brehm-Bücherei 302*), Magdeburg 1994, 3; Schmidt, Vogelspinnen, 14.

24 Zu »Radiolampen« vgl. Emine Sevgi Özdamar, Die Brücke vom Goldenen Horn, Köln 2002, 16–17; zu »Brüder und Väter« vgl. ebd. 33; zu »Kanäle« vgl. dies., Der Spiegel im Hof, Köln 2001, 86; zu »in großer Ruhe …« vgl. dies., Karanwanserei, 53; zu »überall ihre Betten« vgl. ebd., 27; Droste-Hülshoff zit. n. Holger Eckhardt, Plage des Bösen oder Kleinod der Schöpfung. Vom Netz zur Spinne zwischen dem Meissner und Trakl, in: Neophilologus 81 (1997), 105–115, 107.

25 Özdamar, Karawanserei, 49.

26 Zum Islam vgl. Annemarie Schimmel, Die Zeichen Gottes. Die religiöse Welt des Islam, München 2002, 50; zum Judentum vgl. Interview mit Shlomo Raskin, geführt von Jan Mohnhaupt am 22.06.2023, Aufzeichnungen beim Autor; zu weiteren Versionen der Höhlengeschichte vgl. Rieken, Arachne, 46.

27 Hiob 8, 13–15.

28 Jesaja 59, 5–6.

29 Zur Bibel vgl. Eckhardt, Plage, 111; Mischlej, 30, 28.
30 Interview S. Raskin, 22.06.2023.
31 Zit. n. Peter Riede, Im Spiegel der Tiere, Freiburg/Göttingen 2002, 139.
32 Vgl. Özdamar, Kleist-Preis-Rede, in: Günter Blamberger/Ingo Breuer/Sabine Doering et al. (Hg.), Kleist-Jahrbuch 2005, Stuttgart 2005, 13–18, 13; dies., Georg-Büchner-Preis 2022, Dankrede von Emine Sevgi Özdamar, Deutsche Akademie für Sprache und Dichtung, URL: https://www.deutscheakademie.de/de/auszeichnungen/georg-buechner-preis/emine-sevgi-oezdamar/dankrede (abgerufen am 08.10.2023).
33 Diese und folgende Aussagen stammen aus einem Interview mit Emine Sevgi Özdamar, geführt von Jan Mohnhaupt, 11.06.2023, Aufzeichnungen beim Autor.
34 Vgl. Bernd Rieken, Die Spinne als Symbol in Volksdichtung und Literatur, in: Fabula 36 (1995) 3/4, 187–204, 188; vgl. »Spinne«, in: Kluge Etymologisches Wörterbuch der deutschen Sprache, Berlin/New York 1999, 780.
35 Eckhardt, Plage, 112–113.
36 Vgl. ebd., 105–106.
37 Rieken, Arachne, 110.
38 Vgl. ebd., 110 und 116.
39 Özdamar, Kleist-Preis-Rede, 17.
40 Zit. n. Borgards/Köhring/Kling, Tiertheorie, 39–40.
41 Meijer, Sprachen, 7.

5 ANGST

1 Das Gegenteil behaupten, ohne dies genauer zu erläutern: W. W. Karankjewitsch/L. W. Skorochodowa/A. S. Syrchina, Die Sportwelt der Insekten (Entomologische Metaphern im Diskurs des deutschen Sports), in: Journal der Staatlichen Universität von Twer (*Philologie*), 61 (2019) 2, 49–55, 50 [*Ursprungsquelle russisch*].
2 Zur Lebensgeschichte Jaschins vgl. ebd.; Jonathan Wilson, Outsider. Eine Geschichte des Torhüters, Göttingen 2014, 78–79; Pat Jennings, Yashin, BBC, URL: https://www.bbc.co.uk/news/resources/idt-sh/yashin (abgerufen am 26.10.2023).
3 Lexikon des Internationalen Films, Tarantula, Filmdienst, URL: https://www.filmdienst.de/film/details/27827/tarantula (abgerufen am 28.02.2024); vgl. Hans J. Wulff/Caroline Amann, Tierhorrorfilm: Ein

Dossier, in: Medienwissenschaft Hamburg/Berichte und Papiere 150 (2013): Tierhorrorfilm, 10.

4 Roger Caillois, Der Krake. Versuch über die Logik des Imaginativen, München 1986, 7.

5 Ebd., 63–64.

6 Ebd., 135.

7 Stichwort »Lew Iwanowitsch Jaschin«, in: Munzinger-Archiv, 1999.

8 Vgl. Paul Murray Kendall, Louis XI, London 1971, 28 und 266.

9 Vgl. Hall, Metaphors, 34–37.

10 Yannika Kuhlmann, Spinne und Spinola. Das Bild Spaniens in der protestantischen Flugblattpublizistik während des Dreißigjährigen Krieges, in: Proslogion 4 (2018) 2, 158–178, 170; vgl. Michael Schilling, Vergangene Zukünfte. Prophezeiungen aus den Anfangsjahren des Dreißigjährigen Krieges, in: Daphnis 47 (2019), 68–84, 74.

11 Zit. n. Gisold Lammel, Deutsche Karikaturen. Vom Mittelalter bis heute, Stuttgart/Weimar 1995, 34–35.

12 Vgl. Döring, Zeichen, 238; Michalski/Michalski, Spider, 145.

13 Jürgen Döring, Napoleon in der Karikatur, in: Langemeyer, Waffe, 169–188, 180.

14 Jost Hermand, Napoleon und die schwarze Spinne. Ein Hinweis, in: Monatshefte für deutschen Unterricht, deutsche Sprache und Literatur 54 (1962) 5, 225–231, 231.

15 Vgl. u. a. Michalski/Michalski Spider, 146–147; Döring, Zeichen, 238.

16 Vgl. Anti-Nazi caricature showing Hitler as a spider spinning a web across Europe, United States Holocaust Museum, URL: https://collections.ushmm.org/search/catalog/pa1171642 (abgerufen am 07.11.2023).

17 Thomas Serrier, »Barbaren aus dem Osten« und »barbarischer Osten« – Ein Vergleich deutsch-französischer und deutsch-polnischer Stereotypie im 19. Jahrhundert, in: José Brunner/Iris Nachum (Hg.), »Die Deutschen« als die Anderen. Deutschland in der Imagination seiner Nachbarn *(Tel Aviver Jahrbuch für deutsche Geschichte 40)*, Göttingen 2012, 60–77, 67–68.

18 Vgl. Marek Zybura, Von der »deutschen Gefahr« zum »deutschen Tor nach Europa«. Polnische Deutschland- und Deutschenbilder im Wandel, in: Jan-Pieter Barbian/ders. (Hg.), Erlebte Nachbarschaft. Aspekte der deutsch-polnischen Beziehungen im 20. Jahrhundert (*Veröffentlichungen des deutschen Polen-Instituts Darmstadt 12*), Wiesbaden 1999, 21–34, 23–24.

19 Vgl. Peter Scholl-Latour, Mein Leben, München 2015, 25.

20 Vgl. Michalski/Michalski, Spider, 146–150; Angelika Plum, Die Karikatur im Spannungsfeld von Kunstgeschichte und Politikwissenschaft. Eine ikonologische Untersuchung zu Feindbildern in Karikaturen, phil. Diss., Rheinisch-Westfälische Technische Hochschule Aachen 1998, 155–156.

21 Eduard Fuchs, Die Juden in der Karikatur. Ein Beitrag zur Kulturgeschichte, München 1921, 100.

22 Vgl. ebd., 102.

23 Interview mit Dominik Hünniger, geführt von Jan Mohnhaupt, 12.06.2023, Aufzeichnungen beim Autor.

24 Vgl. Nicoline Hortzitz, Verfahrensweisen sprachlicher Diskriminierung in antijüdischen Texten der Frühen Neuzeit. Aufgezeigt am Beispiel der Metaphorik, in: Rolf Kießling (Hg.), Judengemeinden in Schwaben im Kontext des Alten Reiches, Berlin/Boston 1995, 194–216, 204–205.

25 Zit. n. Alexander Bein, »Der jüdische Parasit«. Bemerkungen zur Semantik der Judenfrage, in: Vierteljahreshefte für Zeitgeschichte 13 (1965) 2, 121–149, 132.

26 Zit. n. ebd., 132; zu den Verkaufszahlen vgl. Gerhard Henschel, Neidgeschrei. Antisemitismus und Sexualität, Hamburg 2008, 25.

27 Zit. n. Bein, Parasit, 138.

28 Gaston Ritter, Das Judentum und die Schatten des Antichrist, Graz 1938, 12; vgl. Daniel Mähr, Antisemitismus und die Vaterländische Front, Dipl. Arb., Karl-Franzens-Universität Graz 2014, 52.

29 Zu den Augen der Kraken vgl. Jonathan B. Losos, Glücksfall Mensch. Ist Evolution vorhersagbar?, München 2018, 21; Pippa Ehrlich/James Reed, My Octopus Teacher, Netflix, 85 Min., Südafrika 2020.

30 Samuel Salzborn, Ungeziefer muss vernichtet werden, in: Jungle World 06 (2010), URL: https://jungle.world/artikel/2010/06/ungeziefer-muss-vernichtet-werden (abgerufen am 30.10.2023).

31 Vgl. Cantzen, Gift, www.deutschlandfunkkultur.de.

32 Eckhardt, Plage, 111.

33 Zu Thiel vgl. Moira Weigel, Das Netzwerk des Peter Thiel, in: Tagebuch 05 (2022), Titelseite; zu Deripaska vgl. Ingo Malcher/Stefan Willeke, Das Spinnennetz der Oligarchen, in: Die Zeit 30 (2022), Titelseite; zur DDR vgl. Bürgerkomitee Magdeburg e. V., Dauerausstellung, URL: https://www.buergerkomitee.de/dauerausstellung/ (abgerufen am 10.03.2024).

34 Susanne Wedlich, Verlierer der Evolution? Warum Biodiversität überwiegend winzig, doof und eklig ist, RiffReporter, 31.10.2021, URL: https://www.riffreporter.de/de/wissen/evolution-artenschutz-biodiversitaet (abgerufen am 11.11.2023).

35 Vgl. Graham C. L. Davey, »The Disgusting« Spider. The Role of Disease and Illness in the Perpetuation of Fear of Spiders, in: Society and Animals 2 (1994) 1, 17–25, 17.

36 Celia Baumgart, Spinnenangst, Planet Wissen, Deutschland 2023, URL: https://www.planet-wissen.de/video-spinnenangst-100.html (abgerufen am 10.03.2024), 00:21–00:33 Min.

37 Vgl. Davey/Angus S. McDonald/Uma Hirisave et al., A cross-cultural study of animal fears, in: Behaviour Research and Therapy 36 (1998), 735–750, 735.

38 Vgl. u. a. Borwin Bandelow/Oliver Gruber/Peter Falkai, Kurzlehrbuch Psychiatrie, Heidelberg 2008, 111; Stefanie Hoehl/Kahl Helmer/Maria Johansson et al., Itsy Bitsy Spider … Infants React with Increased Arousal to Spiders and Snakes, in: Frontiers in Psychology 8 (2017), Art. 1710.

39 Davey, Disgusting, 17.

40 Ebd., 23.

41 Vgl. Davey/McDonald/Hirisave et al., Fears, 748.

42 Zit. n. Martens, Ariadne, 40.

43 Interview P. Jäger, 19.05.2021.

44 Carel van Schaik/Kai Michel, Mensch sein. Von der Evolution für die Zukunft lernen, Hamburg 2023, 179.

45 Interview mit André Wannemüller, 05.03.2024, geführt von Jan Mohnhaupt, Aufzeichnungen beim Autor; vgl. auch André Wannemueller/David Appelbaum/Maike Küppers et al., Large Group Exposure Treatment. A Feasibility Study in Highly Spider Fearful Individuals, in: Frontiers in Psychology 7 (2016), Art. 1183.

46 Vgl. Laura Beck, Im Netz der Angst. Ein Selbstversuch einer Arachnophobikerin, Max-Planck-Gesellschaft, 10.01.2022, URL: https://www.mpg.de/18111227/spinnenphobie (abgerufen am 12.11.2023).

47 Vgl. Yaakov S. G. Hoffman/Shani Pitcho-Prelorentzos/Lia Ring/Menachem Ben-Ezra, »Spidey Can«. Preliminary Evidence Showing Arachnophobia Symptom Reduction Due to Superhero Movie Exposure, in: Frontier in Psychiatry 10 (2019), Artikel 354, 5.

6 HEIM

1 Zur Herkunft und Lebensweise vgl. Boris F. Striffler, Die rote Chile-Vogelspinne, Münster 2006, 14–15.

2 Karl Siebig, Youth Wars, YouTube, 53 Min., Deutschland 1991, URL: https://www.youtube.com/watch?v=0VFQSKfpe7Q&t=312s (abgerufen am 01.08.2023), 01:10–02:32 Min.

3 Vgl. u. a. Kirsten Tromnau, Özdemir greift ins Schlangennest, SWR, URL: https://www.swr.de/swraktuell/verbot-von-exoten-kolumne-100.html; Pressemitteilung: Exotenhaltung verbieten – Tierschutzbund begrüßt den Vorschlag von Minister Özdemir, Deutscher Tierschutzbund, URL: https://www.tierschutzbund.de/ueber-uns/aktuelles/presse/meldung/exotenhaltung-verbieten; differenzierter berichteten Christina Metallinos, Verbot der Exotenhaltung?, BR, URL: https://www.ardmediathek.de/video/abendschau/verbot-fuer-exotenhaltung/br-fernsehen/Y3JpZDovL2JyLmRlL3ZpZGVvLzA5MmJjYzc1LTBiNTUtNGZmNy05N2E2LTJmMjg1NTQyYzIoNQ; Heiko Werning, Özdemirs Exoten-Bann, Die Tageszeitung, URL: https://taz.de/Schlangen-als-Haustiere/!5907824/ (alle abgerufen am 09.01.2024).

4 Übers. n. Philippe Gérard, Le Terrarium. Manuel d'élevage et de maintenance des animaux insolites, Campsegret 2018, [o. Seitenangabe].

5 Übers. n. Hans Gadow, Amphibia and Reptiles, London/New York 1901, V.

6 Andreas Hergovich/Ina Mauerer/Valentin Riemer, Exotic Animal Companions and the Personality of Their Owners, in: Anthrozoös 24 (2011) 3, 317–327.

7 Zu den Zahlen vgl. Industrieverband Heimtierbedarf (IVH) e. V./Zentralverband Zoologischer Fachbetriebe Deutschlands e. V., Der deutsche Heimtiermarkt 2017. Struktur und Umsatzdaten, URL: https://www.zzf.de/fileadmin/ZZF/Dokumente/Heimtiermarkt/ZZF_IVH_Der_Deutsche_Heimtiermarkt_Anzahl_Heimtiere_2017.pdf; IVH, Der deutsche Heimtiermarkt 2022, URL: https://www.ivh-online.de/der-verband/daten-fakten/der-deutsche-heimtiermarkt.html (alle abgerufen am 02.08.2023).

8 Bernd Brunner, Wie das Meer nach Hause kam. Die Erfindung des Aquariums, Berlin 2011, 26.

9 Vgl. Silke Förschler, Raumgefüge Menagerie. Annäherung an Réaumurs Insekten und an die Pelikane Ludwigs XIV., in: Forschungsschwerpunkt

»Tier – Mensch – Gesellschaft« (Hg.), Den Fährten folgen. Methoden interdisziplinärer Tierforschung, Bielefeld 2016, 55–71, 57–59.

10 Johann Matthäus Bechstein, Naturgeschichte der Stubenthiere, 1807, VI.

11 Ebd., 349.

12 Thomas Streifeneder, Jean-Henri Fabre: Der Homer der Insekten, Eurac Research, URL: https://www.eurac.edu/en/blogs/agriculture/jean-henri-fabre-der-homer-der-insekten (abgerufen am 09.01.2024).

13 Fabre, Spinnen, 43.

14 Vgl. Brunner, Meer, 35 und 81.

15 Vgl. Klaus Taschwer, Der Fall Paul Kammerer. Das abenteuerliche Leben des umstrittensten Biologen seiner Zeit, München 2016, 50.

16 Vgl. Manfred Niekisch, Die Anfänge der Terrarienkunde im deutschsprachigen Raum, in: Mertensiella 27 (2018), 494–506, 498–502.

17 Ernst Zernecke, Leitfaden für Aquarien- und Terrarienfreunde, Berlin 1897, 170.

18 Gregory C. Bateman, The Vivarium, Being a Practical Guide to the Construction Arrangement, and Management of Vivaria, Containing Full Information as to All Reptiles Suitable as Pets, How and Where to Obtain Them, and How to Keep Them in Health, London 1897.

19 Vgl. ebd., 94 und 147; Bechstein, Stubenthiere, 33; zu Spinnen als Futtertiere für div. Heimtiere vgl. auch Shirley Hibberd, Rustic Adornments for Homes of Taste, London 1870, 121, 231 und 246.

20 Vgl. Hugo Mußhoff, Das Terrarium und seine Bewohner. Ein kurzer illustrierter Ratgeber für Terrarienfreunde, Berlin 1904, 27, 37, 75.

21 Anton Menge, Preussische Spinnen, Danzig 1866, 15; Menge bezeichnet sie als *Mygale avicularia*, jene baumbewohnende Art, die Carl von Linné nach den Zeichnungen Maria Sibylla Merians bestimmt hatte. Der Beschreibung nach handelt es sich bei Menges Vogelspinne jedoch höchstwahrscheinlich um eine bodenbewohnende Art.

22 Ebd.

23 Ebd.

24 Ebd.

25 Ebd., 16.

26 Ebd., 15.

27 Ebd., 16.

28 Vgl. Peter Klaas, Vogelspinnen, Stuttgart 2013, 29.

29 Menge, Preussische, 16.

30 Christian Brüning, Die Vogelspinne im Terrarium, in: Blätter für Aquarien- und Terrarienkunde 19 (1908) 42, 581–584, 581.

31 Ebd., 581–584.

32 Vgl. F. W. Oelze, Die Vogelspinne im Terrarium, in: Blätter für Aquarien- und Terrarienkunde 19 (1908) 42, Kleine Mitteilung, 591–592.

33 Vgl. Floericke, Spinnenleben, 34.

34 Paul Kammerer, Das Terrarium und Insektarium, Leipzig 1912, 161–162.

35 Ebd., 168.

36 Ebd., 165.

37 Zu Glaschker vgl. Dieter Hohl, Ein Verband bestimmt die Entwicklung – Die Zeit von 1911 bis 1933, in: Verband Deutscher Vereine für Aquarien- und Terrarienkunde e. V. (Hg.), Festschrift zum 90jährigen Jubiläum. Beiträge zur Geschichte der Aquaristik und Terraristik in Deutschland, 2001, 73–121, 117; zu Scholze und Pötzschke vgl. Werner Philipp, Der »Hagenbeck« der Aquarianer. Scholze und Pötzschke – eine Teichwirtschaft unter dem Dach, in: Bongo 8 (1984), 65–70, 67.

38 Vgl. Günter Schmidt, Die Vogelspinnen. Eine weltweite Übersicht, Hohenwarsleben 2003, 5.

39 Peter Klaas, Vogelspinnen im Terrarium, Stuttgart 1989; die folgenden Passagen beziehen sich auf ein Interview mit dems., geführt von Jan Mohnhaupt, 26.08.2023, Aufzeichnungen beim Autor.

40 Schmidt, Vogelspinnen, 12.

41 Interview P. Klaas, 26.08.2023.

42 Klaas, Vogelspinnen, 74–75.

43 Zur Deserta-Tarantel vgl. u. a. Tobias Bauer/Mark Bushell/Thomas Ziegler, Ein Portrait der stark gefährdeten Desertas-Tarantel *Hogna ingens* (Blackwall, 1857), der wahrscheinlich größten Wolfspinne der Welt, in: ZGAP-Mitteilungen 36 (2020) 1, 31–34.

44 Stefan Zahlmann, Mehr als alte Vögel und schräge Käuze. Die vier Körper des Papageien in der Stadt, in: Informationen zur modernen Stadtgeschichte 2 (2009), 52–64, 60–61.

45 Ebd., 61.

46 Steffen Vogel/Jean-Pierre Ziegler, »Jeder wollte was von mir«. Tod von »Kneipenterrorist« Bernd Knauer, in: Spiegel Online, 30.11.2017, URL: https://www.spiegel.de/panorama/kieler-kneipenterrorist-bernd-knauer-ist-gestorben-a-1181030.html (abgerufen am: 06.11.2023); zit. n. Film im Artikel 00:32–00:36 Min.

7 LUST

1 Zur Rezeption der Arachne-Saga vgl. Henriette Harich-Schwarzbauer, Weben und Gewebe in der Antike. Materialität – Repräsentation – Episteme – Metapoetik, Oxford 2016, 147–164; Lindemann/Zons (Hg.), Lauter, 6–9.

2 Harich-Schwarzbauer, Antike, 148.

3 Szilvia Gellai, Zur Ästhetik und Poetik des Spinnenetzes, in: Prospero 19 (2014), 49–82, 62; vgl. Rieken, Symbol, 189.

4 Jeremias Gotthelf, Die Schwarze Spinne, In: Ders., Bilder und Sagen aus der Schweiz, Bd. 1, Solothurn 1842 1–112, 47.

5 Vgl. Rieken, Symbol, 192.

6 Übers. n. Fred Niblo, Sex, 35 mm, 87 Min., USA 1920, Min. 07:29–07:43: *»You only live once, kid. Grab everything you can get and never feel sorry for anyone but yourself.«*

7 Ebd.; vgl. Michael Aronson, Movies, Margarine, and Main Street, in: Lucy Fisher (Hg.), American Cinema of the 1920s. Themes and Variations (*Screen Decades* 3), New Brunswick/New Jersey/London. 2009, 23–45, 33–36.

8 Friedrich Schiller, Die Räuber, Leipzig 1871, 71.

9 Vgl. u. a. Rieken, Symbol, 201–202; Hanne Kulessa (Hg.), Die Spinne, Frankfurt am Main/Leipzig 1991, 109–137; Lindemann/Zons, Lauter, 198–222.

10 Zit. n. Rieken, Symbol, 192; vgl. Lindemann/Zons, Lauter, 54; eine Adaption der Gotthelf-Geschichte im Zusammenhang mit Paracelsus findet sich bei Kulessa, Spinne, 67–70.

11 Rieken, Symbol, 192; vgl. Sabine Zinn-Thomas, Menstruation und Monatshygiene. Zum Umgang mit einem körperlichen Vorgang, Münster 1997, 31–32.

12 De Beauvoir, Geschlecht, 241.

13 Rieken, Symbol, 192.

14 Vgl. Michalski/Michalski, Spider, 11.

15 Übers. n. ebd., 14: *»Misogynists have a traditional preference for the spider-allegory in the form of the blood-sucking femme fatale […].«*

16 Übers. n. Lester F. Ward, The Psychic Factors of Civilization, Boston 1893, 87–88: *»[…] from the standpoint of nature, and according to the normal processes of evolution, the female is the principle sex and constitutes the main trunk of development. […] But for the intervention of some extra-normal influence, therefore, female superiority would have been found*

to be universal to the animal kingdom. […] It […] was the product of a sharpened sense of beauty, a romantic choice of partners by the females of the higher types of animal life.«

17 Vgl. Barbara Finlay, Lester Frank Ward as a Sociologist of Gender. A New Look at His Sociologistic Work, in: Gender & Society 13 (1999) 2, 251–265, 251–254.

18 Janey Place, Women in Film Noir, in: Anne Kaplan (Hg.), Women in Film Noir. New Edition, London 2012, 47–68, 47.

19 Zur Figur der *Femme fatale* vgl. u. a. Carola Hilmes, Die Femme Fatale. Ein Weiblichkeitstypus in der nachromantischen Literatur, Stuttgart 1990, 1; Michalski/Michalski, Spider, 105–112; Jane Billinghurst, Temptress. From the Original Bad Girls to Women on Top, Vancouver 2004, 75.

20 Markus 6, 17–28.

21 Übers. n. Billinghurst, Temptress, 81: *»[…] were all women going to become Salomes and shed their clothes before making outrageous demands?«*

22 Leopold Museum Wien, Tilla Durieux. Eine Jahrhundertzeugin und ihre Rollen, Virtuelle Ausstellung, URL: https://www.leopoldmuseum.org/de/ausstellungen/133/tilla-durieux (abgerufen am 22.08.2023).

23 Vgl. Pat Shipman, Femme fatale. Love, Lies and the Unknown Life of Mata Hari, London 2007, 175–176.

24 Vgl. Edward W. Saïd, Orientalismus, Frankfurt am Main 2009, 209–211.

25 Vgl. Billinghurst, Temptress, 86 und 91.

26 Übers. n. Shipman, Femme fatale, 355–356: *»[A] sinister Salomé, who played with the heads of our soldiers infront of the German Herod.«*

27 Übers. n. ebd., 356: *»[…] once for her sexuality – which was undisputed – and once for her dubiously proven espionage«.*

28 Vgl. Mary Ann Doane, Femmes fatales. Feminism, Film Theory, Psychoanalysis, New York 1991, 1.

29 Georg Seeßlen, Erotik. Ästhetik des erotischen Films, Marburg 1996, 8 bezeichnet sie als ersten Vamp, dem widerspricht Anthony Slide, Silent Players. A Biographical and Autobiographical Study of 100 Silent Film Actors and Actresses, Lexington 2002, 390.

30 Zur Entstehungsgeschichte vgl. Seeßlen, Erotik, 8; Billinghurst, Temptress, 94; Janet Steiger, Bad Women. Regulating Sexuality in Early American Cinema, Minneapolis 1996, 147–149.

31 Zu Theda Bara vgl. u. a. Lee Grieveson, 1915 – Movies and the State of the Union, in: Charlie Keil/Ben Singer (Hg.), American Cinema of the 1910s. Themes and Variations, New Brunswick/New Jersey/London 2009,

139–159, 154; »Bara, Theda« in: Denise Lowe, An Encyclopedic Dictionary of Women in Early American Films. 1895–1930, New York 2005, 37.

32 Zum Skelett-Bild vgl. Billinghurst, Temptress, 96, zum Kleopatra-Kostüm vgl. ebd., 50.

33 Übers. n. Terry Ramsaye, A Million and One Nigths. A History of the Motion Picture, New York 1926, 703: *»This deadly Arab girl was a crystal gazing seeress of profoundly occult powers, wicked as fresh red paint and poisonous as dried spiders.«*

34 Vgl. Kevin Brownlow, The Parade's Gone By… A Vivid, Nostalgic, Immediate Portrait of an Art in the Making, New York 1970, 432; Lowe, Bara, 37–38; Steiger, Bad, 159.

35 Nathan Miller, New World Coming. The 1920s and the Making of Modern America, New York 2003, 282.

36 Ebd., 262–264.

37 Vgl. Gretchen Brinker, The Alluring and Manipulative »Spider Women« of the Silver Screen: Femmes Fatales of the Hard-Boiled Fiction, Classic Noir and Contemporary Noir Periods, Master Arb., University of New Orleans 2008, 1.

38 Vgl. u. a. Steiger, Bad, 154.

39 Julian Hanich, Eine Reise ans Ende der Nacht. Moderne und Modernisierungsängste in Friedrich Wilhelm Murnaus Sunrise, in: Heinz-Peter Preußer (Hg.), Späte Stummfilme. Ästhetische Innovation im Kino 1924–1930 (*Schriftenreihe zur Textualität des Films* 9), Marburg 2017, 267–300, 282.

40 Vgl. »Glaum, Louise«, in: Lowe, Dictionary, 246; Slide, Silent, 388–392.

41 Vgl. Aronson, Movies, 36.

42 Übers. n. ebd., 33: *»Louise Glaum, another vamp making the world safe for sin« […] »give to the screen one of the most perfect vampire characterizations«.*

43 Neben *The Cave of the Silken Web* ist der Film unter weiteren englischen Titeln bekannt, wie *The Cave of the Spider Spirit, The Cave of the Spider Women* oder *The Cave of Spiders.*

44 Vgl. Dan Duyu, The Cave of the Silken Web (OT: Pan Si Dong 盤絲洞), 35mm, 60 Min., Shanghai 1926.

45 Vgl. Rieken, Arachne, 264–265.

46 Vgl. Wu Cheng-En, Die Reise in den Westen. Ein klassischer chinesischer Roman, Stuttgart 2016, 896.

47 Vgl. ebd., 908.

48 Für die Hinweise zum Film sowie zur Geschichte der Spinnen-Symbolik in der chinesischen Kultur danke ich Tong Yali.

49 Vgl. Noriko T. Reider, Seven Demon Stories From Medieval Japan, Boulder 2016, 62–68.

50 Zur Geschichte und Bedeutung des frühen chinesischen Kinos vgl. u. a. Shuqin Cui, From Shadow-Play to a National Cinema, in: Women Through the Lens, Gender and Nation in a Century of Chinese Cinema, Honolulu 2003, 3–29, 3–9; Shaoyi Sun, Fantasy, Vampirism and Genre/Gender Wars on the Chinese Screen of the Roaring 1920s, in: Lin Feng/James Aston (Hg.), Renegotiating Film Genres in East Asian Cinemas and Beyond (*East Asian Popular Culture*), Cham 2020, 99–118, 102; Nina Dillenz, Zum politischen Potenzial chinesischer Stummfilme zwischen 1922 und 1929, Dipl.-Arb., Universität Wien 2015, 31–33 u. 46; Zhang Zhen, An amorous history of the silver screen. Shanghai cinema, 1896–1937 (*Cinema and modernity*), Chicago 2005, 210.

51 Zur Person Yin Mingzhus vgl. u. a. Chen Jianhua, Yin Mingzhu and the Hollywood Stardom Culture in Early 1920s Shanghai, in: Contemporary Chinese Thought 44 (2012) 1, 70–93; Lousia S. Wei, Pearl Ing, Women Film Pioneers Project, URL: https://wfpp-test.cul.columbia.edu/pioneer/pearl-ing/ (abgerufen am 29.07.2022); Yingjin Zhang (Hg.), Cinema and Urban Culture in Shanghai, 1922–1943, Stanford 1999, 11; Dillenz, Potenzial, 46.

52 Christopher Rea, Chinese Film Classics, 1922–1949, New York 2021, 301.

53 Vgl. Place, Women, 47.

54 Vgl. dazu u. a. Kristin J. Butler, Irma Vep, Vamp in the City. Mapping the Criminal Feminine in Early French Serials, in: Jennifer M. Bean/Diane Negra (Hg.), A Feminist Reader in Early Cinema, Durham/London 2002, 195–220, 203.

55 Vgl. Zhen, Amorous, 212–213.

56 Übers. n. Steiger, Bad, 160: »*For every woman vampire, there are ten men of the same type – men who take everything from women – love, devotion, beauty, youth, and give nothing in return! V stands for Vampire and it stands for Vengeance, too. The vampire that I play is the vengeance of my sex upon its exploiters. You see, … I have the face of a vampire, perhaps, but the heart of a ›feministe‹.*«; vgl. auch Nancy F. Cott, The Grounding of Modern Feminism, New Haven/London 1987, 45.

57 Zum Erotikfilm vgl. Seeßlen, Erotik, 7.

58 Vgl. Henry Gee, Die Wissenschaft bei Tolkien, Weinheim, 2009, 82.

59 Übers. n. Ian Q. Hunter, Tolkien Dirty, in: Ders. (Hg.), Cult Film as a Guide to Life. Fandom, Adaptation and Identity, London/New York 2016, 107–128, 114–115: »*[It] is arguably brimful with sexual tensions*

and aspects of inchoate erotic fantasy and repression. In particular, it is nervous about women (divided […] into madonnas […] and […] whores (shelob)) and deeply attracted to an […] homosocial world of men.«; zur christlichen Moral vgl. auch Christian Hatzenbichler, J. R. R. Tolkien und sein Christentum. Eine religionswissenschaftliche Auseinandersetzung mit Tolkiens Werk und seiner Rezeptionsgeschichte, theol. Diss., Karl-Franzens-Universität Graz 2018, 124.

60 Vgl. J. R. R. Tolkien, Der Herr der Ringe, Band II: Die zwei Türme, viertes Buch, Stuttgart 1999, 402; zu Kali vgl. David Day, Tolkiens Welt, Stuttgart 2003, 40.

61 Gee, Wissenschaft, 203–204; vgl. Day, Welt, 40.

62 Ebd., 82.

63 Übers. n. Alison Milbank, »My Precious«. Tolkien's Fetishized Ring, in: Gregory Bassham/Eric Bronson (Hg.), The Lord of the Rings and Philosophy. One Book to Rule Them All, Chicago 2003, 33–45, 35: »*[…] Tolkien offers a most convincing Freudian vagina dentata (teethed vagina) in the ancient and disgustingly gustatory spider Shelob. She represents an ancient maternal power that swallows up masculine power and identity.*«

64 De Beauvoir, Geschlecht, 199.

65 Ebd., 23.

66 Elfriede Jelinek, Im Wettbewerb, 27.6.2014, URL: www.elfriedejelinek.com (abgerufen am 29.08.2023).

67 Zit. n. De Beauvoir, Geschlecht, 241.

8 MUTTER

1 O. A., Tate acquires Louise Bourgeois's giant spider, Maman, Tate Modern Gallery London, URL: https://web.archive.org/web/20080829190420/http://www.tate.org.uk/about/pressoffice/pressreleases/2008/13904.htm (abgerufen am 20.09.2023).

2 O. A., Louise Bourgeois, »Maman«, Garten_Landschaft Ostwestfalen-Lippe, URL: http://rauminszenierungen.gartenlandschaftowl.de/inszenierungen2.jsp?mid=37 (abgerufen am 22.09.2023).

3 Szilvia Gellai, Zur Ästhetik und Poetik des Spinnennetzes, in: Prospero 19 (2014), 49–82, 54.

4 Zur Biografie M. S. Merians vgl. Barbara Beuys, Maria Sibylla Merian. Künstlerin, Forscherin, Geschäftsfrau, Berlin 2016; Natalie Zemon Davis, Women on the Margins. Three Seventeenth-Century Lives, Cambridge/

London 1995; Dieter Kühn, Frau Merian! Eine Lebensgeschichte, Frankfurt/Main 2002.

5 Vgl. Julie Peakman (Hg.), A Cultural History of Sexuality in the Enlightenment, Oxford/New York 2011, 1–32.

6 Vgl. William Kirby/Willam Spence, An Introduction to Entomology, London 1856, 160.

7 Vgl. Ulrich Gerhardt, Neue Studien zur Sexualbiologie und zur Bedeutung des sexuellen Größendimorphismus der Spinnen, in: Zeitschrift für Morphologie und Ökologie der Tiere, 1 (1924) 3, 507–538, 527–528.

8 Vgl. Charles Darwin, Die Abstammung des Menschen und die geschlechtliche Zuchtwahl, Band 1, Stuttgart 1890, 310–311; Nentwig/Ansorg/Bolzern et al., Alles, 127.

9 Interview P. Jäger, 19.06.2023.

10 Vgl. Nentwig/Ansorg/Bolzern et al., Alles, 125.

11 Vgl. Gerhardt, Größendimorphismus, 528.

12 Vgl. Nentwig/Ansorg/Bolzern et al., Alles, 127.

13 Zitate der vorigen drei Absätze zit. n. Lindemann/Zons, Lauter, 234.

14 Sigmund Freud, Neue Folge der Vorlesungen zur Einführung in die Psychoanalyse, Wien 1933, 33–34.

15 Raimar Zons, »Spinne, Die«, in: Christian Kassung/Jasmin Mersmann/Olaf B. Rader (Hg.), Zoologicon. Ein kulturhistorisches Wörterbuch der Tiere, München 2012, 393–398, 395.

16 Lindemann/Zons, Lauter, 234.

17 Carl Gustav Jung, Ein neuer Mythus. Von Dingen, die am Himmel gesehen werden, Zürich 1958, 46.

18 Ebd., 48.

19 Ebd., 49.

20 Vgl. Nentwig/Ansorg/Bolzern et al., Alles, 129; Boris F. Striffler, Soziale Spinnen – ein Widerspruch in sich?, in: Terraria 30 (2011), 16–29; Ders./Frank Schneider/Ingo Wendt, Soziale Vogelspinnen? Beispiele aus Amerika, in: Terraria 30 (2011), 30–39.

21 Vgl. Ernst Kullmann, Soziale Phaenomene bei Spinnen, in: Insectes Sociaux 15 (1968) 3, 289–298, 293–294.

22 Vgl. Wolfgang Wickler, Blicke auf Biologie, Industrie und Kultur in Namibia. Spinnenforschung, in: Ders., Reisenotizen. 57 Episoden über Ansichten, Absichten und Hirngespinste, Berlin 2020, 259–262, 259–261; Anja Junghanns et al., Extreme allomaternal care and unequal task participation by unmated females in a cooperatively breeding spider, in: Animal Behaviour 132 (2017), 101–107.

23 Zu Matriphagie vgl. Nentwig/Ansorg/Bolzern et al., Alles, 128–129; zur Lebensweise vgl. Nicolaj Klapkarek, Ähnliche Fensterspinne *Amaurobius similis* (Blackwall 1861), Natur in NRW, URL: vgl. https://www.natur-in-nrw.de/HTML/Tiere/Spinnen/TSP-38.html (abgerufen am 11.03.2023); zu Vogelspinnen vgl. Striffler, Widerspruch, 18.

24 Vgl. Kullmann, Phaenomene, 295.

25 Vgl. Catherine Wu/Chaiti Bhagawat/Modan R. Goldman et al., Aggression in a western Amazonian colonial spider, Philoponella republicana (Araneae: Uloboridae), in: The Journal of Arachnology 50 (2022) 3, 277–287, 277.

26 Horst Stern, Leben am seidenen Faden, 2. Teil, YouTube, 42 Min., Stuttgart 1975, 37:38–37:50 min., https://www.youtube.com/watch?v=NTTo_g6IKlk (abgerufen am 21.09.2023).

27 Vgl. Borgards, Tiertheorie, 57.

28 Übers. n. Woolfson, Field, 161: »*[She] described her mother as ›deliberate, clever, patient, soothing, reasonable, dainty, subtle, indispensable, neat and useful as an araignée*‹.«

LITERATUR- UND QUELLENVERZEICHNIS

LITERATUR

O. A., Rival of the Silkworm, in: The Literary Digest 23 (1900), 697.

O. A., »Lew Iwanowitsch Jaschin«, in: Munzinger-Archiv, 1999.

Eleazar Albin, A Natural History of Spiders, and Other Curious Insects, London 1736.

Christina Allmeling/Kerstin Reimers/Peter M. Vogt, Wunderwerkstoff der Natur. Spinnenseide in der plastischen Chirurgie, in: Chemie in Unserer Zeit 41 (2007) 6, 428–434.

Michael Aronson, Movies, Margarine, and Main Street, in: Lucy Fisher (Hg.), American Cinema of the 1920s. Themes and Variations (*Screen Decades 3*), New Brunswick/New Jersey/London. 2009, 23–45.

William B. Ashworth Jr, Natural History and the Emblamatic World View, in: Donald Preziosi/Claire Farago (Hg.), Grasping the World. The Idea of the Museum, Oxford/New York 2018, 144–158.

Borwin Bandelow/Oliver Gruber/Peter Falkai, Kurzlehrbuch Psychiatrie, Heidelberg 2008.

Hendrik Bargel/Charlotte Hopfe/Thomas Scheibel, Proteinfasern als Hochleistungsmaterial. Evolution, Eigenschaften und Anwendungen von Spinnenseide, in: Biologie unserer Zeit 50 (2020) 6, 434–443.

Gregory C. Bateman, The Vivarium, Being a Practical Guide to the Construction Arrangement, and Management of Vivaria, Containing Full Information as to All Reptiles Suitable as Pets, How and Where to Obtain Them, and How to Keep Them in Health, London 1897.

Tobias Bauer/Mark Bushell/Thomas Ziegler, Ein Portrait der stark gefährdeten Desertas-Tarantel *Hogna ingens* (Blackwall, 1857), der wahrscheinlich größten Wolfspinne der Welt, in: ZGAP-Mitteilungen 36 (2020) 1, 31–34.

Simone de Beauvoir, Das andere Geschlecht. Sitte und Sexus der Frau, Reinbek 1984.

Johann Matthäus Bechstein, Naturgeschichte der Stubenthiere, 1807.

Alexander Bein, »Der jüdische Parasit«. Bemerkungen zur Semantik der Judenfrage, in: Vierteljahreshefte für Zeitgeschichte 13 (1965) 2, 121–149.

Julius Berendes (Hg.), Des Pedanios Dioskurides aus Anazarbos Arzneimittellehre in fünf Büchern, 2. Buch, Stuttgart 1902.
Barbara Beuys, Maria Sibylla Merian. Künstlerin, Forscherin, Geschäftsfrau, Berlin 2016.
Jane Billinghurst, Temptress. From the Original Bad Girls to Women on Top, Vancouver 2004.
Heidelis Bode-Paffenholz, Indianische Frauen Nordamerikas (*Forum Frauengeschichte 20*), Pfaffenweiler 1997.
Francois Xavier Bon, A discourse upon the usefulness of the silk of spiders. By Monsieur Bon, President of the Court of Aydes and Finances, and President of the Royal Society of Science at Montpellier. Communicated by author, in: Philosophical Transactions of the Royal Society 27 (1710), 2–16, 11–14. in: Philosophical Transactions of the Royal Society 27 (1710), 2–16.
Roland Borgards/Esther Köhring/Alexander Kling (Hg.), Texte zur Tiertheorie (*Reclams Universal-Bibliothek 19178*), Ditzingen 2015.
Roland Borgards (Hg.), Tiere. Kulturwissenschaftliches Handbuch, Stuttgart 2016.
Luc Bouquiaux, Dictionnaire Sango-Francais, Paris 1978.
Ders., Linguistique et Ethnolinguistique. Anthologie d'articles parus entre 1961 et 2003, Paris 2004.
Gretchen Brinker, The Alluring and Manipulative »Spider Women« of the Silver Screen: Femmes Fatales of the Hard-Boiled Fiction, Classic Noir and Contemporary Noir Periods, Master Arb., University of New Orleans 2008.
William S. Bristowe, Spiders. London/New York 1947.
Kevin Brownlow, The Parade's Gone By… A Vivid, Nostalgic, Immediate Portrait of an Art in the Making, New York 1970.
Christian Brüning, Die Vogelspinne im Terrarium, in: Blätter für Aquarien- und Terrarienkunde 19 (1908) 42, 581–584.
Bernd Brunner, Wie das Meer nach Hause kam. Die Erfindung des Aquariums, Berlin 2011.
Wolfgang Bücherl, Südamerikanische Vogelspinnen (*Die Neue Brehm-Bücherei 302*), Magdeburg 1994.
Kristin J. Butler-/Irma Vep, Vamp in the City. Mapping the Criminal Feminine in Early French Serials, in: Jennifer M. Bean/Diane Negra (Hg.), A Feminist Reader in Early Cinema, Durham/London 2002, 195–220.
Roger Caillois, Der Krake. Versuch über die Logik des Imaginativen, München 1986.
Wilhelm Capelle, Das Problem der Urzeugung bei Aristoteles und Theophrast

und in der Folgezeit, in: Rheinisches Museum für Philologie 98 (1955) 2, 150–180.
Wu Cheng-En, Die Reise in den Westen. Ein klassischer chinesischer Roman, Stuttgart 2016.
Todd Collins, Raleighite behind Skylab spiders, in: Raleigh Times, 25.07.1973 [o. Seitenangabe].
Nancy F. Cott, The Grounding of Modern Feminism, New Haven/London 1987.
P. M. C. Croeser, A revision of the African huntsman spider genus Palystes L. Koch, 1875 (Araneae: Heteropodidae), in: Annals of the Natal Museum (1996) 37, 1–122.
Shuqin Cui, From Shadow-Play to a National Cinema, in: Women Through the Lens, Gender and Nation in a Century of Chinese Cinema, Honolulu 2003, 3–29.
Charles Darwin, Die Abstammung des Menschen und die geschlechtliche Zuchtwahl, Band 1, Stuttgart 1890.
Graham C. L. Davey, »The Disgusting« Spider. The Role of Disease and Illness in the Perpetuation of Fear of Spiders, in: Society and Animals 2 (1994) 1, 17–25.
Ders./Angus S. McDonald/Uma Hirisave et al., A cross-cultural study of animal fears, in: Behaviour Research and Therapy 36 (1998), 735–750.
Natalie Zemon Davis, Women on the Margins. Three Seventeenth-Century Lives, Cambridge/London 1995.
David Day, Tolkiens Welt, Stuttgart 2003.
Emmanuel Delfosse, Répartition, taxinomie et biologie de l'Araignée des régimes de bananes *Heteropoda venatoria* (Linné, 1767) (Arachnida: Araneae: Heteropodidae), in: Le bulletin d'Arthropoda 24 (2005) 2, 3–17.
Deutsche Presse-Agentur, Noch mehr prominente Spinnenarten, in: Magdeburger Volksstimme, 13.03.2021, 2.
Nina Dillenz, Zum politischen Potenzial chinesischer Stummfilme zwischen 1922 und 1929, Dipl. Arb., Universität Wien 2015.
Mary Ann Doane, Femmes fatales. Feminism, Film Theory, Psychoanalysis, New York 1991.
Franz Doflein, Mazedonien. Erlebnisse und Beobachtungen eines Naturforschers im Gefolge des deutschen Heeres, Jena 1921.
Sue Donaldson/Will Kymlicka, Zoopolis. Eine politische Theorie der Tierrechte, Berlin 2013.
Jürgen Döring, Napoleon in der Karikatur, in: Gerhard Langemeyer (Hg.), Bild als Waffe. Mittel und Motive der Karikatur in fünf Jahrhunderten [Katalog zur Ausstellung im Wilhelm-Busch-Museum, Hannover

(7. Oktober bis 2. Januar 1985), im Museum für Kunst und Kulturgeschichte der Stadt Dortmund (18. Januar bis 10. März 1985), in der Kunstsammlung der Universität und dem Kunstverein Göttingen (17. März bis 30. April 1985) und im Münchner Stadtmuseum (9. Mai bis 28. Juli 1985)], München 1985, 169–188.

Ders., Der Mensch-Tier-Vergleich. Die Spinnen als Zeichen, in: Gerhard Langemeyer (Hg.), Bild als Waffe. Mittel und Motive der Karikatur in fünf Jahrhunderten [Katalog zur Ausstellung im Wilhelm-Busch-Museum, Hannover (7. Oktober bis 2. Januar 1985), im Museum für Kunst und Kulturgeschichte der Stadt Dortmund (18. Januar bis 10. März 1985), in der Kunstsammlung der Universität und dem Kunstverein Göttingen (17. März bis 30. April 1985) und im Münchner Stadtmuseum (9. Mai bis 28. Juli 1985)], München 1985, 238–249.

Oskar Drees, Untersuchungen über die angeborenen Verhaltensweisen bei Springspinnen (Salticidae), in: Zeitschrift für Tierpsychologie 9 (1952) 2, 169–207.

Jason A. Dunlop, The first Palaeozoic spider (Arachnida: Araneae) from Germany, in: PalZ 97 (2023), 497–504.

Holger Eckhardt, Plage des Bösen oder Kleinod der Schöpfung: Vom Netz zur Spinne zwischen dem Meißner und Trakl, in: Neophilologus 81 (1997) 1, 105–115.

R. A. Ellis, Im Spinnenland (*Schriften des Deutschen Lehrer-Vereins für Naturkunde 27*), Stuttgart 1913.

Jean-Henri Fabre, Spinnen, Berlin 2019.

Franz M. Feldhaus, Lexikon der Entdeckungen und Erfindungen auf den Gebieten der Naturwissenschaften und Technik, Heidelberg 1904.

Barbara Finlay, Lester Frank Ward as a Sociologist of Gender. A New Look at His Sociologistic Work, in: Gender & Society 13 (1999) 2, 251–265.

Silke Förschler, Raumgefüge Menagerie. Annäherung an Réaumurs Insekten und an die Pelikane Ludwigs XIV., in: Forschungsschwerpunkt »Tier – Mensch – Gesellschaft« (Hg.), Den Fährten folgen. Methoden interdisziplinärer Tierforschung, Bielefeld 2016, 55–71.

Sigmund Freud, Neue Folge der Vorlesungen zur Einführung in die Psychoanalyse, Wien 1933.

Alexander Friedrich, Vernetzte Zwischenräume, in: Uwe Wirth (Hg.), Bewegen im Zwischenraum (*Wege der Kulturforschung 3*), Berlin 2012, 55–74.

Eduard Fuchs, Die Juden in der Karikatur. Ein Beitrag zur Kulturgeschichte, München 1921.

Hans Gadow, Amphibia and Reptiles, London/New York 1901.

Nicole L. Garrison/Juanita Rodriguez/Ingi Agnarsson et al., Spider phylogenomics. Untangling the Spider Tree of Life, in: PeerJ 4 (2016), Art. e1719.

Henry Gee, Die Wissenschaft bei Tolkien, Weinheim/Bergstraße 2009.

Szilvia Gellai, Zur Ästhetik und Poetik des Spinnennetzes, in: Prospero 19 (2014), 49–82.

Philippe Gérard, Le Terrarium. Manuel d'élevage et de maintenance des animaux insolites, Campsegret 2018.

Ulrich Gerhardt, Neue Studien zur Sexualbiologie und zur Bedeutung des sexuellen Größendimorphismus der Spinnen, in: Zeitschrift für Morphologie und Ökologie der Tiere, 1 (1924) 3, 507–538.

Sebastian Gießmann, Die Verbundenheit der Dinge. Eine Kulturgeschichte der Netze und Netzwerke, Berlin 2016.

Jeremias Gotthelf, Die Schwarze Spinne, In: Ders., Bilder und Sagen aus der Schweiz, Band 1, Solothurn 1842.

Lee Grieveson, 1915 – Movies and the State of the Union, in: Charlie Keil/Ben Singer (Hg.), American Cinema of the 1910s. Themes and Variations, New Brunswick/New Jersey/London 2009, 139–159.

Hermann Grothe, Bilder und Studien zur Geschichte vom Spinnen, Weben, Nähen, Berlin 1875.

James Hall, ›Here, in Her Hairs/The Painter Plays the Spider …‹. Spider Metaphors in William Shakespeare and Nicholas Hilliard, in: Oxford Art Journal 44 (2021) 1, 23–46.

Chris A. Hamilton/Brent E. Hendrixson/Jason E. Bond, Taxonomic revision of the tarantula genus Aphonopelma Pocock, 1901 (Araneae, Mygalomorphae, Theraphosidae) within the United States, in: ZooKeys 560 (2016), 1–340.

Julian Hanich, Eine Reise ans Ende der Nacht. Moderne und Modernisierungsängste in Friedrich Wilhelm Murnaus Sunrise, in: Heinz-Peter Preußer (Hg.), Späte Stummfilme. Ästhetische Innovation im Kino 1924–1930 (*Schriftenreihe zur Textualität des Films 9*), Marburg 2017, 267–300.

Henriette Harich-Schwarzbauer (Hg.), Weben und Gewebe in der Antike. Materialität – Repräsentation – Episteme – Metapoetik, Oxford 2016.

Duane P. Harland/Robert R. Jackson, ›Eight-legged cats‹ and how they see – a review of recent research on jumping spiders (Araneae: Salticidae), in: Cimbebasia 16 (2000), 231–240.

Christian Hatzenbichler, J. R. R. Tolkien und sein Christentum. Eine religionswissenschaftliche Auseinandersetzung mit Tolkiens Werk und seiner Rezeptionsgeschichte, theol. Diss., Karl-Franzens-Universität Graz 2018.

Ingeborg Hauenschild, Die Tierbezeichnungen bei Mahmud al-Kaschgari. Eine Untersuchung aus sprach- und kulturhistorischer Sicht (*Turcologica* 53), Wiesbaden 2003.

Gerhard Henschel, Neidgeschrei. Antisemitismus und Sexualität, Hamburg 2008.

Andreas Hergovich/Ina Mauerer/Valentin Riemer, Exotic Animal Companions and the Personality of Their Owners, in: Anthrozoös 24 (2011) 3, 317–327.

Jost Hermand, Napoleon und die schwarze Spinne. Ein Hinweis, in: Monatshefte für deutschen Unterricht, deutsche Sprache und Literatur 54 (1962) 5, 225–231.

Shirley Hibberd, Rustic Adornments for Homes of Taste, London 1870.

Carola Hilmes, Die Femme Fatale. Ein Weiblichkeitstypus in der nachromantischen Literatur, Stuttgart 1990.

Stefanie Hoehl/Kahl Helmer/Maria Johansson et al., Itsy Bitsy Spider …. Infants React with Increased Arousal to Spiders and Snakes, in: Frontiers in Psychology 8 (2017), Art. 1710.

Yaakov S. G. Hoffman/Shani Pitcho-Prelorentzos/Lia Ring et al., »Spidey Can«. Preliminary Evidence Showing Arachnophobia Symptom Reduction Due to Superhero Movie Exposure, in: Frontier in Psychiatry 10 (2019), Art. 354.

Dieter Hohl, Ein Verband bestimmt die Entwicklung – Die Zeit von 1911 bis 1933, in: Verband Deutscher Vereine für Aquarien- und Terrarienkunde e. V. (Hg.), Festschrift zum 90jährigen Jubiläum. Beiträge zur Geschichte der Aquaristik und Terraristik in Deutschland, 2001, 73–121.

Nicoline Hortzitz, Verfahrensweisen sprachlicher Diskriminierung in antijüdischen Texten der Frühen Neuzeit. Aufgezeigt am Beispiel der Metaphorik, in: Rolf Kießling (Hg.), Judengemeinden in Schwaben im Kontext des Alten Reiches, Berlin/Boston 1995. 194–216.

Ian Q. Hunter, Tolkien Dirty, in: Ders. (Hg.), Cult Film as a Guide to Life. Fandom, Adaptation and Identity, London/New York 2016, 107–128.

Johannes Ittmann, Orakelwesen im Kameruner Waldland, in: Anthropos 55 (1960) 1/2, 114–134.

Robert R. Jackson/Simon D. Pollard, Predatory Behaviour of Jumping Spiders, in: Annual Review of Entomology 41 (1996), 287–308.

Peter Jäger, A new species of Heteropoda (Araneae, Sparassidae, Heteropodinae) from Laos, the largest huntsman spider?, in: Zoosystema 23 (2001) 3, 461–465.

Ders., Spiders as Kitesurfers, in: Newsletter of the British Arachnological Society 126 (2013), 11.

Chen Jianhua, Yin Mingzhu and the Hollywood Stardom Culture in Early 1920s Shanghai, in: Contemporary Chinese Thought 44 (2012) 1, 70–93.

Carl Gustav Jung, Ein moderner Mythus. Von Dingen, die am Himmel gesehen werden, Zürich 1958.

Anja Junghanns/Christina Holm/Mads Fristrup Schou et al., Extreme allomaternal care and unequal task participation by unmated females in a cooperatively breeding spider, in: Animal Behaviour 132 (2017), 101–107.

Paul Kammerer, Das Terrarium und Insektarium, Leipzig 1912.

W. W. Karankjewitsch/L. W. Skorochodowa/A. S. Syrchina, Die Sportwelt der Insekten (Entomologische Metaphern im Diskurs des deutschen Sports), in: Journal der Staatlichen Universität von Twer (*Philologie*), 61 (2019) 2, 49–55 [Ursprungsquelle russisch].

Paul Murray Kendall, Louis XI, London 1971.

William Kirby/Willam Spence, An Introduction to Entomology, London 1856.

Peter Klaas, Vogelspinnen im Terrarium, Stuttgart 1989.

Ders., Vogelspinnen, Stuttgart 2013.

Friedrich Kluge, Etymologisches Wörterbuch, der deutschen Sprache, Berlin/New York 1999.

Theodor W. Köhler, Homo animal nobilissimum. Konturen des spezifisch Menschlichen in der naturphilosophischen Aristoteleskommentierung des dreizehnten Jahrhunderts, Teilband 2.1 (*Studien und Texte zur Geistesgeschichte des Mittelalters 114/1*), Leiden/Boston 2014.

Amanda M. Koltz/Aimée. T. Classen/Justin P. Wright, Warming reverses top-down effects of predators on belowground ecosystem function in Arctic tundra, in: PNAS 115 (2018) 32, 7541–7549.

Yannika Kuhlmann, Spinne und Spinola. Das Bild Spaniens in der protestantischen Flugblattpublizistik während des Dreißigjährigen Krieges, in: Proslogion 4 (2018) 2, 158–178.

Dieter Kühn, Frau Merian! Eine Lebensgeschichte. Frankfurt am Main 2003.

Hanne Kulessa, Die Spinne, Frankfurt am Main/Leipzig 1991.

Ernst Kullmann, Soziale Phaenomene bei Spinnen, in: Insectes Sociaux 15 (1968) 3, 289–298.

Gisold Lammel, Deutsche Karikaturen. Vom Mittelalter bis heute, Stuttgart/Weimar 1995.

Gerhard Langemeyer/Gerd Unverfehrt/Herwig Guratzsch et al. (Hg.), Bild als Waffe. Mittel und Motive der Karikatur in fünf Jahrhunderten, Ausstellungskatalog, München 1985.

Karl Lentzner, Ophelia und Porzia. Zwei Shakespeare'sche Frauen-Charaktere. Nach Briefen von Helena Faucit Martin, Leipzig 1890.
Lou Lichtveld, Op zoek naar de spin, in: De West-Indische Gids 12 (1931), 209–230.
Klaus Lindemann/Raimar Stefan Zons (Hg.), Lauter schwarze Spinnen. Spinnenmotive in der deutschen Literatur. Eine Sammlung, Bonn 1990.
Jonathan B. Losos, Glücksfall Mensch. Ist Evolution vorhersagbar?, München 2018.
Denise Lowe, An Encyclopedic Dictionary of Women in Early American Films. 1895–1930, New York 2005.
Paul Michael Lützeler, Bürgerkrieg global. Menschenrechtsethos und deutschsprachiger Gegenwartsroman, Leiden 2009.
Daniel Mähr, Antisemitismus und die Vaterländische Front, Dipl. Arb., Karl-Franzens-Universität Graz 2014.
Ingo Malcher/Stefan Willeke, Das Spinnennetz der Oligarchen, in: Die Zeit 30 (2022), Titelseite.
Ekkehard Martens, Der Faden der Ariadne. Über kreatives Denken und Handeln (*Bibliothek Metzler 4*), Stuttgart 1991.
Friedrich Heinrich Wilhelm Martini/Johann August Ephraim Goeze (Hg.), Des Martin Listers Naturgeschichte der Spinnen überhaupt und der Engellaendischen Spinnen insonderheit, Quedlinburg/Blankenburg 1778.
Karl Marx, Das Kapital, Band 1, Berlin 1947.
Paul Mazliak, La biologie au Siècle des Lumières, Paris 2006.
Pedro Mege Rosso, Mitos y ritos herméticos de las maestras textileras mapuches, in: Aisthesis 62 (2017), 151–171.
Eva Meijer, Die Sprachen der Tiere (*Naturkunden 44*), Berlin 2018.
Hans J. Melzian, Die Stimme Afrikas. Zehn Sprichwörter und ein Märchen aus dem Duala, in: Africa. Journal of the International African Institute, 2 (1929) 1, 71–73.
Anton Menge, Preussische Spinnen, Danzig 1866.
Torsten Meyer, Das Netzwerk-Sujet, in: Florian Kiefer/Jens Holze (Hg.), Netzwerk als neues Paradigma? Interdisziplinäre Zugänge zu Netzwerktheorien (*Medienbildung und Gesellschaft 39*), 39–63.
Katarzyna Michalski/Sergiusz Michalski, Spider, London 2010.
Alison Milbank, »My Precious«. Tolkien's Fetishized Ring, in: Gregory Bassham/Eric Bronson (Hg.), The Lord of the Rings and Philosophy. One Book to Rule Them All (*Popular Culture and Philosophy 5*), Chicago/La Salle 2003, 33–45.

Nathan Miller, New World Coming. The 1920s and the Making of Modern America, New York 2003.

Eleanor Morgan, Sticky Layers and Shimmering Weaves. A Study of Two Human Uses of Spider Silk, in: Journal of Design History 29 (2015) 1, 8–23.

Dies., Grossamer Days, Spiders, Humans and Their Threads, London 2016.

Hugo Mußhoff, Das Terrarium und seine Bewohner. Ein kurzer illustrierter Ratgeber für Terrarienfreunde, Berlin 1904.

Wolfgang Nentwig/Jutta Ansorg/Angelo Bolzern et al. (Hg.), Spinnen – Alles, was man wissen muss, Berlin 2022.

Manfred Niekisch, Die Anfänge der Terrarienkunde im deutschsprachigen Raum, in: Mertensiella 27 (2018), 494–506.

Martin Nyffeler/Klaus Birkhofer, An estimated 400–800 million tons of prey are annually killed by the global spider community, in: The Science of Nature 104 (2017), Art. 30.

F. W. Oelze, Die Vogelspinne im Terrarium, in: Blätter für Aquarien- und Terrarienkunde 19 (1908) 42, 591–592.

Eric T. Olson, Animalismus als Theorie der menschlichen Person, in: Ethica 33 (2019), 99–107.

Shigeyoshi Osaki, Spider Silk Violin Strings with a Unique Packing Structure Generate a Soft and Profound Timbre, in: Physical Review Letters 108 (2012) 15, Art. 154301.

Emine Sevgi Özdamar, Das Leben ist eine Karawanserei, hat zwei Türen, aus einer kam ich rein, aus der anderen ging ich raus, Köln 1994.

Dies., Der Spiegel im Hof, Köln 2001.

Dies., Die Brücke vom Goldenen Horn, Köln 2002.

Dies., Kleist-Preis-Rede, in: Günter Blamberger/Ingo Breuer/Sabine Doering et al. (Hg.), Kleist-Jahrbuch 2005, Stuttgart 2005, 13–18.

Elena Passarello, Berühmte Tiere der Menschheitsgeschichte, München 2018.

Julie Peakman (Hg.), A Cultural History of Sexuality in the Enlightenment, Oxford/New York 2011.

Carlos G. Perna/Carolin S. Scipioni, Wörterbuch der nicaraguanischen Alltagssprache. Nica–Deutsch, [o. Ort] 2020.

Hans M. Peters/Peter N. Witt, Die Wirkung von Substanzen auf den Netzbau der Spinnen, in: Experientia 5 (1949) 4, 161–162.

Dies./Dieter Wolff, Die Beeinflussung des Netzbaus der Spinnen durch neurotrope Substanzen, in: Zeitschrift für vergleichende Physiologie 32 (1950), 29–45.

Werner Philipp, Der »Hagenbeck« der Aquarianer. Scholze und Pötzschke – eine Teichwirtschaft unter dem Dach, in: Bongo 8 (1984), 65–70.

Chris Philo/Chris Wilbert (Hg.), Animal Spaces, Beastly Places. New geographies of human—animal relations, London/New York 2000.
Janey Place, Women in Film Noir, in: E. Ann Kaplan (Hg.), Women in Film Noir. New Edition, London 2012, 47–68.
Angelika Plum, Die Karikatur im Spannungsfeld von Kunstgeschichte und Politikwissenschaft. Eine ikonologische Untersuchung zu Feindbildern in Karikaturen, phil. Diss., Rheinisch-Westfälische Technische Hochschule Aachen 1998.
Terry Ramsaye, A Million and One Nigths. A History of the Motion Picture, New York 1926.
Christopher Rea, Chinese Film Classics, 1922–1949, New York 2021.
Noriko T. Reider, Seven Demon Stories from Medieval Japan, Logan 2016.
Peter Riede, Im Spiegel der Tiere, Freiburg/Göttingen 2002.
Bernd Rieken, Die Spinne als Symbol in Volksdichtung und Literatur, in: Fabula 36 (1995) 3/4, 187–204.
Ders., Arachne und ihre Schwestern. Eine Motivgeschichte der Spinne von den ›Naturvölkermärchen‹ zu den ›Urban Legends‹ (*Internationale Hochschulschriften 403*), Münster/New York/München/Berlin 2006.
Gaston Ritter, Das Judentum und die Schatten des Antichrist, Graz 1938.
Sascha Roesler, Bauen ohne Hand und Hirn. Anmerkungen zum Begriff der Tierarchitektur, in: Tierstudien 1 (2012), Animalität und Ästhetik, 93–104.
Anna Marie Roos, Web of Nature: Martin Lister (1639–1712), the First Arachnologist (*History of Science and Medicine Library 22; Medieval and Early Modern Science 16*), Leiden/Boston 2011.
Daniela C. Rößler/Kris Kim/Massimo de Agrò et al., Regularly occurring bouts of retinal movements suggest an REM sleep-like state in jumping spiders, in: PNAS 119 (2022) 33, Art. e2204754119.
Edward W. Saïd, Orientalismus, Frankfurt am Main 2009.
Tomás Saraceno/Peter Jäger, Unser Kosmos ist (fast) wie ein Spinnennetz, in: Senckenberg 142 (2012) 5/6, 220–227.
Friedrich Schiller, Die Räuber, Leipzig 1871.
Michael Schilling, Vergangene Zukünfte. Prophezeiungen aus den Anfangsjahren des Dreißigjährigen Krieges, in: Daphnis 47 (2019), 68–84.
Annemarie Schimmel, Die Zeichen Gottes. Die religiöse Welt des Islam, München 2002.
Günter Schmidt, Die Vogelspinnen. Eine weltweite Übersicht (*Die Neue Brehm-Bücherei 641*), Hohenwarsleben 2003.
Anton Schneider, Monographie der Nematoden, Berlin 1866.
Peter Scholl-Latour, Mein Leben, München 2015.

Georg Seeßlen, Erotik. Ästhetik des erotischen Films, Marburg 1996.
Thomas Serrier, »Barbaren aus dem Osten« und »barbarischer Osten« – Ein Vergleich deutsch-französischer und deutsch-polnischer Stereotypie im 19. Jahrhundert, in: José Brunner/Iris Nachum (Hg.), »Die Deutschen« als die Anderen. Deutschland in der Imagination seiner Nachbarn (*Tel Aviver Jahrbuch für deutsche Geschichte 40*), Göttingen 2012, 60–77.
William Shakespeare, Der Kaufmann von Venedig, Leipzig 1900.
Pat Shipman, Femme fatale. Love, Lies and the Unknown Life of Mata Hari, London 2007.
Anthony Slide, Silent Players. A Biographical and Autobiographical Study of 100 Silent Film Actors and Actresses, Lexington 2002.
Janet Steiger, Bad Women. Regulating Sexuality in Early American Cinema, Minneapolis 1996.
Horst Stern/Ernst Kullmann, Leben am seidenen Faden. Die rätselvolle Welt der Spinnen, München 1981.
Boris F. Striffler, Die rote Chile-Vogelspinne, Münster 2006.
Boris F. Striffler, Soziale Spinnen – ein Widerspruch in sich? In: Terraria 30 (2011), 16–29.
Ders./Frank Schneider/Ingo Wendt, Soziale Vogelspinnen? Beispiele aus Amerika, in: Terraria 30 (2011), 30–39.
Lee R. Summerlin, Skylab, Classroom in Space, Washington D. C. 1977.
Shaoyi Sun, Fantasy, Vampirism and Genre/Gender Wars on the Chinese Screen of the Roaring 1920s, in: Lin Feng/James Aston (Hg.), Renegotiating Film Genres in East Asian Cinemas and Beyond (*East Asian Popular Culture*), Cham 2020, 99–118.
Sandra Swart, ›The World the Horses Made‹. A South African Case Study of Writing Animals into Social History, in: International Review of Social History 55 (2010) 2, 241–263.
Otto Taschenberg, Einige Bemerkungen zur Deutung gewisser Spinnentiere, die in den Schriften des Altertums vorkommen. Ein Beitrag zur Geschichte der Zoologie, in: Zoologische Annalen 2 (1908), 215–268.
Klaus Taschwer, Der Fall Paul Kammerer. Das abenteuerliche Leben des umstrittensten Biologen seiner Zeit, München 2016.
J. R. R. Tolkien, The Lord of the Rings, London 2005.
J. R. R. Tolkien, Der Herr der Ringe. Zweiter Teil: Die zwei Türme, Stuttgart 1999.
Edward Topsell, History of Four-footed Beasts and Serpents, London 1658.
Carel van Schaik/Kai Michel, Mensch sein. Von der Evolution für die Zukunft lernen, Hamburg 2023.

Johannes von Fischer, Das Terrarium, seine Bepflanzung und Bevölkerung. Ein Handbuch für Terrarienbesitzer und Tierhändler, Frankfurt am Main 1884, Reprint Berlin 1989.

Hans Jacob Christoffel von Grimmelshausen, Der abenteuerliche Simplicissimus Deutsch, Berlin 2018.

Jakob E. Walter, A Look at Arachnology in the 18th Century, in: Ekológia 19 (2000) 3, 281–282.

Fred R. Wanless, A revision of the spider genus Portia (Araneae: Salticidae), in: Bull. Br. Mus. Nat. Hist. (Zoology) 34 (1978) 3, 83–124.

André Wannemueller/David Appelbaum/Maike Küppers et al., Large Group Exposure Treatment. A Feasibility Study in Highly Spider Fearful Individuals, in: Frontiers in Psychology 7 (2016), Art. 1183.

Lester F. Ward, The Psychic Factors of Civilization, Boston 1893.

Moira Weigel, Das Netzwerk des Peter Thiel, in: Tagebuch 05 (2022), Titelseite.

Wolfgang Wickler, Blicke auf Biologie, Industrie und Kultur in Namibia. Spinnenforschung, in: Ders., Reisenotizen. 57 Episoden über Ansichten, Absichten und Hirngespinste, Berlin 2020, 259–262.

Markus Wild, Tiere sind wie Menschen, weil Menschen Tiere sind, in: TIERethik 7 (2015) 10, 39–54.

Delta Willis, Der Delphin im Schiffsbug. Wie Natur die Technik inspiriert, Basel 1997.

Jonathan Wilson, Outsider. Eine Geschichte des Torhüters, Göttingen 2014.

Franziska Witschi, Spinnen (*Schriftenreihe der Vontobel-Stiftung 1740*), Zürich 2006.

Peter N. Witt, Spider Webs and Drugs, in: Scientific American 191 (1954) 6, 80–86.

Ders., Drugs Alter Web-building of Spiders. A Review and Evaluation, in: Behavioral Science 16 (1971) 1, 98–113.

Rudolf Wolf, Handbuch der Astronomie, ihrer Geschichte und Litteratur. Drittes Buch: Theorie der Instrumente und Messungen, Zürich 1892.

Esther Woolfson, Field Notes From a Hidden City. An Urban Nature Diary, Berkeley 2014.

Catherine Wu/Chaiti Bhagawat/Modan R. Goldman et al., Aggression in a western Amazonian colonial spider, Philoponella republicana (Araneae: Uloboridae), in: The Journal of Arachnology 50 (2022) 3, 277–287.

Hans J. Wulff/Caroline Amann, Tierhorrorfilm. Ein Dossier, in: Medienwissenschaft Hamburg/Berichte und Papiere, Tierhorrorfilm, 150 (2013), 10.

Paul A. Zahl, What's So Special About Spiders?, in: National Geographic 140 (1971) 2, 190–219.

Stefan Zahlmann, Mehr als alte Vögel und schräge Käuze. Die vier Körper des Papageien in der Stadt, in: Informationen zur modernen Stadtgeschichte 2 (2009), 52–64.

Ernst Zernecke, Leitfaden für Aquarien- und Terrarienfreunde, Berlin 1897.

Yingjin Zhang (Hg.), Cinema and Urban Culture in Shanghai, 1922–1943, Stanford 1999.

Zhang Zhen, An amorous history of the silver screen. Shanghai cinema, 1896–1937 (*Cinema and modernity*), Chicago 2005.

Sabine Zinn-Thomas, Menstruation und Monatshygiene. Zum Umgang mit einem körperlichen Umgang, Münster 1997.

Raimar Zons, »Spinne, Die«, in: Christian Kassung/Jasmin Mersmann/Olaf B. Rader (Hg.), Zoologicon. Ein kulturhistorisches Wörterbuch der Tiere, München 2012, 393–398.

Samuel Zschokke/Stefanie Coutryman/Paula E. Cushing, Spiders in space – orb-web-related behaviour in zero gravity, in: The Science of Nature 108 (2021) 1, 1 – 10. Marek Zybura, Von der »deutschen Gefahr« zum »deutschen Tor nach Europa«. Polnische Deutschland- und Deutschenbilder im Wandel, in: Jan-Pieter Barbian/ders. (Hg.), Erlebte Nachbarschaft. Aspekte der deutsch-polnischen Beziehungen im 20. Jahrhundert (*Veröffentlichungen des deutschen Polen-Instituts Darmstadt* 12), Wiesbaden 1999, 21–34.

INTERNETQUELLEN

O. A., Anti-Nazi caricature showing Hitler as a spider spinning a web across Europe, United States Holocaust Museum, URL: https://collections.ushmm.org/search/catalog/pa1171642 (abgerufen am 07.11.2023).

O. A., Exotenhaltung verbieten – Tierschutzbund begrüßt den Vorschlag von Minister Özdemir, Deutscher Tierschutzbund, URL: https://www.tierschutzbund.de/ueber-uns/aktuelles/presse/meldung/exotenhaltung-verbieten (abgerufen am 09.01.2024).

O. A., Louise Bourgeois, »Maman«, Garten_Landschaft OstwestfalenLippe, URL: http://rauminszenierungen.gartenlandschaftowl.de/inszenierungen2.jsp?mid=37 (abgerufen am 22.09.2023).

O. A., Pascali, Pino, La vedova blu, 1968, Mumok, URL: https://www.mumok.at/onlinesammlung/detail/la-vedova-blu-2150 (abgerufen am 08.03.2024).

O. A., Rettet die Spinnen!, Deutschlandfunk Nova, URL: https://www.deutschlandfunknova.de/beitrag/artenvielfalt-spinnen-in-deutschland-bedroht (abgerufen am 18.12.2023).

O. A., Tate acquires Louise Bourgeois's giant spider, Maman, Tate Modern Gallery London, URL: https://web.archive.org/web/20080829190420/http://www.tate.org.uk/about/pressoffice/pressreleases/2008/13904.htm (abgerufen am 20.09.2023).

O. A., Tilla Durieux. Eine Jahrhundertzeugin und ihre Rollen, Leopold Museum Wien, URL: https://www.leopoldmuseum.org/de/ausstellungen/133/tilla-durieux (abgerufen am 22.08.2023).

Laura Beck, Im Netz der Angst. Ein Selbstversuch einer Arachnophobikerin, Max-Planck-Gesellschaft, URL: https://www.mpg.de/18111227/spinnenphobie (abgerufen am 12.11.2023).

Simon Bernfeld, Mischlej. Das Buch der Sprüche, talmud.de, URL: https://www.talmud.de/tlmd/tanach/mischlej/ (abgerufen am: 08.03.2024).

Eric Betz, The First Earthlings Around the Moon Were Two Soviet Tortoises, Discover Magazine, URL: https://web.archive.org/web/20190928192410/http://blogs.discovermagazine.com/crux/2018/09/18/zond-5-soviet-tortises-around-the-moon/#.XY-zdJd_r2c (abgerufen am 07.12.2023).

Bürgerkomitee Magdeburg e. V., Dauerausstellung, URL: https://www.buergerkomitee.de/dauerausstellung/ (abgerufen am 10.03.2024).

Rolf Cantzen, »Sie wob ihr Netz aus Gift«. Spinnen in der Literatur, Deutschlandfunk Kultur, URL: https://www.deutschlandfunkkultur.de/spinnen-in-der-literatur-sie-wob-ihr-netz-aus-gift-100.html (abgerufen am 09.11.2023).

Deutsche Presse-Agentur, Spinnenarten in MV: jede zehnte Art vom Aussterben bedroht, Zeit Online, URL: https://www.zeit.de/news/2023-01/18/spinnenarten-in-mv-jede-zehnte-art-vom-aussterben-bedroht (abgerufen am 18.12.2023).

Verena Emke, Im Zeitalter der Luft, Zeit Online, URL: https://www.zeit.de/kultur/kunst/2017-09/tomas-saraceno-kunstprojekt-luft-raumfahrt-nachhaltigkeit-suedkorea-gwangju/komplettansicht (abgerufen am 23.11.2023).

Tara Gray, A Brief History of Animals in Space, NASA, URL: https://history.nasa.gov/animals.html (abgerufen am 07.12.2023).

Rebekah Higgitt, From cobwebs to silk. A world of human uses for spider thread, The Guardian, URL: https://www.theguardian.com/science/the-h-word/2016/oct/03/cobweb-silk-science-technology-spider-thread (abgerufen am 29.11.2023).

Industrieverband Heimtierbedarf (IVH) e. V./Zentralverband Zoologischer Fachbetriebe Deutschlands e. V., Der deutsche Heimtiermarkt 2017. Struktur und Umsatzdaten, PDF, URL: https://www.zzf.de/fileadmin/ZZF/Dokumente/Heimtiermarkt/ZZF_IVH_Der_Deutsche_Heimtiermarkt_Anzahl_Heimtiere_2017.pdf (abgerufen am 02.08.2023).

Industrieverband Heimtierbedarf (IVH) e. V., Der deutsche Heimtiermarkt 2022, PDF, URL: https://www.ivh-online.de/der-verband/daten-fakten/der-deutsche-heimtiermarkt.html (abgerufen am 02.08.2023).

Johannes Ittmann, Die Religionen im vorderen Kamerun. Die Entstehung der Welt, Kameruner Manuskripte, URL: https://www.johannes-ittmann.de/site/b3_kap1.htm (abgerufen am 12.10.2023).

Elfriede Jelinek, Im Wettbewerb, elfriedejelinek.com, URL: https://original.elfriedejelinek.com/ (abgerufen am 11.03.2024).

Pat Jennings, Yashin, BBC, URL: https://www.bbc.co.uk/news/resources/idt-sh/yashin (abgerufen am 26.10.2023).

Nicolaj Klapkarek, Ähnliche Fensterspinne Amaurobius similis (Blackwall 1861), Natur in NRW, URL: https://www.natur-in-nrw.de/HTML/Tiere/Spinnen/TSP-38.html (abgerufen am 11.03.2024).

Lexikon des Internationalen Films, »Tarantula«, Filmdienst, URL: https://www.filmdienst.de/film/details/27827/tarantula (abgerufen am 28.02.2024).

Daniel Lingenhöhl, Stars als Spinnen, Spektrum.de, URL: https://www.spektrum.de/news/stars-als-spinnen/1001741 (abgerufen am 20.12.2023).

Martin Luther, Die Bibel, URL: https://www.bibleserver.com/LUT/ (abgerufen am 08.03.2024).

Theresa Machemer, Klimawandel lässt Spinnen wachsen – und das hat Vorteile, National Geographic, URL: https://www.nationalgeographic.de/tiere/2018/07/klimawandel-laesst-spinnen-wachsen-und-das-hat-vorteile (abgerufen am 18.12.2023).

Christina Metallinos, Verbot der Exotenhaltung?, BR, URL: https://www.ardmediathek.de/video/abendschau/verbot-fuer-exotenhaltung/br-fernsehen/Y3JpZDovL2JyLmRlL3ZpZGVvLzA5MmJjYzc1LTBiNTUtNGZmNy05N2E2LTJmMjg1NTQyYzIoNQ (abgerufen am 09.01.2024).

Jan Mohnhaupt, Schneller Sex, schnell weglaufen, Der Tagesspiegel, URL: https://www.tagesspiegel.de/gesellschaft/schneller-sex-schnell-weglaufen-5474719.html (abgerufen am 19.12.2023).

Natural History Museum Bern, World Spider Catalog, URL: http://wsc.nmbe.ch (abgerufen am 08.03.2024).

Pilar Navarete, Heirs of Llalliñ. Mapuche women weavers find the end of the

rainbow, Garland Magazine, URL: https://garlandmag.com/article/heirs-of-llallin/ (abgerufen am 13.10.2023).
Kito Nedo, Arachnophilia, Süddeutsche Zeitung, URL: https://www.sueddeutsche.de/kultur/portraet-des-kuenstlers-tomas-saraceno-arachnophilia-14728417 (abgerufen am 23.11.2023).
Emine Sevgi Özdamar, Georg-Büchner-Preis 2022, Dankrede von ders., Deutsche Akademie für Sprache und Dichtung, URL: https://www.deutscheakademie.de/de/auszeichnungen/georg-buechner-preis/emine-sevgi-oezdamar/dankrede (abgerufen am 08.10.2023).
Jason Palmer, Spider silk spun into violin strings, BBC, URL: https://www.bbc.com/news/science-environment-17232058 (abgerufen am 06.12.2023).
Samuel Salzborn, Ungeziefer muss vernichtet werden, Jungle World, URL: https://jungle.world/artikel/2010/06/ungeziefer-muss-vernichtet-werden (abgerufen am 15.08.2023).
Tomás Saraceno, 14 Billions (Working Title), Studio Tomás Saraceno, URL: https://studiotomassaraceno.org/14-billions-working-title/ (abgerufen am 23.11.2023).
Mats Schönauer, Leben im All, Zeit Online, URL: https://www.zeit.de/2023/34/weltall-astronauten-tiere-weltraumforschung (abgerufen am 07.12.2023).
Ralf Stork, Auferstanden aus Mondlandschaften, Spektrum.de, URL: https://www.spektrum.de/news/ehemalige-bergbau-gelaende-ziehen-seltene-arten-an/1538967 (abgerufen am 17.12.2023).
Burkhard Straßmann, Die spinnen, die Menschen, Zeit Online, URL: https://www.zeit.de/2021/13/spinnen-insekten-nahrungsketten-vogelspinne-forschung-arten (abgerufen am 20.12.2023).
Thomas Streifeneder, Jean-Henri Fabre. Der Homer der Insekten, Eurac Research, URL: https://www.eurac.edu/en/blogs/agriculture/jean-henri-fabre-der-homer-der-insekten (abgerufen am 09.01.2024).
Kirsten Tromnau, Özdemir greift ins Schlangennest, SWR, URL: https://www.swr.de/swraktuell/verbot-von-exoten-kolumne-100.html (abgerufen am 09.01.2024).
UKB Newsroom, Spinnenseide zur Heilung von Knochen und Knorpel, Universitätsklinikum Bonn, URL: https://www.ukbnewsroom.de/spinnenseide-zur-heilung-von-knochen-und-knorpel/ (abgerufen am 26.02.2024).
John Uri, Skylab 3. Return to Skylab, NASA, URL: https://www.nasa.gov/history/skylab-3-return-to-skylab/ (abgerufen am 08.12.2023).
Steffen Vogel/Jean-Pierre Ziegler, Tod von »Kneipenterrorist« Bernd Knauer.

»Jeder wollte was von mir«, spiegel.de, URL: https://www.spiegel.de/panorama/kieler-kneipenterrorist-bernd-knauer-ist-gestorben-a-1181030.html (abgerufen am 01.08.2023).
Susanne Wedlich, Verlierer der Evolution? Warum Biodiversität überwiegend winzig, doof und eklig ist, RiffReporter, URL: https://www.riffreporter.de/de/wissen/evolution-artenschutz-biodiversitaet (abgerufen am 11.11.2023).
H. V. Weems/G. B. Edwards, Golden silk spider, University of Florida Institute of Food and Agriculture Sciences, URL: https://entnemdept.ufl.edu/creatures/misc/golden_silk_spider.htm (abgerufen am 27.11.2023).
Lousia S. Wei, Pearl Ing, Women Film Pioneers Project, URL: https://wfpp-test.cul.columbia.edu/pioneer/pearl-ing/ (abgerufen am 29.07.2022).
Heiko Werning, Özdemirs Exoten-Bann, Die Tageszeitung, URL: https://taz.de/Schlangen-als-Haustiere/!5907824/ (abgerufen am 09.01.2024).
Westdeutscher Rundfunk, Weltweit einmaliger Rekord für die ARD-Sendung »Kopfball«. Seil aus Spinnenseide kann einen Menschen halten, Presseportal, URL: https://www.presseportal.de/pm/7899/1732419 (abgerufen am 26.02.2024).

FILME UND VIDEOS

Celia Baumgart, Spinnenangst, Planet Wissen, WDR, 2 Min., Deutschland 2023, URL: https://www.planet-wissen.de/video-spinnenangst-100.html (abgerufen am 10.03.2024).
BBC Earth, The Hunt, YouTube, 4 Min., UK 2017, URL: https://www.youtube.com/watch?v=UDtlvZGmHYk (abgerufen am 21.12.2023).
BioServe Space Technologies, Spiders in Space, Esmerelda [sic] builds a web in Space, YouTube, 7 Min., USA 2011, URL: https://www.youtube.com/watch?v=dc6YKpwcfNY (abgerufen am 08.12.2023).
Dan Duyu, The Cave of the Silken Web, 35 mm, 60 Min., China 1926, URL: https://www.youtube.com/watch?v=YQMGXw7-rvM&t=3112s (abgerufen am 10.03.2024).
Pippa Ehrlich/James Reed, My Octopus Teacher, Netflix, 85 Min., Südafrika 2020.
Festival La Manufacture d'idées, Tisser des liens, Studio Tomás Saraceno, 105 Min., Frankreich 2021, URL: https://studiotomassaraceno.org/festival-la-manufacture-didees/ (abgerufen am 07.01.2024).
NASA's Johnson Space Center, Expedition 27. Spiders in Space, YouTube,

2 Min., USA 2011, URL: https://www.youtube.com/watch?v=6USwy2NdO5c (abgerufen am 08.12.2023).
Fred Niblo, Sex, 35 mm, 87 Min., USA 1920, URL: https://www.youtube.com/watch?v=2tcW7G6FpoA (abgerufen am 10.03.2024).
Karl Siebig, Youth Wars, YouTube, 53 Min., Deutschland 1991, URL: https://www.youtube.com/watch?v=oVFQSKfpe7Q&t=312s (abgerufen am 01.08.2023).
Horst Stern, Leben am seidenen Faden, 2. Teil, YouTube, 42 Min., Deutschland 1975, URL: https://www.youtube.com/watch?v=NTTo_g6IKlk (abgerufen am 21.09.2023).

INTERVIEWS

Mit Anna Bartz, geführt von Jan Mohnhaupt, 25.07.2023 und 26.02.2024, Aufzeichnungen beim Autor.
Mit Dominik Hünninger, geführt von Jan Mohnhaupt, 12.06.2023, Aufzeichnungen beim Autor.
Mit Peter Jäger, geführt von Jan Mohnhaupt, 19.05.2021 und 19.06.2023, Aufzeichnungen beim Autor.
Mit Peter Klaas, geführt von Jan Mohnhaupt, 26.08.2023, Aufzeichnungen beim Autor.
Mit Emine Sevgi Özdamar, geführt von Jan Mohnhaupt, 11.06.2023, Aufzeichnungen beim Autor.
Mit Shlomo Raskin, geführt von Jan Mohnhaupt, 22.06.2023, Aufzeichnungen beim Autor.
Mit André Wannemüller, geführt von Jan Mohnhaupt, 05.03.2024, Aufzeichnungen beim Autor.

TEXTNACHWEISE FÜR MOTTOS

S. 9: Elias Canetti, *Über Tiere*, Mit einem Nachwort von Brigitte Kronauer, München 2002, 99.

S. 23: Johann Gottfried Herder, *Ideen zur Philosophie der Geschichte der Menschheit*, 1. Theil, 3. Buch, Riga/Leipzig 1785, 140, gekürztes Zitat.

S. 55: Carl Zuckmayer, *Gesammelte Werke in Einzelbänden, Abschied und Wiederkehr*, herausgegeben von Knut Beck und Maria Guttenbrunner-Zuckmayer, © 1997, S. Fischer Verlag GmbH, Frankfurt am Main, 79.

S. 81: Aus den Upanishaden des Hinduismus.

S. 105: Albert Ehrenstein, »Verzweiflung«, zitiert aus: Klaus Lindemann/Raimar Stefan Zons (Hg.), *Lauter schwarze Spinnen. Spinnenmotive in der deutschen Literatur. Eine Sammlung*, Bern 1990, 228.

S. 129: Jean-Henri Fabre, *Spinnen*. Herausgegeben und mit einem Vorwort von Michael Ohl. Aus dem Französischen von Friedrich Koch und Ulrich Kunzmann, bearbeitet von Heide Lipecky. Mit Federzeichnungen von Christian Thanhäuser, © 2019 MSB Matthes & Seitz Berlin Verlagsgesellschaft mbH, 37.

S. 155: Friedrich Schiller, *Kabale und Liebe*, Frankfurt am Main/Leipzig 1784, Faksimiledruck Berlin 1955, 129.

S. 185: Margot Schröder, *Die Vogelspinne. Monolog einer Trinkerin*, Gütersloh 1982, 70.

BILDNACHWEISE

S. 8: Spinnen-Geoglyph, Nazca-Linien, Peru © Photo by Westend61 via Getty Images.

S. 22: Dach des Olympiastadions, München © Photo by Popperfoto via Getty Images.

S. 54: Claudio Abate, Pino Pascali, Vedova Blu (1965) within the 6th Roman Biennial, Festival of Figurative Arts, Rome and Lazio, Palazzo delle Esposizioni, Rome, 1968. Photo Claudio Abate, © Archivio Claudio Abate.

S. 80: *Llallín*-Symbol der Mapuche. © Symbolikon

S. 104: Napoleon-Karikatur. © akg-images / Erich Lessing

S. 128: Spinnennetz-Motiv, Zaun, Wien (Architekt Oskar Marmorek). Foto: Autor privat.

S. 154: Arachne (Ausschnitt aus Illustrationen von Gustave Doré zu *Dantes Inferno*). © akg-images / Album / Mestral / Prisma

S. 184: *Maman* von Louise Bourgeois © Photo by ANDER GILLENEA/AFP via Getty Images.

REGISTER

JAN MOHNHAUPT, 1983 im Ruhrgebiet geboren, studierte Geographie und Geschichte in Berlin und Wien. Er ist als freier Journalist und Autor für verschiedene Magazine und Zeitungen wie *Spiegel Online*, *Der Freitag* und *P. M. History* tätig. 2017 erschien im Hanser Verlag sein Buch *Der Zoo der Anderen* sowie 2020 *Tiere im Nationalsozialismus*, beide wurden in mehrere Sprachen übersetzt. Er lebt und arbeitet in Magdeburg.

Erscheint als digitales Hörbuch bei audible, gelesen von Olaf Pessler.